何故私達は存在するのか

― 気・理・道の作り出す物語 ―

唐沢 昌敬

八千代出版

はじめに

これは物語である。科学の話だけではない。若い頃から心の中で育んできた物語である。それはどんな物語なのか。ここで語られているのは、有史以来、多くの哲学者、宗教家、芸術家、科学者が追求してきたテーマである、人間とは何か、何のために私達は存在するのか、私達はどのようにして成立したのか、私達はどこから来て、どこへ行くのかについての物語である。

私達の肉体、意識はどのように形成されているのか。今自己を意識し、外界を認識している自分自身は何者なのか。私達は偶然生まれたのか。それとも何か役割を持った必然性ある存在として生まれたのか。肉体は滅びるにしても意識のようなものが持続するのか。それとも、いわゆる無の世界に一体化するのか。誰もが関心のあるところである。本書はこうした一連のテーマについて、ひとつの物語としてまとめたものである。

物語は根源の存在、そしてそこから生まれる生成の力を中心に作り上げられている。ただし私自身、宇宙の根源に行ったことも、それを見たこともない。また生成を司る、いわゆる神から教えを受けたわけでもない。すべて私の現象界における経験と、過去の天才的哲学者・宗教家の話と科学者の業績をもとに作り上げられた、私のイマジネーションの世界で展開している話である。

したがって本書は、科学の一般的学術書ではない。科学的に証明されている現象、すでに論証されている考えはその都度引用するが、それだけで本書が構成されているわけではない。ロジックとデータに縛られた人生を送ってきたが、ここで初めて老子のいうように、ロジックとデータという制約から離れて、自由に創造的に自分自身のイマジネーションの世界を述べていきたい。物語のシナリオ、ストーリーは、私のイマジネーションの産物である。それでは本書はどのジャンルに属するのであろうか。本書は主として私のイマジネーションの空間で展開している話である。すべて自分自身のイマジネーションと論理の産物であれば哲学である。しかし、本書は既存の物語、哲学・宗教のみならず科学的研究もよりどころにしているので、哲学であると言い切ることはできない。したがって本書は哲学と科学の中間領域に属するのではないかと思われる。

学術書の面では、すでに『新しい企業経営の論理』（東洋経済新報社）、『脱産業社会の企業経営』（中央経済社）、『変革の時代の組織』（慶應通信）を始め、いくつかの著書を出版してきた。そうした著書のうち、『カオスの時代のマネジメント』（同文舘）、『創発型組織モデルの構築』（慶應義塾大学出版会）、『複雑性の科学の原理』（慶應義塾大学出版会）では、物事をかくあらしめる力がいかに社会現象、自然現象に影響を与えているかを現代科学とのかかわりで説明した。また『中国哲学と現代科学』（慶應義塾大学出版会）では、根源的存在を中心にした思考の体系を前面に出し、社会科学、自然科学とのかかわりを説明した。本書はこれらの著書の内容を主として私のイマジネーションをもとに補正、追加し再構築したものである。人間とは何か、何のために私達は存在するのか、私達はどのようにして成立したのか、私達はどこから来てどこへ行くのかについての物語である。私が願うところは、本書が令和の時代の心である慈しみの心、温かい心に包まれた、自然、文化、人間を大切にする時代の実現に少しでも役に立つことである。

目　次

序章　私のイマジネーションの原点

本書は私のイマジネーションを集大成したものであるが、その原点は何か。それは古事記を始めとする古典的物語であり、易経・道教を中心とした中国哲学である。そして物心がついてからの様々な体験である。

古事記の物語

本書は人間とは何かの物語である。ところで人間とは何か、私達はどのようにして成立したかについては、古くからギリシャ神話や聖書を始めとして数多くの優れた物語が存在している。私達は、こうした物語からも影響を受けている。古事記もそうした物語のひとつである。

古事記、それは現在まで、私達日本人のあり方に影響を与えている壮大な物語である。古事記の話は大きく二つの部分に分けることができる。冒頭の造化の三神から、伊邪那岐命と伊邪那美命にいたるくだりは、天地の創造、神々の誕生、人類の誕生についての話である。まさに人間とは何か、私達はどのようにして成立したかといった、生成にかかわる話である。それ以降は神々と天皇のかかわり、そして天皇の支配の正当性が記述されている。高天原から降臨した神々が国を安定させ、民を豊かにしていく物語である。古事記はそのストーリー性の高さ、わかりやすさから多くの人から愛読されてきた。その一部ではあるが、天の岩戸の話、須佐之男命の八岐大蛇退治は、誰もが読み親しんだ話である。古事記の物語は、天皇と神を中心にした秩序の重要なよりどころとなり、現代でも私達の心に組み込まれ、私達の判断と行動に大きな影響を与えている。古事記の物語を通して、誰もが自分自身は神とかかわりを持った存在であることを意識している。まさに日本人の存在論にかかわる部分である。令和の天皇の即位の時、日本人が天皇に示した敬愛の情はその表れである。

こうした日本人の持っている心情は、私達の日常行動に表れている。多くの人々が古事記の物語に出てくる神々を祭った神社に参拝している。伊勢神宮、出雲大社、鹿島神宮、氷川神社などといった神社では、参拝者が絶えることはない。新年には初詣に出掛け、その年の無事を祈っている。神社で七五三のお祝いをするのは欠かせない行事になっている。結婚式を神前で行うことも一般化している。良縁、安産など何か願い事があれば、神社に赴いて祈願している。そして大切な点は、神社での祈願を通して私達はその考え・行動をより正しい方向、自然が作り出す秩序に向けて微調整しているのである。古事記自体が立派な物語であるが、見逃せないのは、私達はまさに知らず知らずのうちに、古事記の物語に重ねて神、天皇の存在を意識して自分自身のより正しい物語を作っていることである。

私も、自分自身の様々な人生のシナリオ、物語を考えているが、神社はその強力な推進力のひとつである。神とは何かについて、その本質を究めているわけではないが、神社では自然に神々の存在を意識している。そして神に向かって自分自身の物語を語り、その実現に向けてモチベーションを高めている。私自身、古事記からの影響を受けている可能性を否定することはできない。

このように古事記の凄さはその広がりである。時代を超えて日本人の心の中に織り込まれているのである。私達は古事記の物語を通して、そこにおける神々の話、天皇の話を通して自分自身のあり方、存在意義を感じ取っているのである。古くから私達が神の存在、そして神とつながった私達という意識を共有していることは、日本社会の持続可能性、統合の重要なよりどころのひとつとなってきたのである。よりどころのひとつであると述べたのは、日本の社会の統合を支えているのは天皇のルーツを中心とした神々の存在だけではない。仏教、キリスト教、そしてその土地々々に存在する神などの物語も、日本人の心、価値観に影響を与えているからである。

ところで古事記がどのような考えに立脚しているかであるが、その序文に「また陰と陽の二気に分かれて、男性と女性の違いができると、伊邪那岐命・伊邪那美命の二神が万物を生み出す祖神となられました」(一)と記述されているように、陰と陽の作用を基本に据えている中国哲学から影響を受けた物語である。

古事記は大変優れた物語であるが、その背景には中国哲学が存在しているのである。中国哲学が日本の思想・哲学に与えた影響の大きさは、ほぼ同時期の歴史書である日本書紀にも見て取れる。日本書紀の冒頭の記述「昔、まだ天地は分かれず、陰陽も分かれず、鶏卵の中身のように不定形で、混沌のうちに兆しをふくんでいた」(二)からも読み取ることができる。見方によっては、古事記は中国哲学の基本である理の働きによって作り出された世界を見事に描き出しているといえる。こうした古事記の物語は、私のイマジネーションの源泉のひとつである。

中国哲学

私はギリシャ神話、聖書、古事記、民話などといった物語から、時に潜在的に時に顕在的に様々な影響を受けているが、明示的に基本概念を含めて最も大きな影響を受けているのが易経・道教を中心にした中国哲学が作り出す物語である。見ることも触れることもできないが、無限のエネルギーに満ちている実体のない統一的世界である道から、次から次へと気があふれ出ている。道からあふれ出た気が陰の気、陽の気に分かれ、さらに水火木金土の五行の気に分かれ、それらが相互作用し、この世の存在をかくあらしめる力により、万物が生まれること。万物は絶えず根源からのエネルギーを受けて成長していくこと。そして万物はいずれ回帰のプロセスを経て、道に帰っていくという壮大な物語である。私の宇宙を始めとする空間的広がりのイマジネーション、そして現在から未来への時間軸で起こる変化のイマジネーションを支えている主要な源泉は、こうした気と理の哲学といえる中国哲学である。また私のロジックの組み立て、用語・概念もその多くが中国哲学を基礎にしている。

小学生以前の体験

私のイマジネーションのもうひとつの原点は体験である。とくに見逃せないのが小学生以前の体験とニューヨーク滞在時の体験とシリコンバレーでの体験である。

私は下町っ子である。小学生までは土手で夢中になって昆虫を追いかけ、川に四つ手網を仕掛け、日が暮れるまで荒川周辺で遊んでいた。日々考えていたことは、どこに網を仕掛ければ良いのか、どう追い込めば求めている魚が手に入るのか、どうアプローチすればトノサマバッタやヤンマを捕らえることができるのかであった。飛翔能力が高いオニヤンマやギンヤンマを捕らえた時の高揚感、幸福感はまさに天にも昇る気持ちであった。また三〇センチ近いハゼを釣り上げた時の気分も忘れることができない。達成感と獲物を友人に見せることによって得られる承認欲求の充足という心理学でいう最高の状態、至福の状態を味わうことができた。

また荒川の土手には草花が生い茂っていた。春には土筆が芽を出し、タンポポが一面に咲いていた。ガマ、ヨシ、ススキなど日本の物語に登場する植物も揃っていた。そうした草花が四季折々、様々な色彩や姿を見せてくれるのである。

まさに季節が変化する姿、風の流れ、潮の流れという自然の動きを感じながら、自然とともに過ごす日々であった。今思い起こせば、こうした自然とともに過ごした体験が、自然の心を感じ、そして宇宙のかなたにあるものを漠然と感じる力の源泉になっているのではないかと思う。成人後も自然に触れ合う機会をそれなりに確保してきたつもりではいるが、やはり何といっても小学生以前の体験を抜きに、私の自然とのかかわりを語ることはできない。

ニューヨークの体験

私にとって忘れることができない体験、それはニューヨークで学んだ日々である。私が過ごした大学の寮は、ワシントンスクェアの正面で、まさにヴィレッジの入口に位置していた。寮のすぐ裏にはヴィレッジゲートが、歩いて数分のところにはヴィレッジバンガードがあり、毎晩のようにハービー・ハンコック、ビル・エバンスなど超一流のアーティストがパフォーマンスを演じていた。

週末は、神がかり的なアーティストの熱演を朝まで堪能することができた。一流のアーティストのパフォーマンスを通して、生活感覚のない私でも、アフリカン・アメリカンとしての彼らの心のうち、悲しさ、怒り、喜びなどといった心情を感じ取ることができた。まさに一流のアーティストから出るリズムとメロディは、神のリズムとメロディである。その時何故か私の心に、僧一遍の念仏踊りもこのようなものではなかったのではないかという想念がふっと浮かんできたことが思い出される。またワシントンスクェアでは様々な分野のアーティストがみずからの作品を展示し、競い合っていた。ヴィレッジ全体に何ともいえない心地良いリズム感が漂っていた。

今思い起こせば、ニューヨークは特殊な場である。エネルギーが集中し、あらゆる感覚が増幅し、ぶつかり合う特別な場所、気の回転運動が早くなり、振動が強くなり共振が激しくなる。まさに気が激しく動いている地球上の特殊な領域、特別な場である。ヒッグス場というほどの強さではないが、地球上には気の動きが激しくなる特別な場が何か所かに成立しているのではないか。

当時の米国はベトナム戦争の真っただ中で、人々の心が大きく揺れ動いている時期であった。ヒッピーの出現、反戦運動の激化など社会的状況は安定していなかった。人々の心の中には何ともいえない不安感が広がっていた。また退廃的雰囲気も広がっていた。通常であれば、社会がアノミーになってもおかしくない状況であった。しかしそうはならなかった。そうした時代状況ではあったが、芸術・文化の新しい動きも芽生え、新しい時代の動きも始まっていた。神のリズムとメロディを演ずるアーティスト達だけではなく、絵画の面ではウィレム・デ・クーニング、ジャクソン・ポロックなどによる主観を超越した抽象表現主義やアンディ・ウォーホル、ロイ・リキテンスタインなどによるポップアートが全盛であった。ミュージカルもオフ・ブロードウェイ、オフ・オフ・ブロードウェイと新しい演劇の表現様式が広がっていった。それは様式を守る芸術、個性を表現する芸術から人知を超えた存在の本質に差し迫る芸術への変化である。

まさにニューヨークの中に、新しいスタイルの芸術文化を通した躍動感があふれていた。変化のエネルギー、強い生成のエネルギー、それを何と表現していいかわからなかったが、何か自然、文化、人間に由来する大きな力が働いていること。そしてその流れが広がっていくのを感じることができた。

そうした芸術・文化の新しい流れの中で、社会は破滅的アノミーに向かわず、産業社会から脱産業社会へと変容していったのである。私にとって大変幸せなことは、まさに激しく変容していく時代のるつぼに身を置くことができたことである。その時感じたことは、時代を変えていくのはテクノロジーやスキルではない。政治でもない。それは芸術・文化である。芸術・文化が時代を変える舞台回しの役割を果たしているということである。その時の感覚は衝撃的で、今でも昨日のことのように思い出すことができる。今考えてみると、芸術・文化の背景にある大きな力が時代を変えていったのである。その時代のニューヨークでは根源的存在の力ともいえる大きな力は哲学や宗教ではなく、芸術・文化を通して広がっていったということである。

いずれにしても、ニューヨークの体験を通して私の視野は広がったのである。この世の現象は政治、経済だけで作り上げられているわけではない。芸術・文化、さらにその背景にある人間の心、自然の力を通して作り上げられていることを学んだのである。ニューヨーク滞在をきっかけに、政治、経済のみならず自然、文化、人間とのかかわりで、社会現象、経済現象を考えるという私の研究上の視点が定まったのである。

シリコンバレーの体験

シリコンバレーにおける体験も貴重なものであった。一九九七年から一年間、カリフォルニア州立大学サクラメント校に籍を置いていた時の話である。当時は監査法人の代表社員としていくつかの新規公開を手掛けていた。大学教授としても教育・研究に専念していた。また税理士業務、コンサルティング業務を中心にした個人の会計事務所も経営していた。まさに教育・研究・実務にフル稼働をしていた時期であった。そういった時期にカリフォルニア州立大学サクラメント校経営学部の特別待遇客員研究員として訪米する機会を得た。人生で最も多忙な時期ではあったが、神に呼ばれたような気がして即決し、渡米することにした。周囲の関係者の誰もが何でこの時期に一年間、日本を留守にするのかと呆れたことと思うが、皆気持ち良く受け入れてくれた。ありがたいことである。今でも当時の関係者の方々、支えてくれたスタッフに感謝している。

滞在期間中、大学での研究の合間に、時間の許す限り引き寄せられるようにシリコンバレーの企業を訪問した。当時の米国の大学では、アンケート調査を中心にデータを収集し、分析するという手法が主流であった。そういった中で私は、現地に赴き、現場を視察し、関係者にインタビューをするという方法で調査研究を行った。インテル、ヒューレットパッカード、IBMの研究所などといった大企業のみならず、テュラリク、ファースト・フロー、シークェル・テクノロジーなどといったスタートアップしたばかりの企業にいたるまで数多くの企業を訪問し、CEO、CFO、エンジニアとのインタビューを積み重ねた。インタビューを通して、ハイテク企業の組織編成原理、高度な専門職業家の統合の手法、カオス的状況における戦略の立案について、数多くの事例を確認することができた。まさにシリコンバレー以外では得ることができない知見であった。シリコンバレーの経営スタイルについては、『カオスの時代のマネジメント』(同文舘)、『創発型組織モデルの構築』(慶應義塾大学出版会)で述べたところである。

私にとって画期的なことは、一年間シリコンバレーの組織の観察を通して、今まで偶然に支配されていると考えられていた創発・自己組織化に法則があること、それが一定の条件、プロセスで起こることを確認したことである。そして根源的存在から生まれるこの世の存在をかくあらしめる力が生命のみならず、組織にも働いていることを感じ取ったことである。このようにニューヨーク、シリコンバレーでは、生命の躍動に近い社会現象を体験することができた。

実務経験

この他四〇数年間、経営コンサルタントとして経営改善の実務に携わってきた。つねに現場に赴き、集中し、没頭して現場の人とともに考え、正解のない問題の解決に取り組んできた。ここで得たことは、ビジョンとそこに向けた意識・執着心、努力によって、人間の組織は変わるということである。純粋な人々の心が集積すると、目には見えない力が加わるのである。まさに根源的存在から生まれるこの世の存在をかくあらしめる力が働くのである。こうした実務経験の他、二〇年近く大学の教育活動にも従事してきた。対話形式の授業を通して、学生とコミュニケーションを取り、学生の知的能力、道徳的能力、芸術的能力の向上に向けて努力してきた。こうした実務経験も私のイマジネーションを支える源泉のひとつである。

本書は、こうした古典的物語、易経・道教を中心とした中国哲学、そして私の体験を源泉にしたイマジネーションをもとに作り上げた、人間とは何か、何のために私達は存在するのか、私達はどのようにして成立したのか、私達はどこから来てどこへ行くのかについての私の物語である。それではこれから気・理・道が作り出す物語を語り始めることにする。

注

（一）武光　誠著『歴史書「古事記」全訳』東京堂出版、平成二四年、四一三頁
（二）山田宗睦訳『日本書紀　上』ニュートンプレス、平成四年、一三頁

第一章　気とは何か　それは幻か、それは実在するのか

私のイマジネーションの中核となる中国哲学は気と理と道の哲学である。物語は道からあふれ出た気から始まる。基本は理によって支配されている気の流れによって、社会現象や自然現象を説明する論理である。

一　気の流れを良くする都市計画

風水はこうした考えのもと、気の流れを良くして状態を改善していくことに焦点をあてた応用理論である。有史以来、多くの有力者が風水の論理にもとづき都市を作り、政策を立案し、独自の物語を作り上げてきた。

京　都

古くは、都市計画は気の流れが良くなるように風水の論理に沿って進められた。四神相応の考えのもとに、東に川、西に道、南に池か海、北に山を持った地形に都市が造られ、(一)その鬼門、裏鬼門を神社仏閣で固めている。平安京は東に鴨川、西に山陰道、南に巨椋池、北に船岡山という四神相応の地に造られている。(二)比叡山延暦寺が京都の鬼門の守りとして建立されたことは、現在でも多くの人の知るところであ

る（図一―一）。現在でも旧御所の近くから朱雀通りを臨めば、当時の都市の姿を目に浮かべることができる。

江　戸

江戸も天海の指導のもと、東に現在の江戸川と思われる平川、西に東海道、南に江戸湾、北に富士山があるという四神相応の場所に造られている。（三）江戸から北は日光であるが、それを富士山としたのは、そこには気の力を清める強い力が発信されていたからであろう。その富士山の霊力を江戸に引き入れたいというような意図があり、富士山を北に見立てたのではないか。富士見坂、富士見台等、江戸のいたるところで見られる霊峰富士の姿は、人々の心を和ませ、心の支えになったのではないかと思われる。当時の江戸の人がいかに富士山を愛したかは、北斎（富嶽三十六景）、広重（冨士三十六景、図一―二）の浮世絵を始めとして様々な分野の芸術作品を通して知ることができる。この江戸にも鬼門には東叡山寛永寺、裏鬼門には三縁山増上寺が建立され、江戸の守りを固めている。（四）

このように京都、江戸は風水の物語の中に浮かんでいる都市でもある。長い間気の強いエネルギーに支えられて発展し続けている。数多くの優れた武将、商人、学者、芸術家が京都、江戸に引き寄せられ、力

図 1-1　京都地図

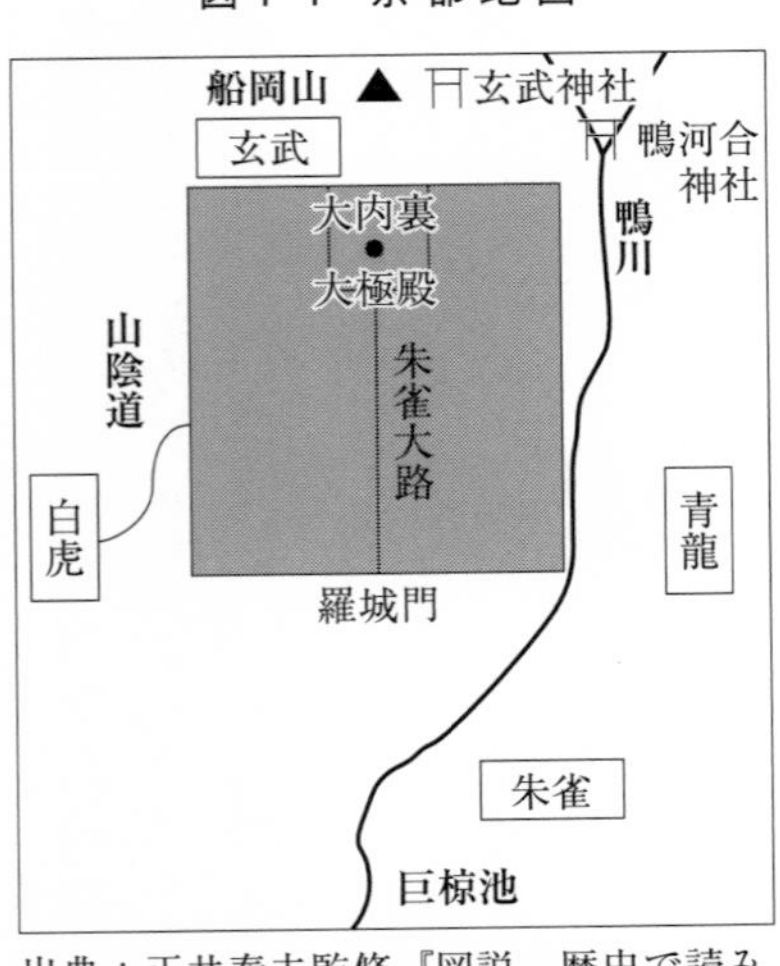

出典：正井泰夫監修『図説　歴史で読み解く京都の地理』青春出版社、2003年、17頁より作成

を得て独特の物語を作り上げてきた。また振りかかる様々な困難を乗り超えてきた。現代の京都、東京をこの視点から見てみると、別の世界が見えてくるはずである。複数の物語が同時に存在する。それが京都、東京の魅力である。京都を訪れる観光客の多くが、この多様な物語から感銘を受けている。

個人も、組織も、都市も、そこに存在する気の種類、気の流れ、気の強さから大きな影響を受けている。どのようにして気とかかわっていくのか。それにより私達の未来は異なったものとなるのである。京都、江戸が異なった論理で設計されていたとすれば、どうなっていたであろうか。御所が嵐山に置かれていたら、江戸城が麻布台に築かれていたとすれば、どうなっていただろうか。今までと違った物語が展開し、京都、東京の姿は現在とは全く異なったものとなっているのではないかと思われる。

変貌する東京

ところで今、その東京で風水上大きな変化が起こりつつある。東京の鬼門に近いところに突然巨大なタワーが出現し、強力な電磁波を発信している（図一―三）。それが影響する範囲と強さは東京タワーの比ではない。浅草寺や寛永寺の守りの力をはるかに超える力ではないか。また品川上空を航空機が飛び交っている。東

図 1-2　冨士三十六景（東都御茶の水）

出典：国立国会図書館ウェブサイト
（https://dl.ndl.go.jp/pid/1303328）

京の鬼門、裏鬼門の近くで起こっている大きな変化。風水の論理で造り上げられた江戸、東京における新しい文明の急速な展開。それらが東京の気の流れを大きく変えていることは間違いない。こうした変化が東京という場で、これから起こる気が作り出す新しい物語にどのような影響を与えるのか。過去、現在、未来へ、気・理・道の法則に沿って生成、発展、繁栄、衰退、消滅、再生を繰り返してきた私達にとって、大変興味があるところである。それは、これから誰もが認識できる変化として徐々に明らかになっていくことであろう。東京における気・理・道の法則に沿った新しい物語はすでに始まっているのである。

図 1-3　東京スカイツリー

画像提供：ピクスタ

私達も、個人の枠を乗り超えて、気が作り出す壮大な世界に目を向けてみると、そこには未来に向けて様々な物語が存在することを感じ取ることができるはずである。

二　気とは何か　この世の現象の基本単位である

いずれにしても理に支配されている気は、社会現象、自然現象にかかわる壮大な物語の基本である。それでは中国哲学の基本のひとつである気とは何か。まず物語を演ずる気から説明を始めることにする。気は、日常生活の場では、見ることも、触れることもできない。目をこらしてあたりを見回しても、気を見出すことはできない。高性能の顕微鏡を用いても、確認することはできない。それ自身、色も香りもない。声も出さない。間違いなく目の前に存在はするが、簡単には認識できない厄介な代物である。気はまさに幻のような存在である。気が私達の周りに漂っているだけの単なる幻のような存在であれば、ただそれだけのことである。とくに取り上げる必要もないのであろう。しかし気は、幻のような存在であるが、現象界では重要な役割を果たしている。気は、この世の現象を構成している基本単位なのである。

老子第四二章に、「道が『一』すなわち一気を生じ、一気が分かれて『二』すなわち陰陽の二気となり、陰陽の二気が交合して陰陽の二気とともに『三』とよばれる沖和の気となり、その三とよばれる沖和の気が万物を生じる」(五)とあるように、気が動くことから万物生成の過程が始まる。

「道」については第三章で詳しく説明するので、ここでは、それは根源的存在であり、無限のエネルギーが凝縮されている実体のない統一的世界であるというにとどめるが、気は道から次から次へとあふれ出ている。そして道からあふれ出た気が動くことにより、様々な性格の気に分かれていく。こうした様々な性格の気が交わって万物を生成し、現象界を作り出している。

様々な性格の気が集まり、その構成割合と配列と距離が定まり、その恒常性が確保されることにより、物質的現象が生まれる。そして様々な性格の気の構成割合と距離と配列の違いにより、様々な種類の物質的現象が生まれるのである。こうした様々な性格の気が作り出す物質的現象の数は無限である。

無機も有機も、植物も生物も、とくに人間もこうした様々な性格の気が集まり、私達が今、認識している形体になっている。万物は気から構成されているのである。私達は何かというと、それは幻のような存在であり様々な性格の気の配列からなる集合である。このように気は、この世の現象を構成している基本単位なのである。

気は物質か、非物質か

気はこの世の現象を構成する基本的単位であり、それは、存在はするが認識は困難であるとのことである。それでは気の本質は何なのか。それは物質なのか、非物質なのか。基本単位としての気は、ただそれだけでは何も生み出さない。仮に気が絶対無のような世界に成立したものであれば、エネルギーのないと思われる領域の細分化であり、全く動かず、そこには私達が考えているエネルギーというものは存在しない。何の現象も起こらない。物語も存在しない。

気の存在を道、理とのかかわりで考えることにより物語は始まる。道については先ほどそれは根源的存在であり、無限のエネルギーが凝縮されている実体のない統一的世界であると述べたが、気はこの無限のエネルギーが凝縮されている道という場に成立し、道から次から次へとあふれ出ている。その数はまさに無限である。尽きることはない。

こうした気の重要な特色は、気には根源的存在から生まれるこの世の存在をかくあらしめる力、すなわち理が働いているということである。理についても第二章で説明するので、ここではこの世の存在をかくあらしめる力というにとどめる。この理の力により、気は道の根源的エネルギーを受け入れ、活発に動いているのである。根源のエネルギーが尽きぬ限り、理が作用し続ける限り、気はエネルギーに満ちている。このように道、理とのかかわりで存在している気は、エネルギーに満ちているという意味で、質量のある物質として存在しているといえるのではないか。

気の動く方向が揃うと、物語が始まる

道という場に存在している気は、正確には気のもとになる純粋な気はエネルギーに満ちている。ただし、道という実体のない統一的世界では何事も起こらない。物語が始まるのは、気が回転運動を始め現象界に現れた時である。現象界に現れた気はエネルギーに満ちている。元気の良い若者がひとつのところにとどまることがないように、つねに突き動かされ、動と静を繰り返している。動くということは、現象界に現れた気の重要な特色である。動く方向とスピードは多様であるが、気はつねに動き続けており、ひとつのところにとどまることはない。ただしエネルギーに満ちた気がランダムに存在し、勝手に動いている状況では何事も起こらない。可能性のあるエネルギーのある空間が広がっているだけである。変化をもたらすのは気の動く方向である。勝手に動いていた気が、何らかのきっかけで、それは偶然かもしれないが動く方向が揃うと、より強いエネルギーが生まれる。そして動きが動きを呼び、同じ方向に動く気が集まることにより、この世の存在をかくあらしめる力がより強く働くようになり物語は始まる。

気　素粒子のもとになる最小単位

現段階では、こうしたエネルギーが集中している要素の集合の最小単位は、クォーク、レプトン、ヒッグス粒子などといった素粒子である。(六)素粒子のさらにもとになる素粒子のようなものも存在すると思われるが、現段階では解明されていない。しかし、いずれ素粒子のもとになる素粒子、さらにそのもとになる素粒子と分割は進んでいき、気に行き着くはずである。いずれにしても、気は素粒子のもとになるスーパー素粒子のような究極の最小単位であると考えられる。

素粒子のうち、気のエネルギーを集中的に受け入れているのがヒッグス粒子であると思われる。受け入れているというよりも、激しく動くエネルギーの強い気の集合がヒッグス粒子であると表現する方が適切かもしれない。気が激しく動き、その動く方向が見事に揃っているのがヒッグス粒子ではないか。道が作り出す広大な領域にある気は、エネルギーに満ちている。そして道が作り出す広大な領域の中の特定の領域と思われるヒッグス場にある気の集合であるヒッグス粒子はとくに強いエネルギーに満ちていると考えるのが自然であろう。現代の科学では、物語の始まりはヒッグス粒子である。多くの素粒子がヒッグス粒子と相互作用することにより、エネルギーが生まれていると考えられている。(七)私自身はその他の素粒子にも私達が認識できないほど微小なエネルギーが存在していると考えている。それがヒッグス粒子と相互作用することにより、私達が認識できる水準にまで高まっていくのである。現在の私の力では、道とヒッグス場は同じかどうか断定することはできないが、道とヒッグス場は密接に関係しているものと思われる。道と私達の宇宙の境界線上の特定の場、回転運動がとくに強くなる領域がヒッグス場ではないか。しかしそこは現在、私達が認識している空間ではない。実体のない統一的世界との境界線の近くで進んでいる話である。

気は単体か全体か

気は究極の最小単位であると述べたが、それでは気は単体なのか。分割不能な個体なのか。それとも全体なのか。気の集合は、全体の皺のようなものなのか。これについては、答えはない。どちらの考えの方が、その後のイマジネーションが広がっていくかである。

私自身は最小単位としての気は単体であるが、それは全体の一部でもあると認識している。部分が独立して存在し、それが集まったものが全体ではない。全体が存在し、その一部として最小単位である気が存在しているのである。気はひとつであるが、無限に分割することができるのである。無限とも思われる空間に渦のような領域が生まれる。その領域には境界がない。無限とも思われる空間に、ひとつの渦のようなものが成立していることもあるし、渦が無限に存在していることもあるというイメージである。そうした渦のようなものの最小単位が気である。そして分割された気は、再び結集し、様々な現象、形態を生み出していく。

気の本質　回転運動

それではこのように単体でもあるが全体の一部でもある気を、どのようにして単体として認識するのであろうか。単体としての気の本質は、どのようなものであろうか。近思録の湯浅幸孫の解説に「回転運動を全体としてみれば、ただ一気の波動的消長にすぎない」(八)とあるように、それは連続している回転運動、もしくは回転運動にもとづく振動・波動であると認識することができる。私自身は、本質は回転運動であり、現象としては回転運動もしくは回転運動にもとづく振動・波動であると考えている。回転運動を本質としている気が、より激しく周期的に動くのが振動であり、それが空間に連続的に広がっていくのが波動ではないかと考えている。

宇宙も、銀河も回転している。地球も自転し、太陽の周りを公転している。流れが激しくなると、渦巻状のパターンが生まれ激しく回転する。粘菌も集まると渦巻状のパターンを形成する。注意深く観察してみると、無限大に近いものから極小のものにいたるまで、回転運動もしくは回転運動の痕跡を認識することができる。ということは、私達が現在、認識している空間は回転運動、そして回転運動にもとづく振動、波動から成り立っているといえるのではないか。

最小単位としての気は、私はそれを単体と呼んでいるが、全体の動きが限りなく細分化された、根源からのエネルギーを受けて回転運動もしくは回転運動にもとづく振動が起こっている極小の空間、すなわち領域である。回転運動が起こっている領域を最小単位と呼ぶか、振動が起こっている領域を最小単位と呼ぶかは好みの問題である。本質には変わりない。

ところで、気は道から生まれた場に成立している回転運動、もしくは振動が起こっているという極小の領域であるということであるが、気と気の間には、私達がイメージしているような境界が存在するのであろうか。細胞の膜のようなものが存在するのであろうか。答えは、気には私達がイメージしている恒常的な構造は存在しない。あくまでも運動であり、動態的存在である。したがってその領域には壁や殻のような具体的境界線は存在しない。あるのは回転運動もしくは振動の位置関係だけである。

気の種類　様々な性質の気　五行の気

ところでこうした気の性質はひとつなのか、物質や生物を形成する気は同じなのかという疑問が湧いてくる。すでに述べた通り、始まりは気の性質は表面的にはひとつである。しかし気が動くこと、回転し、振動し、共振し、流れることにより様々な性質に変化していく。気の種類については、(近思録の)朱熹の説明が具体的でわかりやすい。朱熹の解釈をよりどころにすれば、時に強く振動し、時に緩やかに振動し、動と静を繰り返し、陰と陽、水火木金土の五行の気を生み出している。(九)また清なる気と濁なる気、質(品格)の高い気と質(品格)の低い気など、多様な性質の気を生み出している。

そして、陰陽、五行などといった多様な気の組み合わせ、すなわちその種類と構成割合と距離と配列の違いにより、様々な種類の物質や生物を作り出している。老子では沖和の気とひとくくりにされていたが、近思録では水火木金土の五行の気が、物質的現象を構成する基本単位であることが明らかにされた。これにより気を中心とした理論の精度は一段と上がることになる。

このように気は動いている限り、無限に変化していく。朱熹の解釈をよりどころにすれば、気は回転の速さと方向によって、その振動の強さと幅によって、そして共振の範囲によって、様々な性質の気に分化し、様々な種類の物質的現象、精神的現象を作り出しているのである。いずれにしても、この回転する、振動する、共振するという性質から様々な性格の気が作り出され、その組み合わせと相互作用によって物語は作り上げられているのである。

可能性のある無

ところで気の回転運動がない状態、それはどのような世界なのか。実体も現象もない世界が存在するのか。それは二つの状態に分けることができる。ひとつが回転運動は起こる可能性があるが、今は回転運動が起こっていない状態。中国哲学でいう無である。それは「何もないという意味での虚無ではなく、万有がまだそれぞれ個物としての形をとらない以前の目に見えない感覚的に捉えがたい、混沌たる無形の一気として在る状態をいう」(一〇)とあるように、舞台が開幕する前の静かなる状態である。私自身としては、それを可能性のある無の状態と呼ぶ。それは気のもととなる純粋な気が凝縮されているが、今は何も起こっていない静かなる空間である。

もうひとつが回転運動は起こりえない状態、絶対的無の状態である。そこには私達がエネルギーと呼んでいるものは全く存在しない。それは私達の意識の外、私達が論理的に認識できる宇宙の外に存在しているかもしれない。それが何なのか、それはどういう状態なのかは未解明である。ここでは絶対無と述べるにとどめておく。

三　気の物語の推進力　根源的存在から生まれる力

気の本質は回転運動（図一―四）、そして振動（図一―五）である。気が遠くなるほどの過去から、はるか未来にいたるまで続くこうした気の運動の推進力は何か。何が回転運動や振動を引き起こしているのか。それは根源的存在から生まれるこの世の存在をかくあらしめる力である。それでは気に力を与えている根源的存在から生まれる力とは何か。私は、それは実体のない統一的世界に存在する生成の源となる力であると考える。百数十億年にわたって、私達の宇宙を支配し、物質を生成し、生命を誕生させた絶大な力である。根源的存在から生まれるこの世の存在をかくあらしめる力は、絶大であり、その大き

図 1-4　回転運動

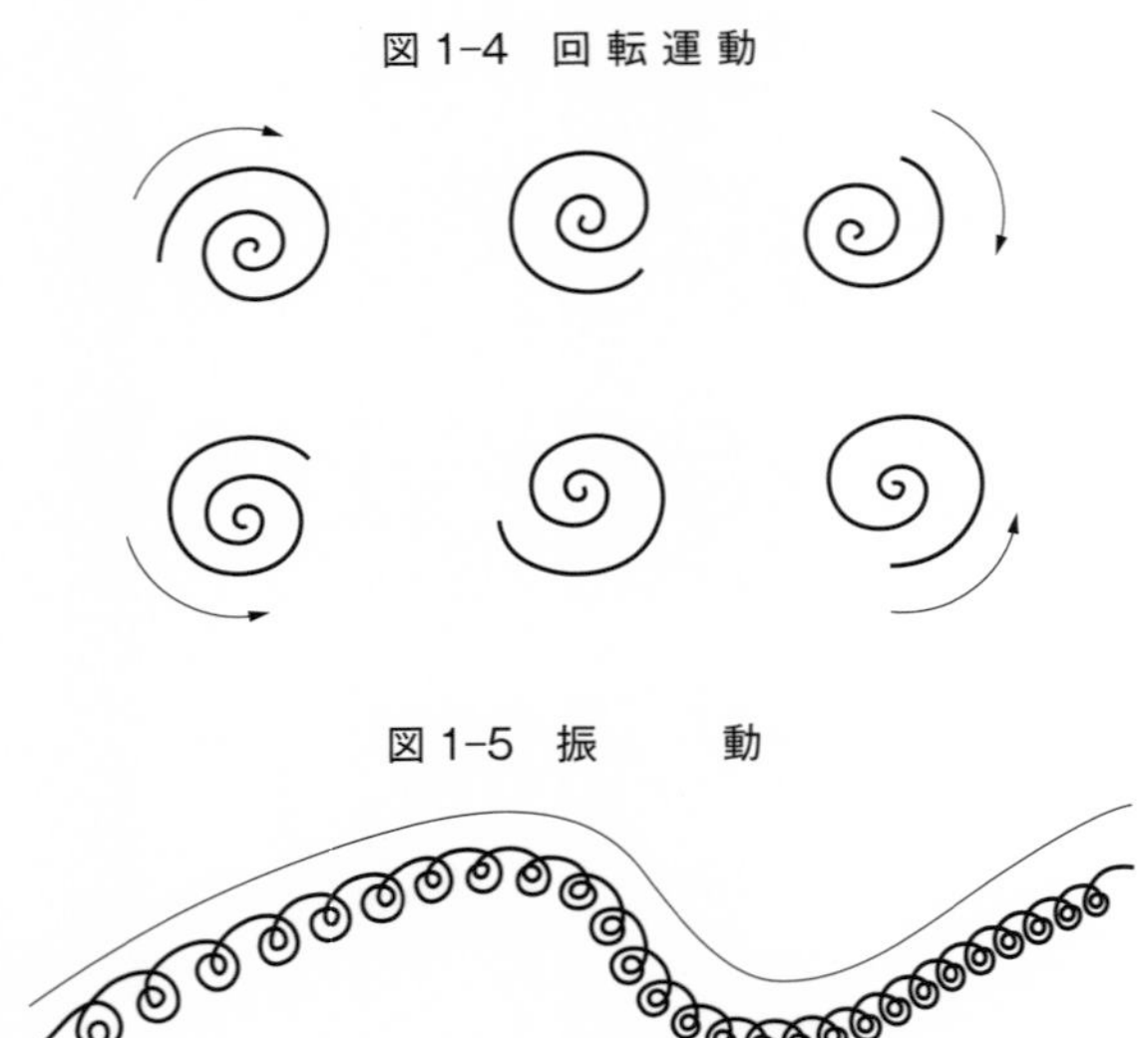

図 1-5　振　　動

さを言葉で表すことはできない。それを神の力と呼ぶかどうかは好みの問題である。根源的存在の力が神の力であるということを否定する根拠は存在しない。いずれにしても、現在の私達の認識能力では説明できないほど、大きな力が働いているということである。中国哲学では、根源的存在から生まれるこの世の存在をかくあらしめる力は理である。気と並んで理も物語を作り上げている基本概念である。根源的存在から生まれるこの世の存在をかくあらしめる力である理については第二章で取り上げる。

道教を始めとする中国哲学・思想では、無限のエネルギーが凝縮された根源的存在である道と、根源的存在から生まれるこの世の存在をかくあらしめる力である理を中心に物語が作り上げられている。根源的な存在から生まれる力により、気の回転運動、そして振動、共振が広がり、様々な現象が生成されていくのである。根源的存在の力が尽きぬ限り、気の本質である回転運動、そして振動は続いていくことになる。そして様々な物語が展開していくのである。いずれにしても私はこうしたイメージで物語を作り上げていく。

四　気と宇宙　気は宇宙全体を満たしている

宇宙は気の集合

多くの中国哲学者が指摘しているように、気は道と呼ばれる根源から無尽蔵に供給され、道がカバーしている領域である宇宙全体を満たしている。気は尽きることはない。したがって道から生まれた宇宙は道がカバーしている領域であり無の空間ではない。そこには気の集合から生まれたダークマターと呼ばれる物質が満ちている。(一一)私達は銀河と銀河の間には、何も存在しないと思っているが、私達の想像を超えて広大な宇宙の空間には、気がびっしりと敷き詰められている。宇宙全体も気の集合である。そこは絶対真空ではない。そこに銀河系、太陽系、地球、物質、生物が成立し、存在しているのである。そしてその外側にダークエネルギーと呼ばれるエネルギーが存在する領域が広がっている。(一二)そこには道からあふれ出たばかりの純粋な気が一様に広がっている。道からあふれ出た瞬間の純粋な気はエネルギーに満ちているが、いまだ回転運動が起こっていない。回転運動が起こる準備ができている状態である。回転運動が起こっていなければ、それを最小単位と認識することはできない。物語の始まりは、回転運動が始まってからの話である。道と私達の宇宙との境界線上には、こうした道からあふれ出たばかりのいまだ回転運動が起こっていない純粋な気が存在する領域が広がっているのである。私達はこうした状態をダークエネルギーと呼んでいる。

私という存在が、私を構成している基本単位である気が、回転もしくは振動、共振などという作用を通して、無限と思われる宇宙につながっているということ、宇宙の一部であることを考えることは、何と楽しいことであろうか。そして私達がまだまだこれから一〇〇億年以上続くであろうと思われる宇宙を支える絶大なエネルギーを受けて成立していることを感じることは、何と幸せなことであろうか。静かにしていると、はるかな宇宙の呼吸を感じることができるような気がする。気と理が作り出す物語は、壮大で限りがない。

複数の宇宙の存在

それは偶然か必然か。極めて小さな点のような領域で起こった動きである。何らかのきっかけで道という実体のない統一的世界に小さな点のような領域が成立し、そこに純粋な気が大量に集まり、そこからあふれ出ている。宇宙の始まりである。道のエネルギーは無限であるが、点のような領域からあふれ出ているエネルギーも無限である。それを私達は超高温、超高密度などと呼んでいる。(一三)極小の点のような領域から生まれた宇宙は、その後恐ろしい勢いで拡大していく。その後エネルギーは道と宇宙の境界線上のようなところから大量に流入し続けてくる。エネルギーの流入が増えている限り、私達の宇宙の壮大な物語が続いていくことになる。

道にはこうした純粋な気が集まる極小の点のような領域がいたるところに現れ、次から次へと宇宙が誕生している。複数の宇宙の存在である。私達の宇宙もこうした道から生まれた宇宙のひとつである。道という無限の広がりを持った世界に、私達の宇宙を始めとする複数の宇宙が存在するのである。

五　気と私達の生活

気の物語の指南書　易経

こうした気と理が作り出す壮大な物語のうち、人間の現象界という限られた世界における様々な物語の可能性を示しているのが易経である。それは、理の法則と合わせて人間の世界における理の作用の仕方の一部を具体的に示している。そこには動くべきか止まるべきか、そしてその時どう対処したら良いかなどについての心構え、考え方が状況ごとに細かく記載されている。易経六十四卦の彖辞(たんじ)、象伝(たんでん)、大象伝、爻辞(こうじ)、象伝を読んでいくと、私達の心構え、考えによって様々な物語が展開していくことが理解できる。有史以来、多くの君主が易経の教えにより事をなしている。また難を逃れている。君主、そして優れた家臣がまさに気の流れ、時の流れ、コンテクストを感じ取り、適切に易経の教えを用いて、複数のシナリオから最も好ましいシナリオを選択していたからである。

易は、その結果のみにこだわる人にとっては、単なる拘束に過ぎない。これに対して易経を自由に、主体的に読み解き、その本質に迫っていく人にとっては、それは気と理が作り出す複数の物語の実現可能なシナリオを示してくれる。気と理が作り出す物語というと漠然としているが、易経は可能性ある物語のシナリオを具体的に私達に示してくれているのである。

このように気と理が作り出す物語はひとつではない。私達の未来はひとつではない。様々なシナリオが存在するということである。したがって指導者は感覚を磨き、人格を高め、気の流れが作り出すコンテクストをつかむ能力を高め、正しい選択ができるように努めなければならない。国家の未来は指導者の心掛けと正しい選択によって決まるということである。いずれにしても現象界の人類の未来は、私達の意識・判断によって作り上げられる部分が多い。経済的価値を追求し、地球環境を破壊してしまうのか。侵略と迫害を続けるのか。独裁者が自由を圧迫し、専制的支配を続けるのか。核戦争へ突き進むのか。それとも自然・文化・人間を大切にする時代に収束していくのか。それを決めるのは私達の選択と判断である。今、人類に求められているのは徳性の高い人による正しい判断である。

気は本当に認識できないのか

ところで気は認識が困難であるということであるが、全く手掛かりがないのであろうか。気が静止していれば確かに何事も起こらず、その存在を認識できない。しかしすでに繰り返し述べた通り、気には動くという、そして条件が整えば同じ方向に回転するという特色がある。また振動する、共振するという重要な特色もある。感覚の鋭い人、注意深い人は、この回転する、振動する、共振するという特色を通し、気の存在を感じ取ることができるのである。

著しい個人差はあるが、パワースポットの特定の場所で体が熱くなる体験や、神社などで穏やかで柔らかい空気に包まれた体験をしたことがあるはずである。瞑想している時、集中している時、気が体中に伸び広がっていくのを感じることがある。気が体内に入り、伸びていく感覚、それが気の作用である。注意深く観察すると、気が激しく動いているところでは色彩が微妙に変化している。私達は太陽の色は赤いものと思っているが、それは黄、オレンジ、白と、気の流れの変化の影響を受けて日々変化している。自然にしていれば私達は、いたるところで気の存在を感じ取ることができるのである。

気と日常生活

「気とは何か」と問われると答えに窮してしまうが、私達は気が抜ける、元気である、気合を入れるなどと、気にまつわる言葉を日常的に用いている。気を感じ取ることは困難でも、私達は気の存在を意識した生活を送っているのである。とくに日常生活において私達は、気の流れを良くすることには敏感である。権力者が気の流れが良くなるように都市計画を進めているだけではなく、多くの人が、気の流れを良くして金銭運に恵まれたい、名誉名声を得たい、より健康になりたいと思っている。私達は気の流れが良くなるように特定の日を選んで家を建て、事業を起こしている。結婚式の祝い事も、気の流れが良くなる日を選んで執り行っている。吉方にあたる日には、有名な神社仏閣ではお水取りの人が列をなしている。また家を建てる際の鬼門に水周りを避ける、台所は東に置く、西に欠けは作らない、裏鬼門を固めるなどといった、家の中の気の流れを良くする知識は、本質論を抜きにして広く大衆に浸透している。私達は、知らず知らずに気が作り出す壮大な物語に組み込まれているのである。

注

（一）宮元健次著『江戸の陰陽師』人文書院、平成一三年、三四頁
（二）宮元健次著、前掲書、三九頁
（三）宮元健次著、前掲書、三九-四〇頁
（四）宮元健次著、前掲書、五七-六一頁
（五）福永光司著『老子　下』朝日文庫、昭和五三年、四三頁
（六）竹内　薫著『ヒッグス粒子と宇宙創成』日経プレミアシリーズ、平成二四年、六〇頁
（七）竹内　薫著、前掲書、七〇-八〇頁
（八）湯浅幸孫著『近思録　上』タチバナ教養文庫、平成八年、一〇頁
（九）湯浅幸孫著、前掲書、一一頁
（一〇）湯浅幸孫著、前掲書、八頁
（一一）野村泰紀著『なぜ宇宙は存在するのか』講談社ブルーバックス、令和四年、三三-三八頁
（一二）野村泰紀著、前掲書、四二-四四頁
（一三）野村泰紀著、前掲書、八九頁

第二章　理とは何か　それは神の力か

この世の現象の基本単位は気であるが、気が存在するだけでは何事も起こらない。物語を作り、それをプロデュースしているのが根源的存在から生まれるこの世の存在をかくあらしめる力、理である。この世の存在をかくあらしめる力とは、どのようなものか。この地球上に八〇億人の人間が存在しているが、その外見はほぼ同じである。一つ目も三つ目もいない。手が三本以上、足が三本以上の人間は原則的にいない。何故そうなるのか。私達の力が及ぶところではない。すべて理の力がなすところである。

根源的存在から生まれるこの世の存在をかくあらしめる力である理が働くことにより初めて気が作用する。理が気に働きかけることにより、万物の生成の過程が始まる。理が働くことにより初めて気は舞台の上で物語を演じることができるのである。根源的存在から生まれる物事をかくあらしめる力である理の働きにより、実体のない統一的世界の上で、超高温、超高密度のエネルギーの塊の膨張、ビッグバンが始まり、宇宙の誕生、地球の誕生、生命の誕生、爬虫類の誕生、哺乳類の誕生、人類の誕生という多様で複雑な気の物語が展開していく。

理は宇宙成立前から働いており、宇宙が消滅した後もその力は衰えることはない。ビッグバンのような現象を何度も繰り返すことができる。

一　説明困難な理の本質

それでは根源的存在から生まれる力、この世の存在をかくあらしめる永遠とも思われる絶大な力、理とは何か。気の回転運動、振動、共振を引き起こし、それを導いている原動力である理とは何か。理も漠然としており、説明困難な概念である。それは私達が現在認識している空間を超えた、無限のエネルギーが凝縮されている実体のない統一的世界で働いている力である。現実世界の時間と空間に捉われている人にとっては、それを理解することは容易ではない。

中国の思想家は、万物の生成・発展を支配している力である理の存在を強く意識している。根源的存在から生まれるこの世の存在をかくあらしめる力の存在を否定する人はほとんどいない。理は中国哲学・中国思想の中核である。理の存在により気の物語は進行していく。有史以来、指導者・思想家達が追い求めていたテーマは、いかにして理に沿った判断・選択・行動ができるかであった。このように誰もがその存在を認めている絶大な力、理とは何か。知りたいところである。しかし中国の思想家はその説明には慎重である。賢人達は理の存在を認識しているかもしれないが、それは何か、どのようなものかについてはなかなか語ろうとはしない。

根源的存在から生まれるこの世の存在をかくあらしめる力を理という言葉を用いて、明示的に取り上げ議論のテーブルに載せたのは、北宋以降ではないかと思われる。もちろん理が議論の対象として強く意識されたからといって、本質の究明が一気に進んだわけではない。相変わらず理の本質は何かについては霧の中の話である。

理は人知を超えた存在である。理は万物の生成を支配している絶大な力である。人間はその物語のほんの一部を構成しているに過ぎない。理の力によって限られた時間と空間に成立している私達にとって、その本質・実体を正しく認識し、説明することは極めて困難なことである。神の力によって作られた私達が、神についてもっともらしく語るのは控えるべきであるということである。したがって、中国の賢人や思想家は理についてはつねに謙虚な姿勢を保ち続けている。その著書において彼らは、理の本質の説明は控え、理の働きや作用の説明に重点を置いている。

理の力を認識しているのは中国の賢人や思想家だけではない。西洋哲学・西洋科学においても超越者・自然状態・上位の法則・大域的状態などといった理に相当する類似概念がある。しかし彼らもそれが存在していること、そしてその働きや作用を説明しているだけである。その実体・内容については十分な説明がなされていない。西洋の天才も、中国の天才と同じように神の領域の議論には慎重である。私達は神の存在、神の力に対しては敬虔な気持ちを持ち続けている。つねにその存在に感謝し、そこに踏み込むことは恐れ多いことと控えている。それが私達の心情である。

二　理の認識

このように理は存在するが、それを私達の知識・概念ではなかなか説明することはできない。いかに考察を深めても限られた知力しか持たない人間の言葉で説明したものは理ではないということである。そもそも言葉によって表現できるもの、現在の私達の知識・概念で説明できるもの、数学方程式で説明ができるものは、この世の現象のごく一部である。

どのようにしたら理を認識することができるか

それでは私達の思考の限界をはるかに超えた理の本質を認識するにはどうしたら良いか。理を認識する方法が全くないわけではない。それは神の領域の話なので、欲望の嵐が吹き荒れ、闘争が繰り返されているような現場には理を感じる手掛かりはほとんど存在しない。それを感じ取っていくためには、聖人の道を究めていくことである。現場は大切であるが、人間が勝手に作り上げた欲望・悩み・闘争の空間からは距離を置くことである。そして自然の中に身を置くことである。こうした状況を確保した上で、私達は真の学問の力を高め、知力を高め、道徳の力を磨き、芸術の力を高め感性を磨き修行を重ねることにより、理の存在に近づくことはできる。人格を高め、感性を磨けば理の一端に触れることができるはずである。仮にすべての人々が自然に、誠実に行動している状況があれば、そこに理が存在するかもしれない。しかし、理を認識したとしても、その瞬間に自分自身が天と一体化したということであり、それを説明することは困難である。仮に理を認識した人がいたとしても、その人が人間の言葉で表現できるのはその本質の数パーセントに過ぎない。この辺の事情は老子で繰り返し述べられているところである。理を伝えるのは極めて困難である。理を伝えるには同じ体験を共有するしかない。

聖人と理

私達が理を認識し、説明することは困難である。聖人、天才のみが可能なことである。そうした聖人、天才のひとりである空海は、根源的存在に近づき物事をかくあらしめる力である理を感じ取った可能性がある。それを言葉で表現することは困難なので、東寺の講堂に立体曼荼羅として表現したのではないか。理を司る大日如来を中心にした仏像群である。理は実体のない統一的世界で働いている力であるが、その本質、機能を様々な仏像の配置によって、現象界で表現したのではないか（図二－一）。徳性の高い人は、そこから理を感じ取ることができるはずである。聖人でない私達でも仏像群の前にたたずみ、静かに瞑想すれば、慈しみの心が体中に広がった瞬間に理、そしてそれを生み出している根源的存在とは何かを感じ取ることができるかもしれない。

空海のみならず、キリスト、釈迦、法然、親鸞などといった天才的な聖人達も、理を感じ取った可能性がある。彼らも経典のみならず、音楽、踊り、絵画等を通してそれを伝えようとしたのではないか。法然や親鸞の教えに従って一心に念仏を唱えることにより、そのリズムを通して理の作り出す物語に組み込まれ、老若男女、善人も悪人も救済されたのではないか。

私達も言語や今までの知識・概念に捉われず、音楽、絵画、彫刻等と芸術分野の表現様式を自由に用いていけば、より高いレベルの現象について表現することができるかもしれない。歴史を振り返ってみれば、聖人だけではなく多くの優れた芸術家が、根源的存在から生まれるこの世の存在をかくあらしめる力、神の力を感じ取り、それを表現していたのかもしれない。こういった視点

図 2-1　立体曼荼羅配置図

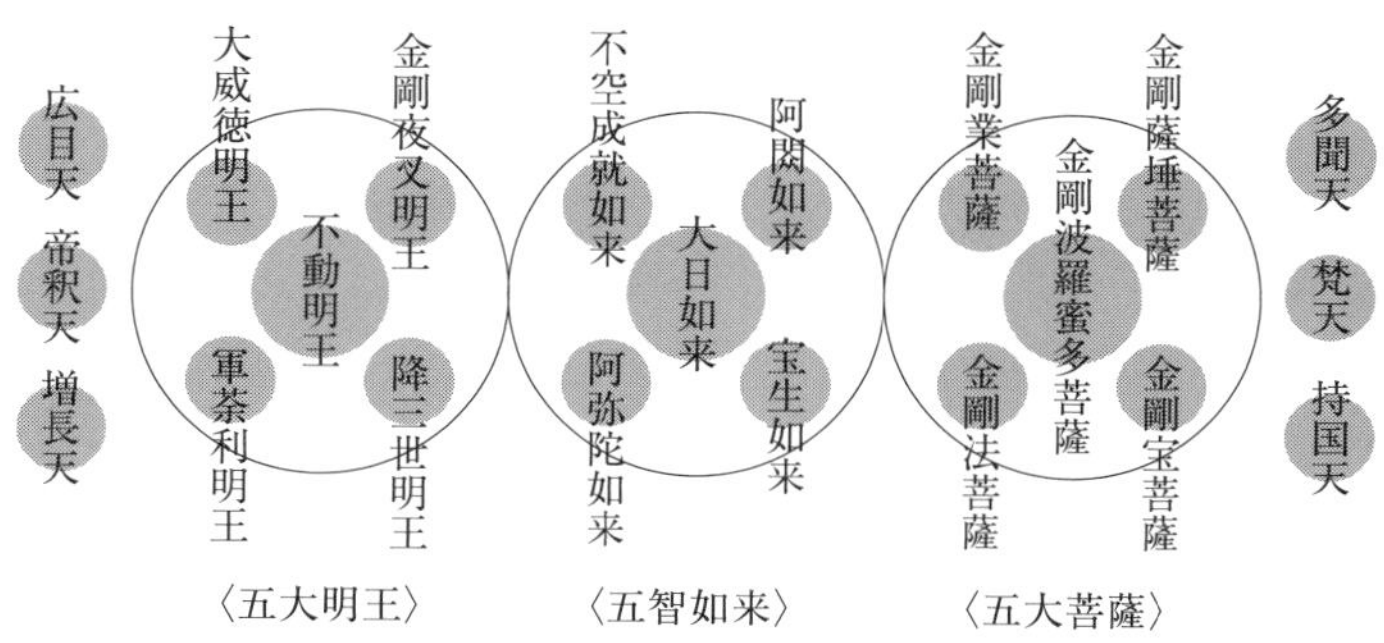

資料：東寺ウェブサイト（https://toji.or.jp/mandala/）より作成

から改めて感性を磨き世界中の優れた芸術作品に触れることは重要なことではないかと思われる。

小澤征爾が指揮するウィーンフィル演奏のマーラーの交響曲を聞いた人々の多くが、一瞬ではあるが理の存在を感じ取っているかもしれない。しかし理の存在を感じた聴衆のひとりが翌日戦争を引き起こすかもしれない。人間とは厄介な存在である。自然の中で、ひとりでいれば自由に自然に振舞うことができる。しかし、人間は社会的動物である。相手とのかかわりで様々な欲望、悩み、苦痛が生じ、それらが理の働きを遮っていく。理の認識は可能なはずであるが、ますます理から遠ざかっていく。それが現実の私達の姿ではないか。

この地球上に八〇億人の人間が存在しているが、そのほとんどが理を認識していない。そこに真の宗教や哲学が存在する意義があるのではないかと思う。キリスト、釈迦、空海、法然、親鸞、日蓮などいった聖人達は、そうした役割を果たしてきたのではないか。

三　理の法則　理の作用

このように根源的存在とのかかわりで生まれたこの世の存在をかくあらしめる力である理は、知識人の間の重要な関心事であったが、その本質を認識することも、それを説明することも極めて困難なことである。それでは聖人ではない私達は、理を認識することはできないのか。理に近づくことはできないのか。いや必ずしもそうではない。理の本質は難解であり、それを理解することは困難であるが、私達は理の働き、作用を認識することができる。中国の思想家の多くが理の働き、理の作用、理に沿った実践的行動について繰り返し説明している。それらを通して、私達は理の一端に触れることができるのである。

中国には古くから理の働き、作用を説明する多くの古典があるが、その代表的なものが易経である。易経は占筮の書と思われているが、すでに述べた通りそれは無限に繰り返されている宇宙の循環運動の原理と、人間界における具体的処方箋を明らかにした哲学書である。易経では理の働きに沿って、どのように生成、進化、変化が起こるか、その法則と事例が具体的に解説されている。事象はつねに変化しているが、そこには理に沿った法則があるということである。

易経を始めとする中国哲学で説明されている代表的な理に沿った法則が、①この世の事象は対になっていること、②そこには感通の理が働いていること、③非対称的な状態から動きが始まること、④あらゆる要素と相互作用していること、⑤それらを総合化して循環していることである。こうした理の法則は、日常生活のいたるところで確認することができる。

対応　事象と存在は対になっている

易経を始めとする中国哲学で共有している理の働きのひとつが「天地万物の理、独り無く必ず対あり、みな自然にして然り、安排あるに非ざるなり」(二)とあるように、対応関係の存在である。理の第一法則は対応である。この世のすべての意味のある事象と存在は、すべて対になっているのが自然の姿であり、人為的に手を下す余地はないということである。陽と陰、天と地、男と女、剛と柔、高と低、貴と賤、善と悪、動と静、開と閉、明と暗、暑と寒、昼と夜などといった組み合わせをあげることができる。

私達はこの世の基本単位である要素が、それぞれ独立的、自律的に存在していると思っている。ある特定の瞬間、限られた領域に目を向けると、ひとつの事象と存在が目の前に広がっているように見える。しかし冷静に事象と存在を観察してみると、物語の始まりを除いて陽だけが存在している空間、陰だけが存在している空間はない。男だけで成立している社会はない。貴族だけが存在している国はない。昼が永遠に続くことはない。この世の意味のある事象と存在は必ず対になっており、そこから物語が始まるのである。ここで物語の始まりを除いてといったのは、「無極にして太極あり。太極動いて陽を生じ、動くこと極まって静かに、静かにして陰を生ず」(二)とあるように、スタートは統一体であったがまず理の動きにより回転運動が激しい陽が生まれ、陽の動きが極まって静かになることにより陰が生まれ、そこで陰陽が出揃うからである。

感通の理　感と応

この世の意味のある事象と存在は必ず対になっているということであるが、この対になっているということは、ただ意味もなく並んでいるわけではない。また勝手に動いているわけではない。対になっているということは、かかわりを持って影響を与え合っているということである。

こうした対になっている事象と存在の間には感と応といった感通の理が働いている。理の第二の法則、感通の理である。そこでは「感有れば必ず応あり、凡そ動あれば皆感と為り、感ずれば則ち必ず応あり。応ずるところ復た感と為り、感ずる所復た応あり、已まざる所以なり」(三)とあるように、一方が動けば相手はそれを感じ必ず応じること。そして相手が応じればもう一方もその動きに応じていく。意味のある事象と存在は対になっており、そこではこうしたやり取りが繰り返されていく。お互いに感と応を繰り返していく中から、大きな力が生まれ物語は進行していく。

基本は「天は尊く(たかく)、地は卑しく(ひくく)して乾坤定まる」(四)とあるように、天と地、乾と坤の対応関係である。その対応関係の広がりから万物が生まれる。男と女の対応関係から新たな生命が誕生する。上と下、貴と賤の対応関係から秩序が生まれる。

そこでのやり取りは、主として相乗効果を生み出す協調的（促進的）なやり取りであるが、時に対立と葛藤も生み出すことがある。対立と葛藤が激しくなれば、事象と存在は拡散・消滅に向かっていくのではないかという懸念が生じる。確かに欲望、憎悪等が極限まで高まり、悪の世界、破壊の世界に踏み込んで、破壊のエネルギーを呼び込んだ場合には、その可能性を否定することはできない。しかし今、私達が存在している現実世界、空間では、理の力が優勢であり、悪の力が入り込む余地は限られていると思われる。現在私達が存在している空間では、対立関係は変化へのエネルギーに組み込まれる可能性が高いといえる。こうした対立関係は、安易に介入しその動きを遮らない限り、自然に融合・創発・生成へと向かっていくはずである。

感通の理　往来・消長

こうした組み合わせは、ただ意味もなく行ったり来たりしているわけではない。一方が行けば必ず対応している相手が現れる。感通の理は往来・消長の法則でもある。繫辞下伝に「日往けばすなわち月来たり、月往けばすなわち日来たり、日月あい推して明生ず。寒往けばすなわち暑来たり、暑往けばすなわち寒来たり、寒暑あい推して歳成る」(五)とあるように、日月、寒暑の往来から一日、一年が成立する。(六)昼だけ、夏だけであれば歳月は成立しない。太陽が中天に昇り輝き続けている状態の時間とはどのようなものか。いつ起きて、いつ仕事を始め、どこで仕事を終わらせて休むか、全くわからない。時間も前へ進んでいくのか定かではない。想像することは困難である。昼だけ、夏だけの状態であればそこでは生成の矢、生命の矢としての時間は前へ進んでいかないと思われる。昼と夜があることにより事象はリズミカルに動くようになり、時間は前へ進んでいく。生成のプロセスも作動する。

また「往くとは屈するなり、来たるとは信ぶるなり。屈信あい感じて利生ずるなり」(七)とあるように、行くとは身を縮めて力を蓄えることであり、来るとは伸びることである。夏が過ぎて冬が来る、冬が過ぎて夏が来る。また夏が過ぎて冬が来るという往来は、同じ状態の繰り返しではない。往、すなわち一度姿を消しても、その間エネルギーを蓄え、来、すなわち次に姿を現す時は、そのエネルギーを遺憾なく発揮し、変化し、進化していくということである。(八)昼だけ、夏だけの世界では、変化も進化も限られたものとなる。生成の力である理の力が働いている世界の往来は、変化と進化の原動力である。

このようにこの世の意味のある事象と存在は、対になっており感応している。また事象によっては、往来・消長を繰り返している。この対応、感応、そして往来・消長がこの世の変化、循環を作り出し、物語を前へ進めていく推進力のひとつとなっているのである。

非対称性

意味のある事象と存在を観察していれば明らかなように、こうした対応関係は、均等の力関係で成立しているわけではない。意味のある事象と存在が成立する前にはそうした状況、対称性が支配している世界が成立していたのかもしれないが、私達が存在している現実の世界では、その対応関係は原則的に非対称である。理の第三の法則は非対称性である。それぞれが均等の力で均衡するのはほんの一瞬である。仮に陽が五〇%で陰が五〇%という状況が一時的に成立したとしても、次の瞬間、そのバランスは崩れている。私達の認識能力では、その瞬間を認識し特定することはできない。善が五〇%、悪が五〇%という状況も一時的に成立するかもしれないが、それも一瞬の出来事であり、その状況が持続することはない。男と女の数も同じではない。往来と消長の関係も同様である。昼と夜が均衡するように見えるのは、春分の日もしくは秋分の日に近い一日だけである。それ以外の日では昼と夜の割合は同じではない。意味のある事象と存在は対をなしているが、そのかかわりは特別な場合を除き非対称である。

対をなしている事象と存在が非対称であれば、原則的にその差を埋める動きが起こり、そこからエネルギーが生まれてくる。双方が同じ力で均衡していれば何事も起こらない。非対称の対応関係から躍動のエネルギー、創造のエネルギー、生成のエネルギーが次から次へと湧き上がってくる。そしてこうした対応の繰り返しから大きな変化が引き起こされていく。

相互作用の多様性

対応、往来と消長といった感通の理、そして非対称性とともに重要な法則は、幅広い要素の相互作用である。理の第四法則は相互作用の多様性である。

意味のある事象と存在には感通の理が働いており、対応関係が成立しているが、その関係はそれにとどまるものではない。「無極の真と二五の精、妙合して凝る。乾道は男と成り、坤道は女と成る。二気交感して万物を化生し、万物は生生して変化窮まること無し」(九)とあるように、陽と陰の気、そしてそのかかわりから生まれた水火木金土の五行の気は、陽↕陰、水↓火↓木↓金↓土といったかかわりを超えて相互作用し、気の振動の強さと、共振の範囲の異なった様々な物質や現象を生み出している。理の第四法則は相互作用の多様性である。その関係は多様で複雑である。この相互作用の多様性、そしてその動態が、事象と存在の複雑性と持続性に深くかかわっているのである。現象界では多様な相互作用を通し、気の種類と構成割合と配列が異なる意味のある事象と存在が無限に近く生み出されている。

こうした相互作用は、図二―二のような閉鎖系の中の限られた要素の相互作用ではない。要素は、強弱はあるがあらゆる要素と相互作用しているのである。要素は私達が認識可能な環境条件だけではなく、地球上の様々な要素と相互に影響を与え合っている。また、銀河系内の様々な質量が、そしてさらに銀河系外の質量が相互作用に微妙な影響を与えている。台風・竜巻の発生、生命の誕生、形態の形成、生体内の活動には、こうした私達の認識能力を超えた無数の要素が影響を与えているのである。

こうした無限ともいえる要素の相互作用が、理の力により集約され、現在私達が目にしている現象を生み出しているのである。まさに神の技である。私達ひとりひとり、そして小さな昆虫もこの広大な宇宙に存在するあらゆる要素からの力のおかげで成立していることを決して忘れてはならない。また同時に私達の行動・発言・意識が、家族や所属している組織にとどまらず、日本、地球、宇宙にも影響を与えていることをつねに留意していなければならない。宇宙の中の微妙なバランスのもとに私達は成立、存在しているのである。

図 2-2　閉鎖系内の相互作用

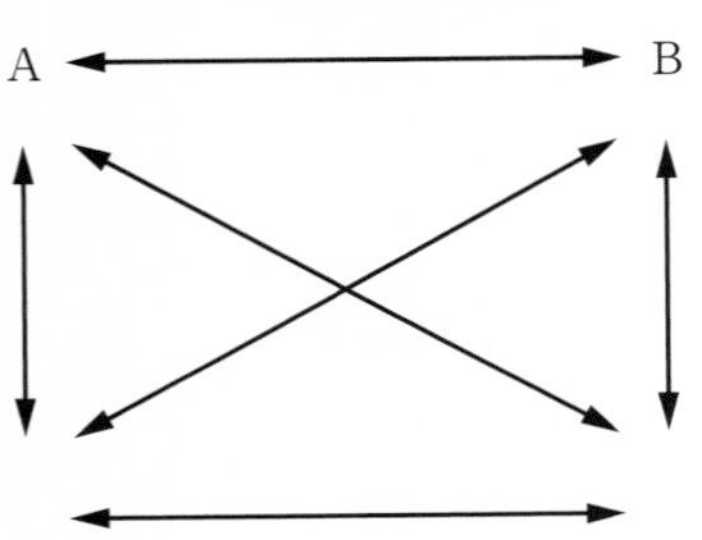

A　B

円環的ループの相互作用

相互作用する要素は多様であるが、そのかかわり方も一様ではない。図二―三のように、ひとつひとつが直線的に、多様にかかわっているわけではなく、その多くは図二―四のように円環的ループを通して相互作用している。

私達は事象とのかかわり方を原因と結果のように直線的に認識する習慣がある。システム論においてもその関係は多重であるが、個々の要素との関係は直線的であると考えている。しかし現実は直線的相互作用だけではない。現在認識されている理の法則、相互作用はより複雑である。事象の多くは円環的ループの相互作用からなっているのである。とくに生成、進化は円環的関係から生まれることが多い。私達の通念とは逆に、回転運動、円環的ループが事象と存在の本質を考える場合の鍵となっているのである。

円環的ループ　触媒機構

多様性と複雑性を維持している事象と存在には、自然発生的に円環的ループの相互作用が成立している。そしてその円環的ループも、円環的ループ同士、相互作用している。

円環的ループの相互作用の代表的なものが反応と増幅する触媒機構である。それは自動触媒セット(一〇)と呼ばれる図二−五のような自己言及的で円環的な有機構成である。すなわちオートポイエーシス・システムとしての円環的触媒機構である。(一一)Aが触媒として作用することでBが生まれ、Bが触媒として作用することでCが生まれる……と続いていき、やがてZが触媒となることによりAが誕生するというループが形成される。現実の触媒作用は円環的ループになっている。このような触媒作用、自動触媒セット(一二)の場合、時間の経過ととも

図2-3　直線的相互作用

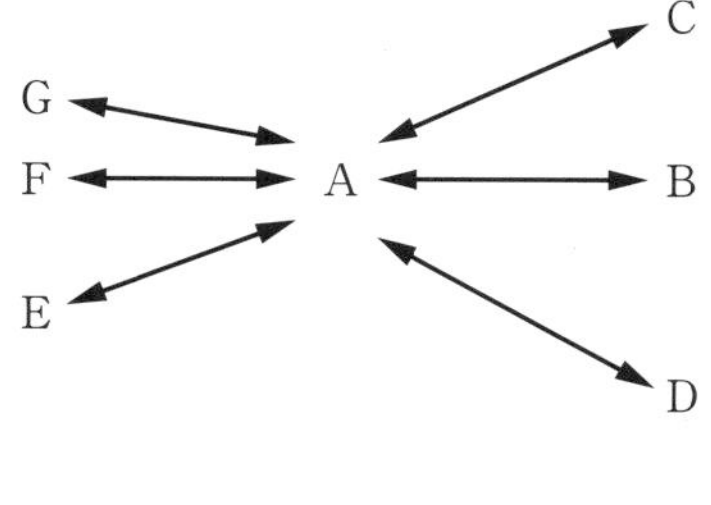

図2-4　円環的ループの相互作用

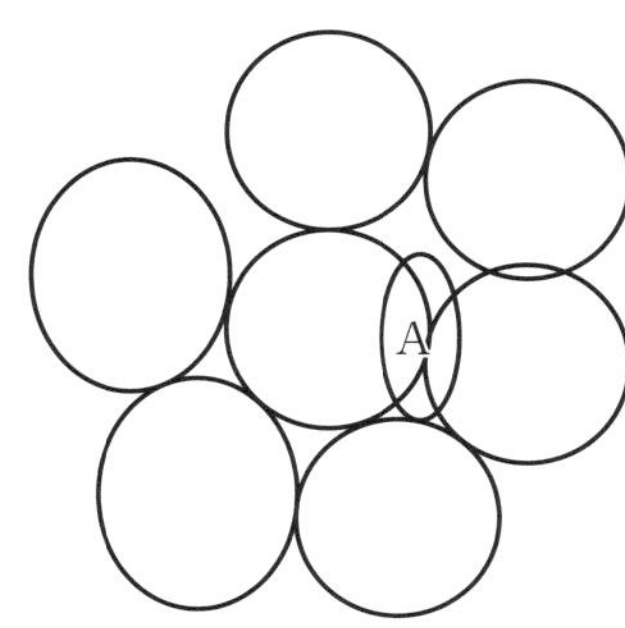

に分子の生成は強化され、A、B、C……Zの要素の量は急速に増大する。自分自身が作り出した産物が、いずれ自分自身を作り出す触媒となるのである。まさに回り回って自分自身の構成要素の産出を促進しているのである。現実の世界ではこうした円環的ループを通して事象を形成する要素は次から次へと作り出されているのである。

こうした触媒の作用により、河本英夫が「生成プロセスのネットワークが円環的な連鎖をなしたとき、構成要素は連続的に産出されつづける構成要素として成立する」(一三)と述べているように、特定の分子は消費されても次から次へと供給され、構成要素として存在し続けるのである。そして消費される分子よりも、供給される分子の量が多くなると、その分子の量は、他の分子の量を圧倒し、系全体の相当部分を占めるようになる。そして流入するエネルギーの量が大きくなると、その特定の分子の増殖が一気に進んでいく。みずからが、みずからの産出プロセスにかかわることにより、特定の分子の供給が増加することになる。こうした産出プロセスの存在が生成、進化、自己組織化の鍵のひとつとなるのである。

もちろん、現実の円環的サイクルはもっと複雑である。ハイパーサイクル(一四)と呼ばれるように、たくさんの要素が円環的ループにかかわっている。そして図二-六のように、その円環的サイクルはいくつかの円環的ループと連動している。(一五)こうした触媒の円環的ループの連動によって、原則的に要素の量は

図 2–5　自動触媒セット

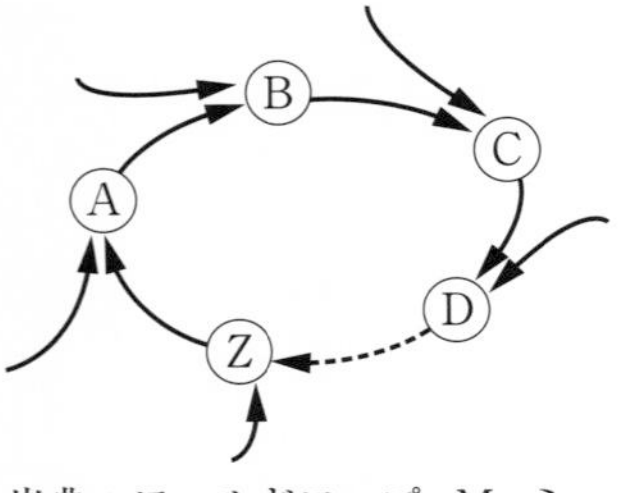

出典：ワールドロップ・M・ミッチェル著、田中三彦／遠山峻征訳『複雑系』新潮社、平成 8 年、159 頁

一方的に拡散せずに微妙に調整されている。少ない要素だけの相互作用だけでは、拡散、解体してしまう恐れがあるが、多様な円環的ループの相互作用により増殖と抑制の絶妙なバランスが維持される。ただし、時には理の働きによって、系の中のある種の要素の量が他の要素を圧倒し、全体の相当部分を占めるようになると、基本単位レベルの再編成が進み、新たな秩序へ向けた動きが始まる。新たな秩序へ向けた基本単位の再編成、すなわち相転移も理の働きによるものである。

私達の存在と動態的秩序は、こうしたすべてがすべてに影響を与えていること、そしてかかわりは直線的だけではなく、円環的ループを通して相互作用しているという微妙なバランスの上に成立しているのである。私達はこうした微妙なバランスの上に成立している秩序を壊さないように謙虚に行動していかなければならない。

四　循　環

易経が最も重視する理の法則が、こうした対応、感通の理、非対称性、相互作用を総合化して起こる循環である。理の第五法則は循環である。方丈記に「行く川の流れは絶えずして、しかも、もとの水にあらず。よどみに浮かぶうたかたは、かつ消え、かつ結びて、久しくとどまりたる例なし」(一六)とあるように、この世の事象と存在は消えてなくなっても、次から次へと新しい事象と存在が誕生し、同じ状態が続くということはない。

図 2-6　円環的ループの連動

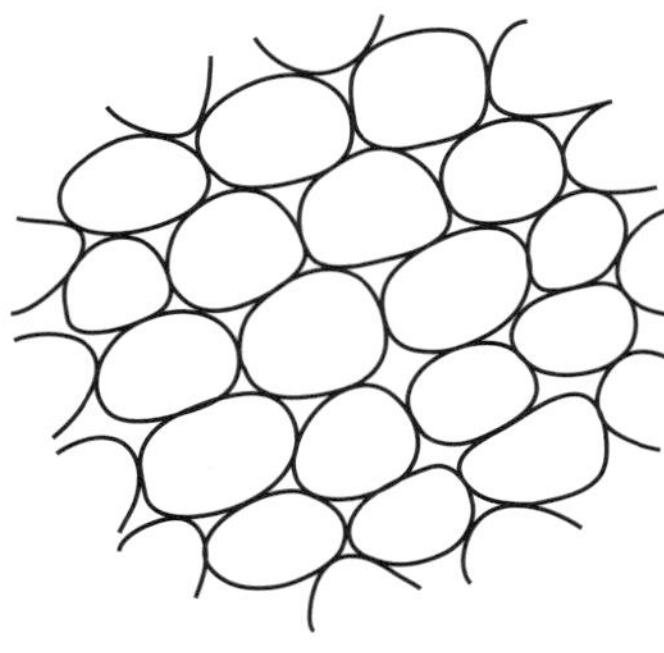

　このように古くから日本人は、世の中は安定・均衡に向かうのではなく、絶えず変化していくものであることを自然に認識していた。ただしこの世の事象と存在は変化してやまないが、方向性もなく右往左往し漂っているわけではない。変化することによってすべてが解体し、消滅に向かって突き進んでいるわけではない。そこには一定の法則、循環の法則が存在するのである。

　循環とは、「一回りしてまたもとの場所、あるいは状態にかえり、それを繰り返すこと」(二七)である。これが私達の通念である。これに対して易経でいう循環は、これを循環と呼ぶかどうかは別にして図二―七、図二―八のような進化のプロセスの繰り返しである。

　この世の事象と存在には、根源的存在から生まれるこの世の存在をかくあらしめる力である理の働きにより、生成の力が強く働き変化すな

図 2–7　シグモイド・カーブの連鎖

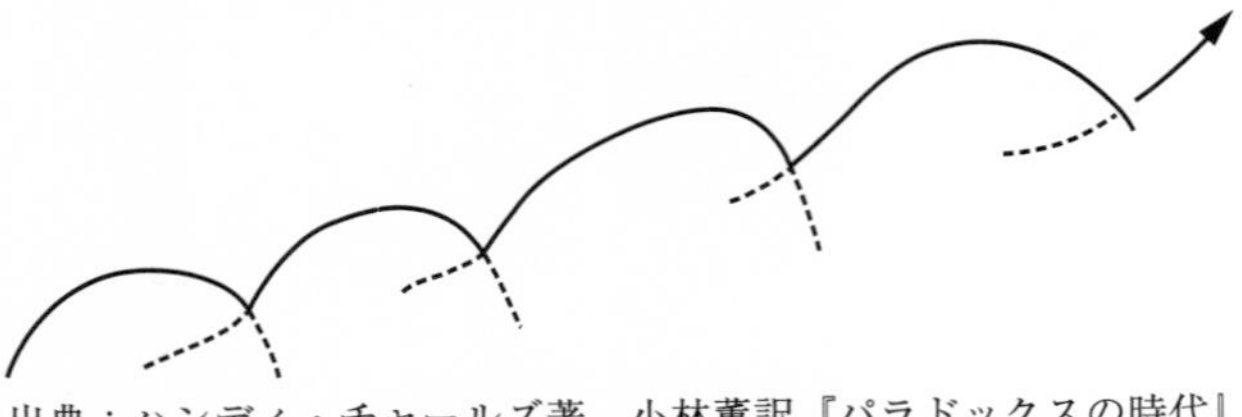

出典：ハンディ・チャールズ著、小林薫訳『パラドックスの時代』ジャパンタイムズ、平成 7 年、98 頁

図 2–8　創発の連鎖

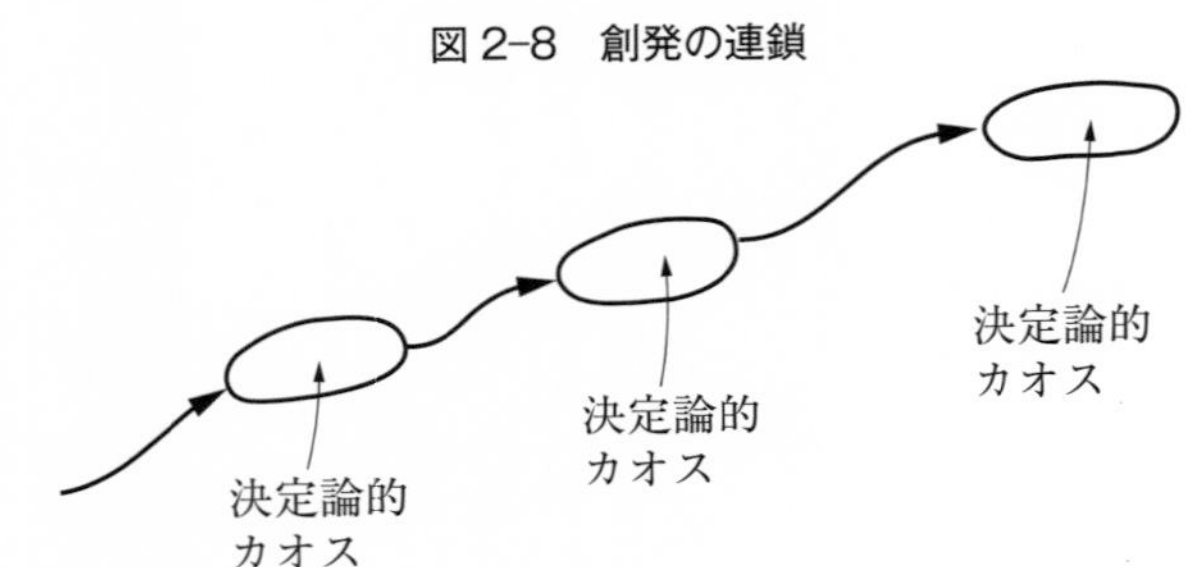

わち基本単位の再編成がいたるところで起こっているが、それと同時にそれらを総合化し、新たな秩序に向かっていくという進化も繰り返されているのである。

循環の法則　元亨利貞の繰り返し

こうした進化、循環は、どのようにして起こるのであろうか。易経では、事象の循環は「元亨利貞」(一八)の乾の働きとして示されている。「変通の最大のものは四季である」(一九)とあるように、元亨利貞は、自然であれば春夏秋冬の季節の循環である。

私達の意志にかかわりなく、四季は毎年巡ってくる。春になると花が咲き、夏になると葉が茂り、秋になると実を結び、冬になると大地は凍りつく。この動きを誰も止めることはできない。もちろんこの循環は同じ状態の繰り返しではない。循環を引き起こす原動力のひとつが感通の理―往来・消長である。感通の理―往来・消長は、力を蓄え、そして伸びていくこと。すなわち進化していくことである。したがって今年も春は巡ってくるが、それは昨年の春と同じではない。

生物・植物も元亨利貞の働きにより、力を蓄える時期と伸びる時期を繰り返し毎年成長している。これらも昨年の姿と今年の姿は同じではない。いずれ固体としての生物・植物は衰退し、消滅していくが、それ以上に新たな固体が誕生し、成長・進化を繰り返している。人間は休息と活動を繰り返し、成長している。誰もが十分な休息を取り、その後集中して仕事に取り組めば、能力と意識が大きく成長していくことを実感できるはずである。

元亨利貞は、人間の組織であれば生成、成長、成熟、完成である。それが理にかなった人間の集まりであれば変化、成長、成熟、完成の動きを繰り返していくことになる。社会的価値に沿った基本的価値の体系が成立し、ステークホルダーの意向を大切にし、つねに社会的要請の実現を目指している優良企業の多くがこの好ましい循環を繰り返している。

このように事象は元亨利貞の働きにより、好ましい循環を繰り返している。万物は元亨利貞の働きに沿って動いている限り、その持続可能性が立証されるのである。それではこうした好循環をもたらす元亨利貞とはどのようなことであろうか。

元 それは春

「元（げん）は善の長なり」とあるように、元は万物すべての始め、善の極致である。(二〇)季節でいえば春である。暖かい日差しのもと草木が芽吹き、つぼみをふくらませ新たな物語が始まるのである。期待と希望に満ちた時期である。これを人の行為にあてはめれば、「君子は仁を体してもって人に長たるに足り」(二一)とあるように、元は仁、すなわち慈しむ心、誠実な心、人を思いやる心である。そしてつねに謙虚であることである。始まりは徳性の涵養である。指導者たるものは知的能力、道徳的能力、芸術的能力をバランス良く高めていくことである。そして感じる力を磨き、人の心を感じ、それを大切にしていく心を養っていくことである。こうした徳性の高い人が、それぞれふさわしい地位に就くことにより事業は始まる。また変革も進んでいく。徳性の高い人達が新しい時代の社会的要請、現代であれば脱炭素化を始めとする地球温暖化対策等の社会的要請を実現するとともに、従業員の幸せを実現するミッション・ビジョンを掲げ、従業員と共有することにより、企業の物語は始まり、前へ進んでいくのである。

徳性の涵養を抜きにして、徳性の低い人が集まって事業を始めても、そこから成長も収穫も期待することはできない。急成長企業の崩壊の原因の多くは、そこに集まった人達の徳性の低さにある。それに対してトップの徳性が高く、慎み深い組織文化が確立し、上下の心が通じ合っている企業は、順調に成長し続けている。かつての松下電器産業、本田技研工業などに代表される日本の製造業の多くが、成立時の徳性の高さにより、持続的発展を実現してきた。企業の衰退は、開発力・技術力の低下から始まるといわれているが、こうした徳性の低下も企業衰退の原因のひとつである。

亨　それは夏

「亨は嘉の会なり」とあるように、亨は万物皆伸び栄えること、美の集中である。(二二)季節であれば夏である。草木が伸び、繁茂し、陽の光を受け美しく輝いている最も生きる力を感じる時期である。これを人の行為にあてはめれば「嘉会してもって礼に合するに足り」(二三)とあるように、慈しむ心、誠実な心、人を思いやる心を実践していくことである。仁を形にしてあまねく実践していくことである。法令を遵守するだけではなく、倫理・道徳を優先することである。それによって美しい心が伸び広がっていくのである。すなわち集まってきた仲間が幸せになるように、喜びを分かち合うことができるようにすることである。いつ、どこでも誠実に丁寧に、そしてそばにいる人を大切にしていくことである。

企業であればそれは従業員を大切にすることである。従業員ひとりひとりの人格を尊重し、伸ばしていくことである。従業員の多様な欲求を調整し、それらを充足していくことである。そして能力を高め、それを発揮できる機会を確保し、個人の満足を高めることである。それによりコミュニケーションと連帯を確保し、事業を展開していくことである。

またつねにステークホルダーと誠実に対話し、ステークホルダーの要求を理解し、それを積極的に充足していくことである。社会構造の変革期には将来を正しく見極め、新たな社会的要請の実現に力を尽くすことである。まさに高めた徳性を大いに発揮し、事業を成長させていく時期である。早くから地球環境問題の改善等、社会的要請の実現に取り組み、ステークホルダーの要求の充足に力を入れるとともに、個人を大切にして個人の力の結集できた優良企業の多くが、社会からの支持を集め、二一世紀に入っても力強く事業を展開している。

利　それは秋

「利は義の和なり」とあるように、利は万物皆宜しきを得ること、義の調和である。(二四)季節であれば秋である。それは収穫の時期であるが、同時に伸びて広がったものを理に沿ってまとめていく、物事を整えていく時期でもある。理に反するものは切り捨て、理に沿ったものだけ集めて再編成することである。

これを人の行為にあてはめると「物を利してもって義を知るに足り」(二五)とあるように、成長が一段落したら、成果を確実なものにするとともに、改めて判断と行動を理の法則に沿って自然の秩序、社会の秩序とのかかわりで整えていくことである。

企業であれば確実に利益を上げて従業員やステークホルダーに対して、十分に分配をすることである。また投資資金を確保し、社会的要請とステークホルダーの要求を基準に事業を見直し、理に沿って事業の再編成をすることである。必要な事業を補強し、本質にかかわりない事業を整理をすることである。

貞　それは冬

「貞は事の幹(おおもと)なり」とあるように、貞は万物が皆従うべき恒久の道、事の根幹である。(二六)季節であれば冬である。私達は、冬はすべてが凍りつき止まってしまう時期というイメージを持っているが決してそうではない。次なるステージに向けて理に沿った力を蓄え、内なるエネルギーを充満させている状態である。

これを人の行為にあてはめれば「貞固にしてもって事に幹たるに足る」(二七)とあるように、好ましい考えを形あるものとして完成し、知・徳を内側にしっかりと包み込んでおくことである。知と徳を固く守っていれば、その人の徳性は一段と高まり、それが自然とあふれ出てくる。道徳の力が高まることが変化・進化の原動力である。企業が成熟期を過ぎたら、社会的要請やステークホルダーの要求を反映したミッションや事業を再確認し、それを支える知識・技能を確立することである。特許を取得したり、ノウハウを整理しまとめることである。好ましい行動原則や手続については、その原則論的部分について規則化も進めることである。またそれを支える組織文化や企業倫理を確認し、それを固く守ることである。固く守るといっても現状維持ではない。それは、現在の知識・技能・スキルを磨いて深めるということである。

季節は春夏秋冬の循環を繰り返して進化し、前進している。人は元亨利貞に沿って行動することにより、好ましい循環を繰り返していくことになる。企業も元亨利貞に沿って、その知識・技能・スキルと徳性を磨き、コミュニケーションと連帯を確保して、円環的ループを形成している正しい基本的価値の体系を成立させていれば、ステークホルダーのグッドウィルが集積し、好循環が続きゴーイングコンサーンとしての地位を確立することができる。この原則に反すれば、人も企業も時の経過とともに道から外れていき、衰退が始まっていくのである。

このように理の最も重要な作用は、永遠の循環である。一見すると、物事はいずれ行き詰まり、終わりを迎えるように見えるが、繋辞下伝に「窮まればすなわち変じ、変ずればすなわち通じ、通ずればすなわち久し」(二八)とあるように、理に沿って変化すれば再び元亨利貞の循環が続いていく。怒り、憎しみ、妬み、驕りの感情や略奪、破壊、裏切りといった行為によって理の働きを遮らない限り、自然にしていれば、そして道徳の法則や社会的価値を反映した基本的価値を大切にしていけば好循環は継続していくのである。

理とは何かについては説明困難であるが、このように私達は理の作用をいたるところで観察・体験することができるのである。時代の変化、企業の盛衰、個人の予期せぬ成功と失敗に、理の働きを見ることができる。

今、私達に必要なことは、心静かにして理の力によって引き起こされる現象を感じ取り、理に沿った行動を心掛けることである。

五　理と現代科学

最近、科学の分野で理とのかかわりで新しい動きが見受けられる。ニュートン力学や量子力学では説明困難な現象である複雑な振舞いを対象とした複雑性の科学の成立である。それは科学の世界における理の作用の認識である。

きっかけは複雑な振舞いの認識である。最近、複雑な振舞いが科学者の間で注目を集めている。注意深く観察していると突然の増幅、突然の分岐、突然の場面の変化、突然のパターンの形成などといった主として理の作用によって起こる現象をいたるところで見出すことができる。それは、自然科学の分野のみならず、社会科学の分野においても見られる不思議な現象である。ニュートン力学から解放され、改めて自然現象、社会現象を観察してみると、この世は複雑な振舞い、すなわち複雑性であふれている。私達はこうした複雑な振舞いを通して、理が存在すること、そしてその働きはどのようなものであるかを認識することができる。

理の作用　複雑な振舞い

理の作用によって起こる複雑な振舞いの代表的な例が、ベルーソフ＝ジャボチンスキー反応と呼ばれる色の振動やパターンの形成である。何種類かの薬品を混ぜ合わせ混合液を作ると、赤から青などといった異なった色の間を規則的に振動すること、また溶液の組み合わせによっては、パターンとカオスが交互に現れることが明らかになった。(二九)それは、今までの科学の常識、すなわち化学反応がつねに平衡へと向かうことを意味する熱力学第二法則に対する重大な挑戦であるといわれている。(三〇)また、レイリー＝ベナール流体力学的不安定性も不思議な現象である。二枚のガラス板の間にシリコーン油を入れて熱すると、最初、熱は伝導によって伝わるが、加熱すると対流が起こり、さらに熱すると蜂の巣構造のパターンが現れる。(三一)第三代徳田八十吉の彩釉磁器では、窯の温度が一定値を超えると、紺一色から突然美しいパターンが誕生している。

複雑な振舞いは、必ずしもカオス特有の現象ではないが、カオス的状況に集中的に見られる。外部から大量のエネルギーが流入し、カオス的状況になっているところではエネルギーの流入に合わせて、要素はダイナミックに動き回っている。それが、外部からのエネルギーの流入が増加すると、急速に結合と分離が繰り返され、その動きはより活発化する。小さなパターンが生まれては消えていく。そして外部からのエネルギーの流入が一定限度を超えると、突然、そこから新たな秩序が生まれている。

こうした振舞いは、身近な自然現象の中でも認識することができる。川の流れが速くなると乱流現象が起こる。川の流れが緩やかであれば何事も起こらない。川の流れが速くなると岩の後ろに渦が現れる。そしてさらに川の流れが速くなると、渦が次から次へと分裂していく乱流現象が起こる。これも今までの科学では説明困難な不思議な現象である。(三二)竜巻・台風・雹・雲の発生と変化などといった小さな動きが大きな結果をもたらしている気象現象も、複雑な振舞いのひとつである。

不思議な現象は生物の世界でも見られる。粘菌は普段は単独で生活しているが、栄養が不足するとある科学的信号を出し、一か所に集まり集団を形成する。そしてあたかも一匹の生物のように振舞う。(三三)ここで注目すべき重大な点は、粘菌が集まって組織を作る時、乱流、銀河と同じような渦巻状の美しいパターンを作るという点である。これらの現象は理の働きによるものである。私達は理の働きをいたるところで確認することができる。

私達が今まで当然と思い、疑問を差し挟んだことのない生命の誕生のプロセスも複雑な振舞いの連続である。生命は複雑性、すなわち細胞分裂、増殖、形体の形成を通して誕生する。それは単なる遺伝子の指令に従った連続的変化ではない。遺伝子の指令を超えた複雑な振舞いを通して個体は形成される。そうした過程を通して形成された個体も複雑な振舞いが見られるシステムである。相互調整をするための更新に用いられる情報分子であるサイトカイン(三四)の調整のもとに免疫系、神経系、内分泌系などが微妙に影響を与え合い、増殖と抑制を繰り返し、生体のバランスを維持している。(三五)T細胞から作り出されたインターロイキンはB細胞に働きかけ、その増殖を促進したり抑制したりするだけではなく、それは炎症や癌や神経の成長、さらには造血などにも介入している(三六)というのである。生体内の活動は限られた範囲内の動きではなく、全体との微妙な関係の上で成立しているのである。まさに複雑性が支配している世界である。

このように複雑性は、この世の現象の本質的部分、重大な事実に深くかかわっている。この世の出来事は、プロセスは多様であるが、何らかの力が働くと、理の作用により、一定の秩序に向かっていくということは重大な事実である。そこにはわれわれの認識をはるかに超えた力、すなわちこの世の存在をかくあらしめる力である理が働いているのである。宇宙の最後はどうなるかはわからないが、それまではすべての存在が荒廃した世界である平衡系へとまっしぐらに進んでいるわけではない。理が作用している限り、再生、新たな秩序の形成を繰り返しているのである。すなわちこの世の現象に対しては、一定の秩序に向かう力がつねに働いているということである。

理の科学　複雑性の科学の成立

複雑性の科学が対象とするのは、こうした複雑な振舞い、複雑性である。複雑性の存在は、今までの科学に代わる複雑性の科学を誕生させようとしている。今までの科学は複雑な要素を単純な要素に還元して説明しようとするもので、複雑な振舞い、自己組織化や進化がどのようにして起こるかは対象外であった。これに対して、複雑性の科学は、突然の乱れ、増幅、正のフィードバック、パターンやリズムの形成、同調、同期化などという今までの科学が例外もしくはブラックボックスとしていた領域を取り扱おうとするものである。すなわちそれは、小さな変化が突然に増幅して新しい秩序を形成する、ある力が働くことによって全く別の次元が出現するという現象を対象とするものである。まさに理の作用にかかわる科学である。

現在まで多くの学者がこうした現象、すなわち理の作用によって起こる生成、動態を次から次へと明らかにしている。物理学、化学の世界のみならず、生命科学の世界でもこうした現象が明らかになっている。

しかしながら現象面の研究は進んでいるが、何故こうした現象が起こるのか、分子の再編成、創発・自己組織化などといった現象が起こるのかといった理の作用のプロセスの面の研究はまだ十分進んでいない。多くの学者が、複雑性の特色として因果関係不可視性、予測困難性をあげ、不思議な現象として片づけている。カオス的状況にエネルギーを加えれば秩序が生まれると簡単に処理してしまっている。理の作用によって起こる生成、動態にかかわるカオスから秩序にいたる共通の理論は未解明のままである。グレゴリー・ニコリス＝イリア・プリゴジン、ピーター・コヴニー＝ロジャー・ハイフィールド、M・ミッチェル・ワールドロップなど一部の学者がその本質に迫っているに過ぎない。

複雑性の科学　上位の法則

複雑性の科学の成立とともに、多くの科学者が上位の法則にもとづく生成の力の存在を指摘するようになってきた。彼らは何故特定の状況になるとサイトカインが働き、遺伝子に指令を与え、時間の経過に沿った形体形成が行われるのか、何故カオス内の現象はストレンジアトラクター内に収束するのか、何故自己組織化現象によって作られるパターンが共通なのかについて、上位の法則にもとづく生成の力の存在を認め始めている。

この上位の法則が何であるかが最終的に残った最も難解な課題である。有機にも無機にも働いている生成の力、秩序に向かう力を支配している法則とは何か。イリア・プリゴジンも大域的状況(三七)という表現にとどめ、それを詳しく説明していない。その存在を強く意識しているが、現代の自然科学では、それを説明することは困難である。多くの優れた学者がその存在に気がついているが、いまだ解明するにいたっていない。このように近代科学においても、説明困難な上位の法則という理に類似した概念が認識され始めているのである。

いつの時代も、この世の存在をかくあらしめている理とは何かは、知識人の最大の関心事である。

注

（一）湯浅幸孫著『近思録　上』タチバナ教養文庫、平成八年、五七頁

（二）湯浅幸孫著、前掲書、三頁

（三）湯浅幸孫著、前掲書、三五頁

（四）丸山松幸訳『易経』徳間書店、平成八年、二四五頁

（五）丸山松幸訳、前掲書、二八二頁

（六）丸山松幸訳、前掲書、二七八頁

（七）丸山松幸訳、前掲書、二七八頁

（八）丸山松幸訳、前掲書、二七八頁

（九）湯浅幸孫著、前掲書、三頁

（一〇）ワールドロップ・M・ミッチェル著、田中三彦／遠山峻征訳『複雑系』新潮社、平成八年、一五九頁（Waldrop, M. Mitchell, *Complexity*, Simon & Schuster, 1992）

（一一）マトゥラーナ・ウンベルト／ヴァレラ・フランシスコ著、河本英夫訳『オートポイエーシス』国文社、平成三年、二四頁（Maturana, Humberto and Francisco J. Varela, *Autopoiesis and Cognition*, D. Reidel Publishing Company, 1980）

（一二）ワールドロップ・M・ミッチェル著、前掲書、一五九頁

（一三）河本英夫著『オートポイエーシス』青土社、平成七年、一二六頁
（一四）河本英夫著、前掲書、一三六頁
（一五）河本英夫著、前掲書、一三六頁
（一六）中野孝次著『すらすら読める　方丈記』講談社、平成一五年、一三頁
（一七）新村　出編『広辞苑』岩波書店、平成二〇年
（一八）丸山松幸訳、前掲書、四四頁
（一九）丸山松幸訳、前掲書、二六五頁
（二〇）丸山松幸訳、前掲書、四四頁
（二一）丸山松幸訳、前掲書、四六頁
（二二）丸山松幸訳、前掲書、四四頁
（二三）丸山松幸訳、前掲書、四六頁
（二四）丸山松幸訳、前掲書、四四頁
（二五）丸山松幸訳、前掲書、四六頁
（二六）丸山松幸訳、前掲書、四四頁
（二七）丸山松幸訳、前掲書、四六頁
（二八）丸山松幸訳、前掲書、二七六頁
（二九）コヴニー・ピーター／ハイフィールド・ロジャー著、野本陽代訳『時間の矢、生命の矢』草思社、平成七年、二四三－二四六頁（Coveney, Peter and Roger Highfield, *The Arrow of Time*, Fawcett Columbine, 1991）
（三〇）コヴニー・ピーター／ハイフィールド・ロジャー著、前掲書、二四四頁
（三一）コヴニー・ピーター／ハイフィールド・ロジャー著、前掲書、二二八頁
（三二）ブリッグス・ジョン／ピート・F・ディビッド著、高安秀樹／高安美佐子訳『鏡の伝説』ダイヤモンド社、平成

三年、五三頁（Briggs, John and David Peat, *Turbulent Mirror*, Harper & Row, 1989）

（三三）ブリッグス・ジョン／ピート・F・ディビッド著、前掲書、一八六頁

（三四）多田富雄著『生命の意味論』新潮社、平成九年、一四頁

（三五）多田富雄著『免疫の意味論』青土社、平成五年、八九頁

（三六）多田富雄著、前掲書、八〇-八三頁

（三七）プリゴジン・イリア／スタンジェール・イザベル著、伏見康治／伏見　譲／松枝秀明訳『混沌からの秩序』みすず書房、昭和六二年、二〇五頁（Prigogine, Ilya and Isabelle Stengers, *Order Out of Chaos*, Bantam Books, 1984）

第三章　道とは何か　それは根源的存在

一　根源的存在

さていよいよ根源的存在の話である。そこから大量の気があふれ出ているとともに絶大な力が生まれている根源的存在とは何か。それは実在するのか。生と死とともに私達が一度は考えたことがあるテーマである。しかし、いくら考えても答えが出ない。わかったような気分になっても、その瞬間そのイメージは逃げ水のように消えてしまう。また振り出しに戻ってしまう。知識人と呼ばれる人達に、根源的存在とは何ですかと尋ねても、なかなか私達が理解できる答えを得ることはできない。そんなことを繰り返しているうちに忙しさにかまけてそのテーマを忘れてしまう。

根源的存在とは何か

現代では一部の哲学者を除き、ほとんどの科学者が根源的存在と根本原理について語ることを避けている。肯定も否定もしない。何故か。私達は根源的存在の力を体験することはできるが、既存の科学では、根源的存在が実在することを十分説明できないからである。科学者の多くが、科学的に説明できるものが真理であり、科学的に説明できないものは真理ではないと考えている。科学的に説明できないものは科学者の関心を引かないということである。だからといって決して私達はその実在を否定しているわけではない。

誰もが根源的存在を意識して生活している。神、仏、大日如来、絶対者、超越者、統括者、純粋理性などとその表現は異なるが、私達は根源的存在が実在していることを感じている。そしてそれがもたらす美しい秩序を意識している。澄み切った夜空を見上げていると、根源的存在からの声が聞こえてくるような気がする。美しい星空の奥の、さらにその奥にある何かが私達の心に呼びかけている。また、美しいものに感動した時、静かで穏やかな空間に身を置いている時、何かに没頭している時、一瞬ではあるが根源的存在からの働きかけを感じることがある。それを感じた瞬間に、何か温かいものが私達の心を包んでくれる。根源的存在を無視して傍若無人に振舞っている人でも、心の底では、潜在的にその存在を意識している。こうした人は、根源的存在から逃れるために犯行を重ねているに過ぎない。私達は、時にその存在に感謝し、時にその存在を恐れ、日々生活を送っている。有史以来、根源的存在を意識することにより人々は、何らかの心の安らぎを得てきたことは間違いない。私達が認識するか否かにかかわらず、根源的存在は頂点で光り輝き、君臨し、そこを中心に物語が進んでいくのである。

根源的存在とは何かについては説明困難ではあるが、その力を体験した人は多い。突然開明した人、光に導かれた人生を送っている人、ギリギリのところで救済された人など奇跡を体験した人は枚挙にいとまがない。清なる気を稟受した人は、私達が認識している人間の力をはるかに超えた、根源的存在の力を体験している。また普通の人でも、これに近い体験をした人は少なくない。こうした体験を無視することはできない。やはり根源的存在は実在し、この世の存在には、何か根源的な存在から生まれた力が働いていると考えるのが自然である。

すでに述べた通り、根源的存在から生まれる力、すなわちこの世の存在をかくあらしめる力は、あらゆる存在に不思議な力、生成の力として降り注いでいる。それが生成、消滅、創発、超越という現象を通して、この世界に美しい秩序を作り上げている。私達が普通に目にしている美しい宇宙、地球、自然、人間の形体・意識などは、この根源的存在から生まれる力によって支えられている。人間の姿、形の美しいこと。静かに、穏やかにしている時の私達の心の温かいこと。この世に根源的存在が実在しなければ単なる乱雑で無秩序な状態が永遠に続いていくことになる。私達がそれを理解しようとしまいと根源的存在は実在し、根源的存在から生まれる力は、私達に計り知れない恩恵を与えてくれている。

道　それは根源的存在である

それでは改めて誰もがその存在を意識している根源的存在とは何か。有史以来、プラトンを始め多くの哲学者・宗教家の間で根源的存在はあるのか、あるとすればどのようなものであるのかが議論されてきた。科学優先の時代では、根源的存在に対する関心は薄れているが、近代科学成立前は、根源的存在に対する何らかの見識を持つことは、知識人の素養のひとつであったと思われる。とくに文明の発祥地では、根源的存在は何かについてのそれなりの哲学もしくは物語が成立している。

中国哲学では老子に、道は「淵として万物の宗に似たり」（それは奥深くて、万物の生まれる大本のようだ）（一）とあるように、根源的存在は道である。道は老子の冒頭の「道の道とす可きは常の道に非ず」、「名の名とす可きは常の名に非ず」（二）という大変美しい響きのする文章とともに登場する言葉である。道は、それが理解されているか否かにかかわらず、その天にも通じる美しい響きとともに人々の心に広がっている。いつの時代も美しい響きは天に通じる近道である。余談ではあるが、天才的な作詞家、作曲家が作り出した曲を、これも天才的な歌手が歌うとそれは私達の心の隅々に心地良いリズムで広がっていく。これもまさに神の声である。

古代中国では、この世の存在をかくあらしめる力を生み出している根源的存在であるこの道から壮大な物語が始まる。物語を演じているのは気であり、物語を作り、それをプロデュースし、根源の力を引き出しているのが理である。いよいよ役者、プロデューサーがそこで活躍している大舞台、道の登場である。

道は「淵として万物の宗」とあるように、根源的存在である。それはそこから万物が生成される大本である。それだけのことであれば、あえてここで道の話を取り上げるほどのことではない。多くの優れた哲学者・宗教家が、すでに神、超越者などの言葉を用いて根源的存在の実在を指摘している。

老子の優れた点は、根源的存在が実在することにとどまらず、道の本質、働き、作用に鋭く迫っている点である。老子は、道は私達の認識能力を超えた実在であり、その本質を私達の知、言葉では説明することはできないといいつつも、その本質、働き、作用について美しい言葉で、時に文学的表現を交えて論理的、体系的にわかりやすく解説している。とくに私達の道に対する理解を深めるために、無為自然、無知、虚と静、柔弱、慈しむ心などといった道に沿った生き方を、水の流れを始めとして様々なたとえを用いて具体的に説明している。老子は短い文章の連続であるが、道の本質、その働き、作用のみならず私達の日常的心構えにいたるまで、論理的、体系的に解説している。その解説は道の本質のように伸びやかで自在であり、「老子」の読者はそのリズミカルな解説を通して、道の本質の一端を感じ取ることができるはずである。老子のおかげで私達は、根源的存在とは何かについて考える有力な手掛かりを得ることができるようになったのである。今でも根源的存在とは何かを考える時、その原点は老子である。

道　実体のない統一的世界

道は根源的存在であり、それは実体のない統一的世界である。老子の言葉ではそれは無、もしくは無極である。道は無、実体がないといってもそこには何もないわけではない。老子の最も重要な原則論である「天下の万物は有より生じ、有は無より生ず」(三)にあるように、無すなわち道から万物生成の物語が始まっている。したがって、道は無といってもいわゆる絶対無ではない。そこには何かがあると思われる。

それでは実体がないとはどのような意味なのか。実体がないということは「無状の状。無物の象と謂う」(これを状なき状　物の次元を超えた象というのだ)(四)とあるように、かたちのようなものが実在はしているが、そのかたちが人間の感覚的知覚による把握を超えており、それを私達の認識能力では把握できないということである。実体のない統一的世界とは私達が現在認識している事象と存在を超えたところに実在する別の世界である。それをあえて私達の感覚で表現すると「無色、無声、無形であり、それを混ぜ合わせて一つにした存在である」(五)ということである。したがって、いかに現代の科学的知識を用いても、視覚、聴覚、嗅覚、味覚・触覚・意識といった私達の感覚的知覚をフルに動員しても、それを認識することは困難である。いずれにしても道は、私達の感覚では把握できない実体のない統一的世界である。

道はどこにあるのか

道は私達の認識能力では把握できない実体のない統一的世界ということであるが、それはどこにあるのか。それは壁のようなものを挟んで反対側の世界なのかもしれない。そこには入口のようなものがあり、それを通して二つの世界はつながっている。鏡の国のアリスのように鏡の向こう側には別の世界が広がっているというイメージである。それは私達の上、天のさらにその上に、もしくは私達の下、地下のさらにその下に広がっている世界かもしれない。もしかしたら道の世界と私達の世界は重なっているのかもしれない。いずれにしても道という実体のない統一的世界がどこにあるのかについて答えを出すのは、私達の知的能力をはるかに超えた極めて困難な作業である。老子がいうように、さかしらな知から離れて、静かな自然な状態でイマジネーションを働かせるしかない。

すでに述べた通り、宇宙は道から次々と作り出されている。私自身は、道という無限の広がりを持った世界では、私達の宇宙を始めとする複数の宇宙が、ボールのような球体や、飛行船のような楕円形の物体や、ドーナツ状の物体など様々な形体で浮かんでいるというイメージを描いている。宇宙の数は無限であるが、その形状も無限である。

もちろん道の世界と球体内の世界は別の世界ではあるが、そこには目に見える境界線のようなものは存在しない。内と外を分けるのは、そこが認識できる世界か、認識できない世界かの違いである。超高性能ロケットに乗って、前へ前へと進んでいっても、外界の事象と存在を認識できる限り、それは私達の世界である。さらに前進し私達の感覚では何も認識できなくなったところまで到達できれば、もちろんその時は私達自身も存在しないがそこが道である。そこには境界のようなものは存在しないので、突然の場面の変化である。ただ、道から気が激しく流入しているところでは、何かぼんやりしたものが認識できるかもしれない。すでに述べた通り、気は見ることも触れることもできない。それ自身色も香りもない。声も出さない。しかしその境界線近くでは、道からあふれ出ているエネルギーに満ちた気が激しく動いており、その回転運動が揃っているところでは、何か私達が認識できるような事象を確認できるかもしれない。素粒子のもとになる存在が成立しているところである。それをもってぼんやりとした定かではない存在(六)

という表現がなされているのではないかと思う。まさに、そこは秩序を内包したエネルギーに満ちた状態、カオスである。

道と宇宙の境界線　カオス

道はしばしばカオスであると説明されることがあるが、道自体はカオスではない。カオスは物質的現象界での特別な状態である。道はあくまでも、私達の認識能力では把握できない実体のない統一的世界である。それは静かで穏やかな存在であるが、そこには無限のエネルギーが充満している。この道からエネルギーに満ちた大量の気があふれ出ている。まさにこの道から現象界に現れたばかりのエネルギーにあふれた気が、回転運動が揃い、密度濃く充満している状態、すなわち何かを生み出す寸前の状態、それがカオスである。後ほど詳しく述べるが老子は「道は一を生じ、一は二を生じ、二は三を生じ、三は万物を生ず。万物は陰を負うて陽を抱き、沖気、以て和することを為す」(七)とあるように、万物生成の過程を明らかにしているが、この「二」と「三」の状態がカオスである。気は見ることも触れることもできないが、気の回転運動が揃い、共振が広がっているカオス的状況になると、何かぼんやりとしてものを認識できるはずである。このカオス的状況から理の働きにより、万物生成の物語が始まるのである。このカオスから始まる万物生成の物語については、旧約聖書、古事記、日本書紀を始めとして世界中で古くから語られているところである。

この種の物語で、世界中で読まれているのが旧約聖書である。旧約聖書の創成期では「初めに神は天地を創造された。地は混沌であって、闇が深淵の面にあり、神の霊が水の面を動いていた」(八)から始まる一連の記述を通して、神がカオスから昼夜、天地、星辰、草木、生き物、そして人を生成する過程を順次解説している。こうした天地創造の物語は、西洋人の心の奥に深く刻み込まれているものと思われる。ここで重要な点は、根源的存在であると思われる神が実在し、この神がカオス的状況から天地万物を創造されていることである。

日本書紀には「昔、まだ天地は分かれず、陰陽も分かれず、鶏卵の中身のように不定形で、混沌のうちに兆しをふくんでいた。そのうち清明な要素は薄くなびいて天となり、重く濁った要素は滞って地となる時が来たが、清明なものが集合するのはたやすく、重く濁ったものが凝り固まるのは難しい」(九)とあるように、まさに道からあふれ出た、もしくはにじみ出た気の回転運動が揃ったカオスから天と地が生まれ、それから神々が誕生してくるのである。すでに述べた通り古事記、日本書紀では、神々の誕生、万物の生成の物語、そしてその後の天皇の支配の成立の物語が詳細に述べられている。重要な点は、古事記、日本書紀の世界では神々は根源ではなく、天地が創造された後に成立した私達の世界、現象界の存在であり、私達の祖先のようなものである。この点は老子においても「帝(てい)の先(せん)に象(に)たり」(天帝(かみ)に先立つ実在のようだ)(一〇)とあるように、道という根源が実在し、天帝(かみ)はそこから生まれた現象界の存在である。ただし、日本の神々は現象界でわれわれとともにあるが、最も根源的存在に近い存在である。神社で祭られている神々は根源的存在ではないが、すでに述べた通り、私達が神社に参拝するのは神を通して根源的存在の心を感じたいと思うからである。私達は心の中では根源的存在を意識しており、直接的であろうと間接的であろうと、根源的存在とつながりを持ちたいと思っているのである。

そういった意味で、神々の子孫ともいわれている日本の皇室をどう評価するか。それは自由な日本人の心の問題である。科学的に論評することではない。静かで穏やかな時に考えれば良いことである。神の子孫である万世一系の天皇を敬愛している人がいること、そしてそれが日本社会統合の源泉のひとつになっているということである。これについてはここではそれ以上言及しない。

二　道の本質　道とは何か

それでは実体のない統一的世界である道の本質は何か。それは私達の感覚、知覚を超えたところに実在する別の世界であるということであるが、それはどのようなものなのか。ここからは私達が見ようとしても決して見ることができない老子のイマジネーションの世界の話である。ここではさかしらな知を捨て老子のイマジネーションについていくしかない。

惟れ恍、惟れ惚

道は実在するが私達の認識能力では把握できないということである。この道をあえて私達の言葉で表現しようとすれば、「道の物たる。惟れ恍、惟れ惚」(二一)とあるように、それはおぼろげで捉えどころのない漠然としたものであるということである。老子は実体がないこと、すなわち何もないことを私達に理解させるために「恍、惚」、すなわちおぼろげで捉えどころがない、漠然としたものであるという表現を用いているが、それが言語で表現できないものを表現しようとするギリギリのところである。それ以上の表現はしていない。道は私達の認識能力を超えたところに実在する別の世界である。言語による表現には限界がある。重要なことは私達が「恍、惚」という表現から何をイメージするかである。それは決して霧が一面に立ち込めているような状態を意味しているのではない。むしろ青江三奈の「恍惚のブルース」で歌われている状態の方が近いのかもしれない。いずれにしても私達は、心静かにして老子のこの「恍、惚」という言葉からイマジネーションを働かせ、私達の認識能力を超えたところに実在する別な世界を感じ取っていくしかない。老子のように自然と一体化し、うっとりした状態になれば、そこには別の世界が広がっているはずである。

道はおぼろげで捉えどころがない存在であるが、「惚たり、恍たり、その中に象有り」(一二)とあるように、ぼんやりとした中に象、何か形のようなものが存在している。注意深く観察してみると、そこには気の回転運動が始まり、それが揃い共振が広がっていく状態を見出すことができる。いわゆるカオス的状況の始まりである。実体のない統一的世界である道から私達の現象界に気があふれ出ているというイメージである。道そのものは、私達の認識能力では把握できない世界であり、誰もそれを認識することはできないが、道と現象界の境界領域で起こっている出来事は認識することはできる。老子は、その中に象ありという表現で説明している。象という状態を通して実体のない統一的世界と現象界とのつながりを明らかにしているのである。

そして「恍たり、惚たり、その中に物有り」(一三)とあるように、気の回転運動が始まり、それが揃っているカオス的状態の奥に、すなわち現象界の境界線の向こうに、私達の認識能力では把握できない何かが実在しているのである。すなわち現象界の向こうには、道という実体のない統一的世界が実在しているということである。

これは現在の空間的連続性の中での話である。これを時間軸に沿って考えてみると、時間の矢を逆に進ませることができれば――時間の矢を逆に進ませることは神を冒瀆することであり、決してあってはならないことではあるが――日本書紀等で記述されるカオス的状況から、ここでいういわゆる「物」、すなわち実体のない統一的世界に戻っていくということである。そこには私達が認識できるものは何も存在しない。百数十億年遡ると、現在私達が認識している私達の世界にかかわるものは何も存在しないということである。それではこれからどうなるのか。百数十億年後、今、目の前にある現象界がカオス的状況になり、そこから実体のない統一的世界に戻っていくということは、大いに考えられることである。

道　その中に精有り

ここまでは、道という実体のない統一的世界が実在すること、そしてそれはぼんやりとして捉えどころがないという話である。それだけであればとくに取り上げるほどのことではない。すでに多くの知識人が指摘しているところである。しかし老子の話はここで終わりではない。ここからが老子の本領発揮といったところである。道は実体のない統一的世界であるが何もないわけではない。「窈たり、冥たり、その中に精有り」(一四)とあるように、老子の目からしてもよく見えないが、実体のない統一的世界には精が存在している。精は二つの意味で用いられている。ひとつは純粋なという意味である。ここで精ありとは、道という実体のない統一的世界には、気のもとになる純粋な気が存在しているということである。気は回転運動が起こっている領域であり、現象界での話である。これに対して道には回転運動が起こる前の純粋な気が存在しているということである。

また精には、エネルギーに満ちているという意味も込められている。回転運動が起こる前の純粋な気というと、何もない混じりけのない静かなというイメージが浮かぶが、決してそれだけではない。形もなく何も存在しないようであるが、そこには精、絶大なるエネルギーが秘められている。私達の言葉では宇宙を始めとする万物を生成するもととなる絶大なるエネルギーである。

そして「その精、甚だ真なり」(一五)とあるように、道には精が存在していること、すなわちエネルギーに満ちた純粋な気が存在していることがその実在の本質であるが、甚だ真なりとは、それがあまねく行き渡っているということである。行き渡っているということは、ただエネルギーに満ちた純粋な気がまだら模様で広く存在しているわけではない。気は回転運動が起こっている領域であり、それを単体として認識することはできる。しかし回転運動が起こる前の純粋な気には、そうした領域は存在しない。注意深く観察すれば、これから回転運動が起こる可能性がある領域のようなものがあるかもしれないが、この段階では全体が存在するだけである。したがって甚だ真なりとは、気の回転運動が起こる可能性のある領域が隙間なく並んでいると解釈することもできるし、回転運動が起こる可能性がある領域がそこに成立する全体が存在しているとも解釈することができる。いずれにしてもそれを単体と認識しようと、全体として認識しようと道の本質は、絶大なエネルギーが秘められている気のもととなる純粋な気の集合なのである。これをもって、道を無限のエネルギーが凝縮されている実体のない統一的世界と呼ぶのである。神、統括者、大日如来と根源的存在は様々な言葉で表現されているが、その本質は絶大なエネルギーが凝縮されていることである。

道には絶大なエネルギーが凝縮されているということであるが、それではどれだけの量のエネルギーが凝縮されているのであろうか。石炭や石油資源は有限である。私達の感覚ではエネルギーの量には限りがある。太陽ですらいずれ燃え尽きてしまうと思われる。道からあふれ出ているエネルギーもいつか尽きてしまうのか。これについては「大盈（たいえい）は冲（むな）しきが若く、其の用、窮まらず」(一六)とあるように実体のない統一的世界である道から、次から次へと絶大なるエネルギーが湧き上がり尽きることがない。道から生まれるエネルギーは無限である。この無限のエネルギーが凝縮されている実在である道という場に気のもととなる純粋な気が存在し、それが回転運動とともに現象界にあふれ出ている。そしてこうした道の働きは、「其の中に信有り」(一七)とあるように変わることなく持続していくのである。ここが老子の重要な部分である。

定かではない、ぼんやりしている、穏やかで静かであるといった一連の表現から、私達は、道は捉えどころのない今にも消えてなくなりそうなイメージを抱いてしまうが、道は決してそんな弱々しい存在ではない。私達が作り出すイメージとは裏腹に、そこには絶大な力が支配している大きな世界が広がっているのである。

道　その大きさ

ところで絶大なエネルギーが充満している道の大きさはどのくらいなのか。宇宙の大きさがわからない私達が、宇宙を生み出している道の大きさを推定するのは困難極まりないことである。ここも老子の言葉に沿ってイマジネーションを働かせていくしかない。

「道は冲しけれども之を用いて或に盈たず」(道はからっぽで、いくら注いでも一杯になることはない)(一八)とあるように、道は実体のない統一的世界であり、それは一見すると何もないからっぽな世界が広がっているようであるが、そこにこの世のあらゆるものを注ぎ込んでも一杯になることはない。私達が存在している宇宙のすべてを、そして別の世界に成立している宇宙をそこに注ぎ込んでも道は決して一杯になることはない。道は、中は空洞のツボのように有限な器ではない。それを包み込む何物もない。道の大きさは無限である。道の中に入り、そこを旅することができたとしても、決して壁に突き当たることはない。宇宙には境界のようなものがあるかもしれないが、道には境界はない。道という世界が果てしなく続いていくのである。

道　始まりと終わり

その大きさは無限であり、そこには無限のエネルギーが凝縮されているといわれている道は、いつ誕生したのか。道は誰が作り出したのか。そして道の働きには終わりがあるのか。「物有り混成し、天地に先だちて生ず」(一九)とあるように、無色、無声、無形であり、それをひとつにした存在である道は天地開闢前から実在していたこと。そして「帝の先に象たり」とあるように、神々が誕生する前から実在していたということは、すでに述べたところである。道は現象界成立前から実在しているのである。

道は現象界成立前から実在しているとのことであるが、それでは改めて道はいつ誕生したのであろうか。現象界には始まりはあるが、道には始まりがあるのか。一三八億年遡れば実体のない統一的世界から宇宙が誕生した瞬間、すなわち私達の現象界の始まりを確認できるはずである。この宇宙の誕生から、さらに何百億年、何千億年遡れば道が誕生した瞬間にたどり着くことができるのか。宇宙元年のように、道元年のような時があるのか。私達の時間軸で道がここから始まりますよという瞬間があるのか。これについては「之を迎えて其の首（こうべ）を見ず、之に随いて其の後（しりえ）を見ず」(道が未来と過去において無限であり、あらゆる時間的な限定を超えて無始無終である)(二〇)とあるように、どれだけ時間を遡っても道は存在し、その始まりを認識することはできない。道にはここが始めですよという区切りはない。同様に道の働きには終わりがない。ここで消滅しますよという瞬間はない。

私達の宇宙には時間という概念があり、それは前へ進んでいくものである。時間が猛烈なスピードで前へ進んでいることは誰もが感じるところである。老人は間違いなく時の経過とともにいずれ根源的存在への回帰の時期を迎えることになる。どんなに望んでも青年の時代に戻ることはできない。私達人間のみならず、この世のあらゆる存在が前へ進んでいく時間とともに生成・発展・成熟・消滅を繰り返している。時間のスピードの認識は一様ではないが、とにかく時間の経過とともに何かが変わっていく。過去、現在、未来は同じではない。この前へ進んでいく時間を中心に、この世の存在はひとつの秩序を作り上げている。そしてこの世の存在は、宇宙という特定の空間で時間という概念とともにその存在が意味づけられている。今日の私と明日の私は異なる。今日の私と私の仲間とのかかわりは異なる。私が存在する意味も、仲間とのかかわりが持つ意味も時の経過とともに変わっていく。

もし私達が宇宙の外に身を置くことができれば、次元というチャネルを回しながら巨大なスクリーン上に一〇年もしくは一〇〇年という時間軸で、ある領域もしくは収束点に向けて猛烈な勢いで突き進んでいくエネルギーに満ちた壮大なドラマを楽しむことができるのではないかと思われる。三次元にチャネルを合わせるか、五次元にチャネルを合わせるかによって舞台も役者も異なり、楽しみ方は多様である。

これに対して道には、私達が認識している時間という概念は存在しないのではないかと思われる。道には絶大なエネルギーが凝縮されているが、そこでは生成も消滅もない。私達が認識している時間が経過しても、そこでは何事も起こらない。何も変わらない。私達が大切にしている時間という概念は、道では何の意味も持たない。そこには実体のない統一的世界が実在しているだけである。道という実体のない統一的世界には、私達が認識できるような次元の空間がないだけではなく、時間の概念も存在しないということである。時間のない世界では、始まりも終わりもないのである。

道の働きに休みはない

このように道は始まりも終わりもない静かな実在であるが、その活動はエネルギッシュである。そして「周行して殆(つか)れず」(万象にはあまねく現われて息むことがない)(二一)とあるように、遠い過去から終わりのない未来に向けて、気を送り出す働きは休みなく続き、現象界全体に及んでいる。私達には休息日、休息の時があるが、道の働きにはそのようなものはない。また、道が病気になったり故障することもない。一瞬たりとも気の湧出が止まることはない。エネルギーに満ちた大量の気を持続的に現象界の隅々にあまねく送り込んでいる道の働きに休みはない。

道は誰が作り出したか

それではこうした道は誰が作り出したであろうか。道には始まりも終わりもないということである。始まりがあれば、それがどのようにして始まったかを突き詰めていけば良い。宇宙の誕生にまで遡れば、それがどのようにして生まれたかがわかるはずである。同じように道の誕生にまで遡れば何を起因として道が誕生したのか、誰が作り出したのかが明らかになるはずである。しかし道には始まりがない。始まりがない実在を誰が作り出したかを考えるのは不可能に近い。老子は「吾れ誰の子なるかを知らず、帝の先に象たり」(二二)と神に先立つ実在であるということだけ述べて、誰が道を作り出したかを説明することを避けている。何故か。それはそれを知った時の私達の驚きの大きさを慮り、神を超える実在について語ることを避けているのではないかと思われる。できれば道の心に沿った生活を送ることにより、無事にその存在を全うしてほしいという私達に対する老子の愛の心、慈しみの心ではないかと思う。そういったわけで老子の物語は、無限のエネルギーが凝縮された実体のない統一的世界が最初から実在しているという前提で展開しているのである。

三　道の働きⅠ　生成

道は実体のない統一的世界である。そこには無限のエネルギーが凝縮されている。そしてこうした道の大きさは無限である。また道の働きには始まりも終わりもない。これが道の本質である。こうした本質を備えた道の働きはどのようなものであろうか。ここでは改めて、道の働きについて整理してみることにする。老子は道の本質、働きから始まり、具体的行動原則にいたるまで論理的、体系的に解説している。とくに私達の道に沿った心構えについては、具体的な例を巧みに用いており非常にわかりやすい。これに対して道の本質、働きについては抽象的で簡潔な表現にとどめている。もちろん老子は道とは何か、そしてその働き、作用については、その本質を極めているはずである。それでは老子は何故、道の本質、働きについて具体的説明を避けているのか。それは老子が、道について限られた人間の言葉で詳細な説明をすることにより、かえって私達の自由で創造的な思考を制約してしまうのではないかと思ったからではなかろうか。またそれが表面的に理解されて、かえって誤解を生んでしまうことを恐れたからであろう。それは老子の私達に対する優しい配慮である。ここでは老子の気持ちに感謝し、道の働きについて老子の簡潔な表現をよりどころに、自由に、創造的に考えていくことにする。

老子の重要な原則論は「物有り混成し、天地に先だちて生ず」、「天下の万物は有より生じ、有は無より生ず」、「反は道の動」である。「物有り混成し、天地に先だちて生ず」が道の本質にかかわる原則論であるとともに、現代の社会科学の方法論の言葉で言い換えると、構造論であり認識論的基礎をなすものである。道は実体のない統一的世界であり、それは現象界成立前から実在しているということである。これが認識論の原点である。この原則論についての私の解釈は、すでに説明したところである。道は無限のエネルギーが凝縮された実体のない統一的世界である。それは私達の時間の概念、空間の概念では捉えることはできない実在である。そして「天下の万物は有より生じ、有は無より生ず」と「反は道の動」は道の働きであり、構造の恒常性にかかわる機能概念である。認識論的基礎としての道の存在する意味が、この二つの機能的命題を充足することによって支えられているのである。

生成のプロセス

老子の道の働きに関する重要な原則論が「天下の万物は有より生じ、有は無より生ず」である。それは無すなわち実体のない統一的世界から「有」を生じ、「有」から万物が誕生するということである。究極の生成論である。中国哲学のその後の生成論は、この老子の概念枠組に沿って展開している。

それでは無と万物をつなぐ「有」とはどのような状態であろうか。道は実体のない統一的世界の話である。これに対して「有」は実体のない統一的世界の話ではない。そこから形あるものが生まれる一連のプロセスであり、それがもたらす状態である。「有」は現象界の話である。イメージとしては実体のない統一的世界からあふれ出た気が激しく回転運動し、振動、共振が広がっている状態である。「有」という言葉からは、私達が認識できる何かがあるのではないかと想像するが、この「有」の状態では、まだ私達が認識できる物質的現象は作り出されていない。それは万物が生まれる前の一連のプロセスと状態を示したものである。

万物は「有」より生じということであるが、これだけでは普通の人がその本質を理解するのは難しい。

これについては老子はさらに「道は一を生じ、一は二を生じ、二は三を生じ、三は万物を生ず。万物は陰を負うて陽を抱き、沖気、以て和することを為す」とあるように、「有」を段階に分けて説明している。それは回転運動している気から、どのようにして万物が生成されるか、その過程を具体的に示している。またその過程を通して作り出される万物の基本構造を明らかにしている。これにより、私達は思考停止の状態から抜け出し、思考活動を再開することができるようになるのである。

道は一を生じ

それでは「道は一を生じ」とはどのようなことであろうか。「一」ではまだ何事も起こっていないが、それは道そのもの、すなわち無ではない。無では、回転運動が始まる前のエネルギーに満ちた純粋な気は存在するが、まだ何も起こっていない。また物事をかくあらしめる力、理は存在するがまだ働いていない。静かで穏やかな状態である。

「一」の状態でも、一見すると何事も起こっていない。それでは無とはどう違うのか。「一」の状態では、いまだ気の回転運動は起こっていないが領域が確保され、これから回転運動が始まりますよといった純粋な気が活動を始める準備が整った状態である。また、物事をかくあらしめる力、理も特定の領域で働く用意ができている状態である。まさにこれから舞台が始まりますよという開幕寸前の状態である。このように私自身は「一」は道という実体のない統一的世界で現象界に向かう動きがまさに始まろうとしている特別な状態であり、無とは異なる状態であると考えている。何事も起こっていないということで、無と「一」を区別しない考えもあるようであるが、私自身は、「一」は道という実体のない統一的世界で現象界に向かう動きがまさに始まろうとしている特別な状態であり、無とは異なる状態であると考えている。この「一」の状態とは、すでに述べた通り私達の言葉では、ダークエネルギーが存在している領域であり、真空がそれに近い状態ではないかと思われる。

一は二を生じ

「一は二を生じ」が老子の生成論の根幹である。それはどのようなことであろうか。それは気の回転運動が起こる準備ができている状態から、いよいよ理が働き、気の回転運動が始まり、それが次第に激しくなり、共振が広がっていく状態である。現象界という空間が確保され、そこに形あるものが作り上げられていくのである。それは近思録に「太極（理）動いて陽を生じ、動くこと極まって静かに、静かにして陰を生ず。静かなること極まって復た動く、一（あるいは）動き一（あるいは）静かにして互いにその根と為り、陰に分かれ陽に分かれて両儀立つ」(二三)とあるように、「一は二を生じ」とは、現象界の千両役者、陰の気と陽の気が誕生する過程である。

陽の気、それはどのようなものか。気の本質は回転運動である。陽の気はその回転運動が極まったものである。陰の気はどのようなものかというと、これも回転運動を続けているが、陽の気と比べて回転運動が相対的に弱い状態である。気の本質は回転運動なので陰の気が極まったとしても回転運動が停止することはない。陽と陰とは、それぞれ行きつ戻りつ往来を繰り返しているが、一定の時間が経過すると、対応するものとして陽の気のカテゴリーと、陰の気のカテゴリーに分けることができるようになるということである。それが「一」から「二」を生じという過程と、「二」の状態である。

こうして成立した陰の気と陽の気を内包することにより、その後様々な物質的現象が成立していくのである。「一」から「二」を生じという過程から陰の気と陽の気が誕生することにより、万物生成の物語は急速に展開をしていくことになる。また時間の矢も一気に走り始める。

二は三を生じ

陰の気、陽の気の成立により、物語は急速に展開していく。「二は三を生じ」である。「二は三を生じ」とは近思録に「陽変じ陰合して水火木金土を生じ」[二四]とあるように、回転運動の速い陽の気が動き、そこに回転運動が緩い陰の気が結合することにより、陰陽の様々な組み合わせ、水火木金土という五行の気が誕生する。五行の気は、それぞれ回転運動の緩い陰の気と、回転運動の速い陽の気が共振しながら絶妙なバランスを維持している領域である（図三―一）。それまで自由に動き回っていた陰の気、陽の気が一定の領域内に収まるのである。五行の気は本質的には陰の気と陽の気の組み合わせであるが、違いは構成割合である。水火は陽の気が多く、木金は陰の気が多く、土はほとんど陰の気であるといわれている。[二五]理が働いて気が大きく動くことにより陰の気と陽の気が生まれるが、それらが相互作用を繰り返すことにより水火木金土という多様な気が枝分かれしていくということである。この五行の気が老子のいう沖気である。陰陽の気の割合が異なる五行の気には、それぞれ親和性のある気、反発する気があり、それらが共振し、絶妙なバランスを作り出して

図3–1　二は三を生じ

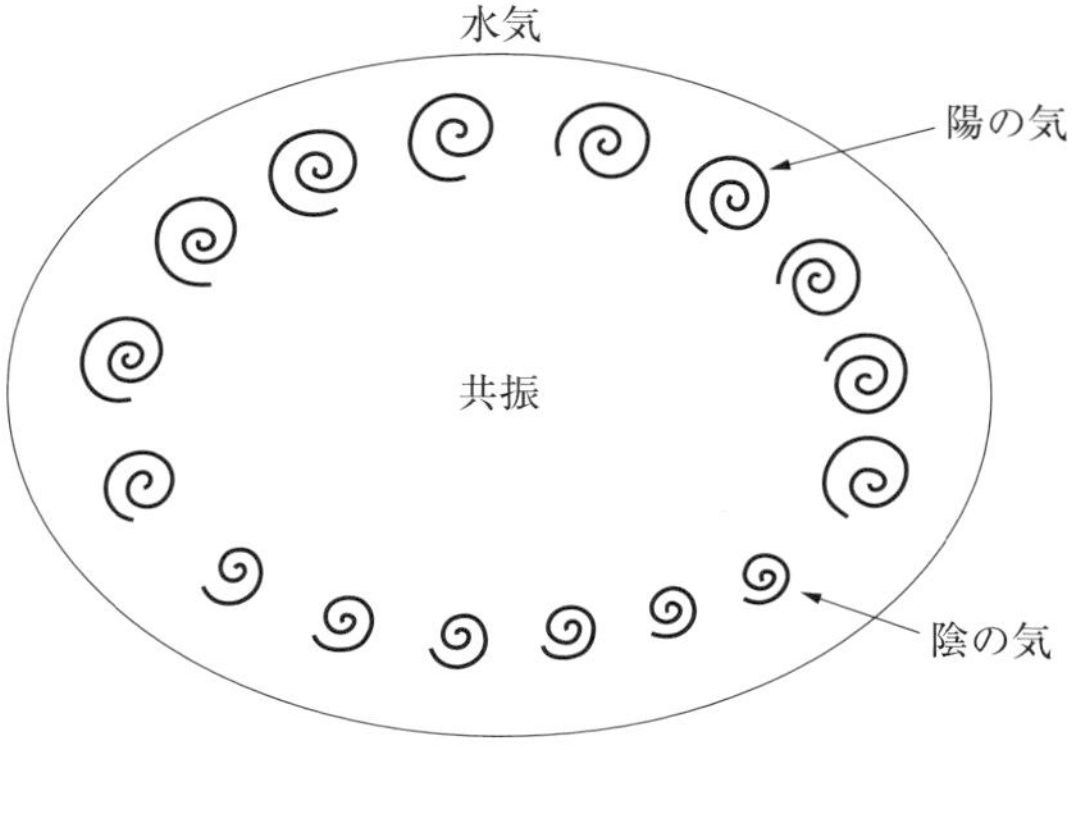

いる。木気は、水気と火気とは親和性のある組み合わせとなり、木気は土気と金気とは緊張感のある組み合わせとなる。同じく火土金水という気も、それぞれ親和性のある組み合わせと緊張感のある組み合わせがある。こうした親和性のある気と緊張感のある気が組み合わさることにより、持続性のあるダイナミズムに富んだ高度な構造が作り上げられていくのである。いずれにしても五行の気が成立することにより、多様で複雑な存在を作り出す前提（基本的構成要素）が整ったことになる。千両役者に続いて名脇役も勢揃いしたのである。すでに述べた通り、この「二」と「三」の状態がいわゆるカオス状態である。

三は万物を生ず

仕上げは「三は万物を生ず」である。それはどういうことか。「三」すなわち陰の気と陽の気から構成される五行の気と、陰の気、陽の気が相互作用し、様々な物質的現象を作り出しているということである。陰の気、陽の気は非常に力強い存在であるが、それを内包した五行の気も、勢いのある存在である。五行の気も激しく動き回り、結合と分離を繰り返していく中で、「万物は陰を負うて陽を抱き、沖気、以て和することを為す」(二六)とあるように、陰の気と陽の気から構成されている五行の気がバランス良く調和している状態が一瞬ではあるが作り出される。水火木金土といった五行の気の構成割合と配列と距離が調和した状態である。万物の誕生である。

現在の私達の言葉で表現すれば、気の種類とその構成割合と配列と距離の違いにより、様々な素粒子、原子、分子が生まれる。そして原子や分子の種類とその構成割合と配列と距離との違いによって様々な物質が生まれるのである。ここに私達が認識可能な万物が生ずるのである。

陰の気と陽の気を構成要素としている五行の気は、激しく動くのでその存続期間に限りはあるが、五行の気の構成割合と配列と距離は一定期間持続する。五行の気が大量に流入しても、その構成割合と、配列と距離が維持されれば、持続的存在としての個物が成立し、成長、発展していく。これも私達の言葉で表現すれば、新しい分子が次から次へと流入し、分子は入れ替わっても分子の種類とその構成割合と配列と距離が維持されれば、個物はその形態を持続させることができる。また調和を保ちながら成長することもできるということである。老子の視点では、入れ替わるのは気であり、私達の視点からすれば入れ替わるのは分子、もしくは分子の複合体である。

しかし五行の気が大量に流入し、その構成割合と配列と距離が変われば、その性格は少しずつ変わっていく。そして構成割合と配列と距離の変化が著しければ相転移現象が起こる場合を除き、調和は失われ、その個物は解体する。また五行の気の量が減少すれば、構成割合と配列と距離が維持されていても、衰退、消滅の道をたどっていくことになる。「三は万物を生ず」という一連のプロセスは、本書の主要なテーマでもあるので第六章以降で改めて詳細に取り上げることにする。

現象界の存在は、図三-二のように、それぞれ水火木金土という五行の気により構成されているが、その構成割合、配列、距離はそれぞれ異なり、その組み合わせは無限である。私達が

図 3-2　三は万物を生ず

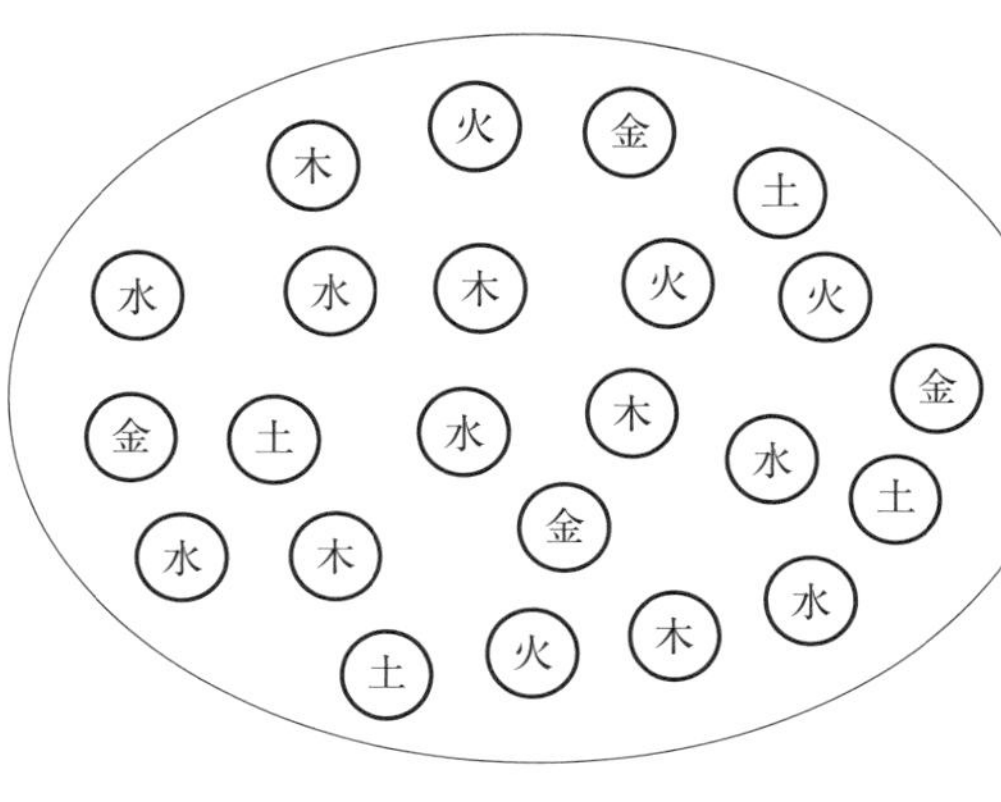

目にしている物質的現象はほんの一部である。物質的現象の種類、数量は私達の想像をはるかに超えたものである。私達の地球に限定しても、物質的現象のすべてを数え上げることは困難である。

四　道の働きⅡ　回帰

反　かえる

道の働きに関する老子のもうひとつの重要な原則論が「反は道の動」(根源に立ち返るということが道のいとなみである)(二七)とあるように、「反すなわち帰ること」である。反、帰る。それは安らぎを覚える言葉である。故郷へ帰る、家へ帰る、母のもとに帰る。私達が帰るところでは、ご苦労さん、お疲れ様と、私達を心温かく包み込んでくれる。私達は理想の実現に向けて前へ前へと進んでいくが、帰るも自然な感情である。帰るは、私達がいずれ収まるところにつながる究極の言葉である。

それでは老子の「反」はどのような意味か。それは「万物並び作(おこ)れども、吾れ以て復るを観る」、「夫れ物は芸芸たるも、各おの其の根に帰る」(二八)とあるように、道という根源から生まれた万物は、立ち栄え、この世の春を謳歌していてもいずれ根源に戻っていくということである。

無から有、有から万物の誕生には絶大なる生成の力が働いているが、同時に万物には道へ回帰する強力な求心力が働いているのである。生成の力は絶大であるが、回帰へ向けた求心力も強力である。

したがって生成のプロセスを経て、気が構成、再構成され万物は続々と誕生しているが、この世が万物であふれてしまうことはない。現象界に成立した万物は永遠の存在ではない。瞬間的に成立した気の集合である。いずれ拡散していく。そして拡散した気はこれもまた回帰のプロセスを経て、猛烈な勢いで道に戻っていく。現象界では道から万物が生成される動きと、万物が道に反る動きが絶妙なバランスを維持しているのである。私達は生成、発展、成長に目を奪われているが、帰る、回帰することもそれに劣らず重要な原則である。

このように老子の「反」は、道から現象界に恐ろしい勢いで大量の気があふれ出ているが、それはまた大きな流れとなって道に帰っていくということである。道から現象界へ、そして現象界から道へと大河がとうとうと流れているイメージである。

ところで万物はいずれ道という根源的存在に帰るということであるが、それはどういうことか。「根に帰るを静と曰い」(二九)とあるように、それは道という実体のない統一的世界への一体化であり、静という状態になるということである。それでは静とはどのような状態なのか。文字通り静とは静寂である。万物はいずれ静けさが広がっている実体のない統一的世界に一体化していくのである。

しかし、老子のいう静の意味はそれだけではない。清は清、聖、誠につながる言葉である。清はすべての汚れを洗い流した清らかな様子である。聖は「誰も侵すことができない厳かで威厳のある様子」である。(三〇)誠は「純粋至善なるものであり、五常の本、百行の源」(三一)とあるように、本然の性に相当する(三二)最高の善が発現している様子である。このように「根に帰るを静と曰い」を私達の理解できる言葉で表現しようとすれば、静かで、清らかで、厳かで威厳に満ちた最高の善が発現した状態への一体化である。私達がいずれ一体化する世界とは、そうした状態の世界である。もし仮に私達がそこに身を置くことができるとすれば、静寂な世界が奥へ、そしてその奥へと広がっている中で、何ともいえない心地良さ、温かさを感じることができるであろう。こうした状態がどのようなものであるかについては、後ほど第四章「四　道の心」のところでより詳しく述べることにする。

また「是れを命に復ると謂う」(三三)というように、万物が実体のない統一的世界に一体化し、穏やかで静かなる状態になることは、この世の根本原理に沿った動きである。万物は生成、発展し、様々な姿、形を作り出すが、それらは一時的な仮の姿であり、本来の姿ではない。道という実体のない統一的世界に収まっていることが本来のあるべき自然の姿である。

私達は現象界で自己が成立し、自己を認識しているが、それは本来の姿ではない。現象界はひとつの世界であるが、それは道という世界に成立したひとつの世界である。現象界は何百億年という時間軸でいずれ道と一体化していくことになる。私達も道から生まれ、こうした現象界に成立している一時的存在である。私達の本来の収まる場所は、この現象界ではなく道である。私達を形成していた気は拡散した後、猛烈な勢いで道に回帰していく。穏やかな静かな道と一体化していく。これが本来あるべき自然の姿である。

そして「命に復るを常と曰う」(三四)というように、本来の姿に戻ること、すなわち万物は生成し、発展するが、いずれ実体のない統一的世界に一体化していくということは、永遠不滅の存在になる(三五)ということである。それは宇宙、万物を支配している普遍的法則である。

この世には様々な原理・原則・法則があるが、この実体のない統一的世界から生まれた万物が、いずれ実体のない統一的世界に一体化するということは、最も重要な法則のひとつである。

真の知恵

このように老子の原則論は、「物有り混成し、天地に先だちて生ず」、「天下の万物は有より生じ、有は無より生ず」、「反は道の動」であるが、「常を知るを明と曰う」(三六)とあるように、この普遍的法則である原則論を理解することが明知、真の知恵である。

この世には、様々な知識・原理・原則・法則があるが、それらはこの現象界のほんの一部の領域の原理・原則を明らかにしたものに過ぎない。個別の領域では有効性を発揮するが、それが真理につながっているかどうかは定かではない。それらをいくら学んでも真理を極めることは困難である。A理論とB理論をどう関連づけたら良いのか。一見すると相反するように見えるC理論とD理論をどう取り扱ったら良いのか。研究対象が細分化されるにつれて、その混乱状況はますます深まっている。私達は何を学んだら良いのか。どのようにして真理に迫ることができるのか。学べば学ぶほど知の混乱状態は広がっている。もちろん理論の体系化、総合化の動きは全くなかったわけではない。社会学的機能主義、複雑性の科学など、その時代ではそれぞれ成果を上げてきた。

こうした状況にある私達に、救いの手を差し伸べてくれるのが老子の三原則である。それは認識論的基礎としての「道」の存在、そして構造の恒常性にかかわる機能概念、すなわち道の働きである万物生成のプロセスと、万物回帰のプロセスからなる普遍的法則の概念枠組である。この概念枠組を中心に、易経を始めとして複雑性の科学にいたるまで、様々な理論を体系化、総合化することができるのである。とくに生成論、動態論は、この枠組に沿って展開している。老子のおかげで、根源的存在、超越者、神などとひとくくりにされていた実在を思考の世界、そして科学の世界で取り上げることが可能となったのである。

私達は生涯、哲学・歴史・経済学・経営学・物理学・数学など様々な学問を学んでいる。これらの学問を学ぶことは重要である。天才を除き基礎的知識の修得は必要である。ただし、それを個別の現象にあてはめて答えを得ることだけに満足しては知力の向上にはつながらない。また、個別の理論を表面的に繰り返し適用することは、自由な発想、創造性を制約してしまう恐れもある。大切なことは、それぞれの理論を深い考察により掘り起こし、その根底にあるものを見出し、普遍的法則とのかかわりで考えていくことである。優れた理論にはどこか必ず普遍的法則とのつながりがあるはずである。

私達は様々な知識、理論を学んでいるが、「知る」ということは丁寧な実証と深い考察により、この老子の三原則に近づくことである。この老子の三原則を大理論にして、複雑性の科学と社会学的機能主義を中間理論にして個別の理論を体系化、総合化し、現象を考えていくのが私の研究スタンスである。

回帰のプロセス

「反は道の動」、万物はいずれ道に立ち戻っていくということは、概念枠組を構成する重要な原則である。それでは万物はどのようにして根源に戻っていくのか。まず最初は、万物から「三」への動きである（図三―三）。万物は五行の気により構成されているが、時の経過とともに形成力が弱まり、気の構成割合、配列、距離のバランスが少しずつ崩れていき、いずれ終わりを迎える。集約していた気は徐々に拡散し、「三」の状態、それぞれ個別の五行の

図 3-3　万物から三への動き

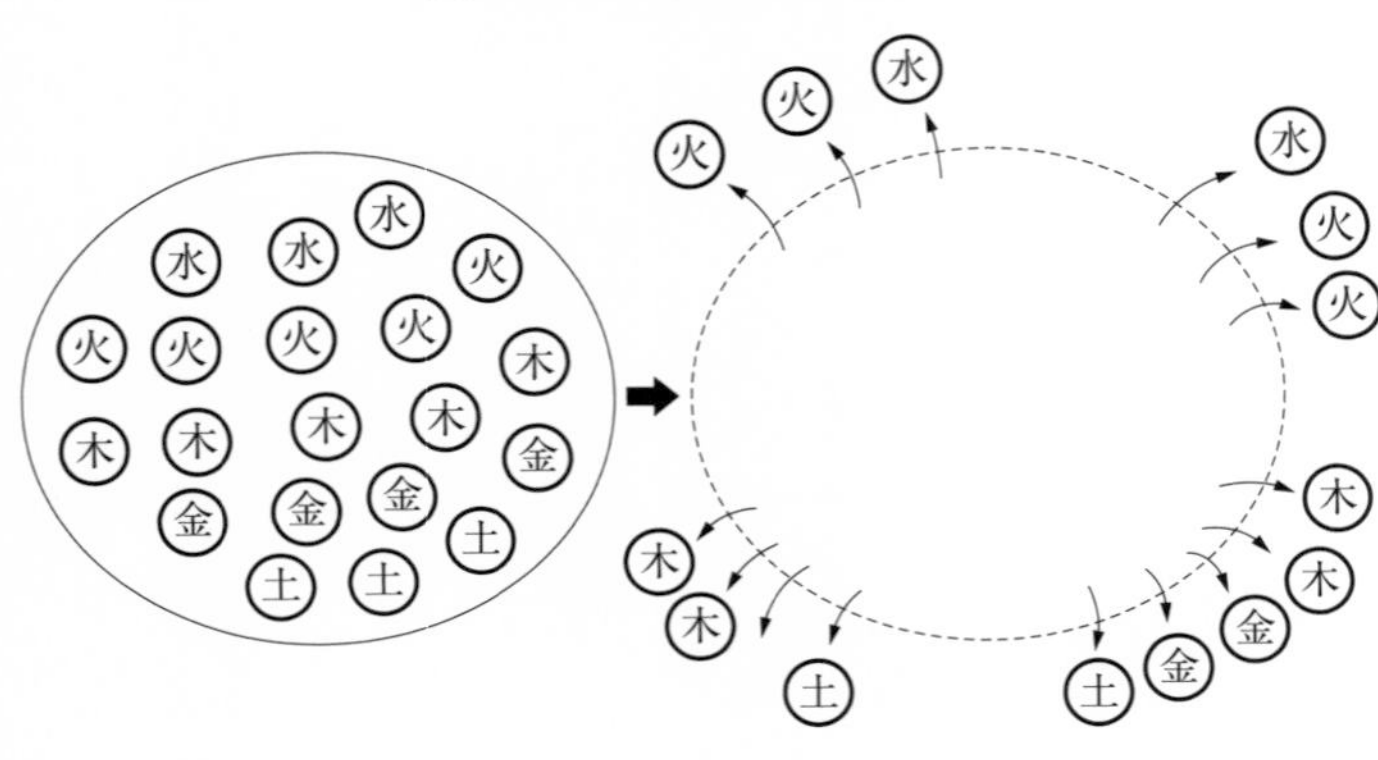

気の状態に戻るのである。

「三」の状態では、これから万物の生成に向かう五行の気と、道に戻る五行の気がいずれも激しく回転運動をしながら共存しているが、混同することはないのか。気に印はないが、これから回転運動を収めようとしている気は明らかに異なる。またこれから現象界にあふれ出ようとしている気は、現象界に向かう目に見えないレールに乗っている。現象界に向かうレールと道に向かうレールは、上りの列車のレールと下りの列車のレールのように向かっている方向が明らかに異なる。万物の生成に向かう五行の気と道に戻る五行の気は、隣り合わせにいるようであるが、向かっている方向はそれぞれ逆である。生成の過程の気と、収束していく気が結びつくことはない。

続いて「三」から「二」への動きである（図三―四）。万物は拡散し、五行の気に戻るが、回帰の過程にある五行の気は、いつまでもその状態を保ち続けているわけではない。五行の気は、それぞれ一定の割合の陰の気と陽の気から構成され、それが共振している状態である。生成の過程の気のエネルギーの量と、回帰の過程の気のエネルギーの量は同じであるが、生成の過程は形成力が働

図 3–4　三から二への動き

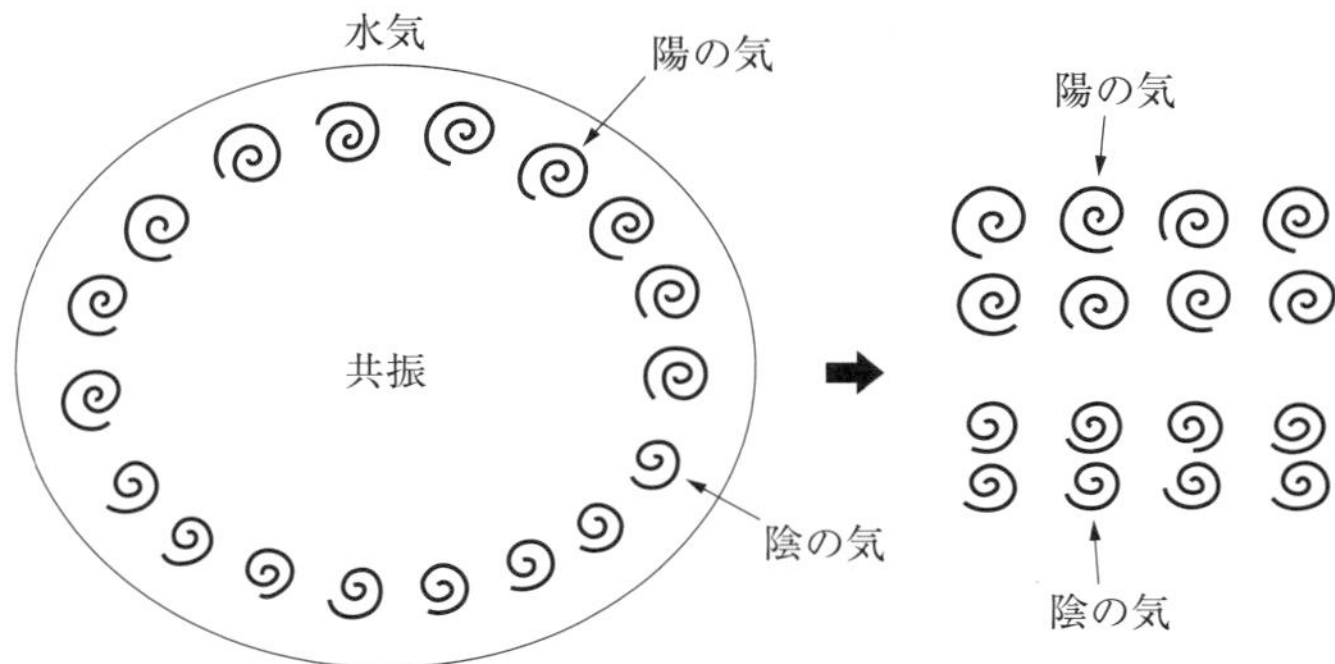

き、共振が広がっていく過程である。これに対して、回帰の過程は収束力が働き、共振が収まっていく過程である。

「三」の状態に戻った五行の気には収束の力が働き、共振が徐々に収まりそのつながる力は弱くなっていく。そしてお互いの影響力がなくなると、それぞれもとの陽の気と陰の気に分かれていく。「二」の状態に戻るのである。

「三」の状態と同じく「二」の状態では、これから生成に向かう陰の気、陽の気と回帰している陰の気、陽の気が共存しているが、それぞれ走っているレールが異なり交わることはない。乱雑に動いているようであるが、それぞれ別な方向に向かってまっしぐらに走っているのである。

そして「二」から「一」である。陰の気と陽の気が一体化し、何事も起こっていない状態に戻っていく。ただここではまだ道と一体化したわけではない。気の回転運動は収まるが、その残像は残っている。今まで気の回転運動が起こっていた領域はそのままである。もちろんエネルギーも消滅したわけではない。これが無とは異なる「一」の状態である。こうした状態がしばらく続いた後、気の回転運動が起こっていたかつての領域は消滅し、いわゆるこれから道に戻りますよという心構えができた純粋な気に戻っていく。そして「一」から無へ、純粋な気は強いエネルギーとともに道と一体化していく。そこには私達が認識できる何物も存在しないが、純粋な気、すなわち気の回転運動が起こる可能性のある領域のようなものが隙間なく並んでいる。「反は道の動」、すなわちこうした回帰のプロセスを経て、万物は道に一体化していくことも、道の働きにかかわる重要な普遍的法則である。

私達の帰る道

老子の反は根源的存在への回帰である。私達も四〇代で精神的にも肉体的にも頂点を迎えることになるが、その後徐々に衰退し、根源に戻っていくことになる。万物は一定期間経過後拡散し、消滅し、絶対無に向かうのではなく、根源的存在に戻っていくのである。

私達の心のどこかで、いずれどこかに帰るのではないかという感覚を抱いている。帰る。どこへ。多くの日本人が信じている帰るところは極楽浄土である。自然にしていれば、肉体と意識が拡散した後、極楽浄土に往生できるということである。帰る。極楽浄土への往生は、古くから私達日本人の心を支えてきた観念である。諸外国でも、天国に召される、神のもとに帰るといった考えは、広く大衆に浸透している。こうした感覚とともに、反、帰るは、多くの人の心に深く刻み込まれた言葉でもある。帰るところについては、このように様々な考えがあるが、老子ではそれは道という根源である。人生の半ばを過ぎた人は、根源へ帰る「銀色の道」を粛々と歩いているのである。心穏やかにしていれば、それは真っ直ぐに伸びている一本道である。しかし現象界の動きが気になり目をそらすと、それは幻のように消えてしまう。強い欲求・欲望がぶつかり合う経済、政治の世界の真っただ中では、銀色の道を見出すことは困難である。それが存在していることすら知ることができない。人生の最終局面では、道と呼吸とリズムを合わせ、穏やかに静かに過ごしていくことである。私自身は、いつ折り返し点を通過したかはっきりと認識していない。自分自身が帰り道を歩んでいることを感じたのは最近のことである。

これが普通の考えである。私の物語も、こうした流れで進んでいく。しかし状況によっては絶対無、根源悪へ行ってしまう可能性は皆無であると断定できない。絶対無、根源悪は道の力の及ぶところではない。

私達の極楽浄土へ往生する祈りは、何かのはずみで道の本来の動きである根源への道筋から外れて、絶対無、根源悪へと向かってしまわないようにという願望かもしれない。私のイマジネーションの世界では、そのようなことは起こらないが、ありえないことと断定することはできない。絶対無、根源悪の存在、その可能性は否定することはできない。

注

（一）福永光司著『老子　上』朝日文庫、昭和五三年、六二―六三頁
（二）福永光司著、前掲書、三一頁
（三）福永光司著『老子　下』朝日文庫、昭和五三年、二八頁
（四）福永光司著『老子　上』朝日文庫、昭和五三年、一一八頁
（五）福永光司著、前掲書、一一八頁
（六）福永光司著、前掲書、一一八頁
（七）福永光司著『老子　下』朝日文庫、昭和五三年、三八頁
（八）『聖書新共同訳』日本聖書協会、昭和六二年
（九）山田宗睦訳『日本書紀　上』ニュートンプレス、平成四年、一三頁
（一〇）福永光司著『老子　上』朝日文庫、昭和五三年、六三頁
（一一）福永光司著、前掲書、一六四頁
（一二）福永光司著、前掲書、一六四頁
（一三）福永光司著、前掲書、一六四頁

（一四）福永光司著、前掲書、一六四頁
（一五）福永光司著、前掲書、一六四頁
（一六）福永光司著『老子　下』朝日文庫、昭和五三年、五一頁
（一七）福永光司著『老子　上』朝日文庫、昭和五三年、一六四頁
（一八）福永光司著、前掲書、六二―六三頁
（一九）福永光司著、前掲書、一八五頁
（二〇）福永光司著、前掲書、一一三―一一六頁
（二一）福永光司著、前掲書、一八七頁
（二二）福永光司著、前掲書、六二―六三頁
（二三）湯浅幸孫著『近思録　上』タチバナ教養文庫、平成八年、三頁
（二四）湯浅幸孫著、前掲書、三頁
（二五）湯浅幸孫著、前掲書、一一頁
（二六）福永光司著『老子　下』朝日文庫、昭和五三年、三八頁
（二七）福永光司著、前掲書、二八頁
（二八）福永光司著『老子　上』朝日文庫、昭和五三年、一三〇頁
（二九）福永光司著、前掲書、一三〇頁
（三〇）新村　出編『広辞苑』岩波書店、平成二〇年
（三一）湯浅幸孫著、前掲書、一八頁
（三二）湯浅幸孫著、前掲書、一八頁
（三三）福永光司著、前掲書、一三〇頁
（三四）福永光司著、前掲書、一三〇頁

（三五）福永光司著、前掲書、一三一頁
（三六）福永光司著、前掲書、一三〇頁

第四章　道の精神　道の本質と働きに沿ったあり方

ここまで道の本質、働きについて説明した。道の本質、働きについての原則論は難解であるが、道の精神である道の本質と働きに沿ったあり方はわかりやすい。老子は道の本質と働きに沿ったあり方について丁寧に解説している。道の本質と働きの理解を深めるために、ここではしばらく老子の実践論について解説する。

それにより根源的存在の本質、そして根源的存在から生まれる物事をかくあらしめる力がどのように働いているかを身近なものとして感じ取ることができるようになるはずである。

老子の道の精神、道の本質と働きに沿ったあり方については、優れた解説書が多数出版されているので、ここでは本書のテーマでもある根源とは何かについての理解につながる老子の道の本質と働きに沿ったあり方について、いくつか述べるにとどめる。私が重要と感じた老子の生き方、それは「無為自然」と「柔弱」である。

一　無為自然

老子が現象界で、最も強調しているあり方が無為自然である。それはどういうことか。「道は常に無為にして而も為さざるは無し」(一)とあるように、道は無為、あれこれ考えを巡らせ手を加えるようなことはしていないが、そこには本来この世の存在をかくあらしめる力、理が働いており、万物の生成を始めとして、現象界に美しい秩序を作り上げている。したがって「以って万物の自然を輔け敢えて為さず」(二)とあるように、私達にとって大切なことは万物は自然に収まるべきところに収まるようになっているので、あえて手を加えて余計なことはせずに、自分を含め、周りの人が道の本質、働きに沿って自然に考え、行動していくようにすることである。こうように無為自然とは何もせずにぼんやりしていることではない。道の心を感じ取り、道の本質、道の働きに沿って自然に行動するという高い精神活動を伴う生き方である。とくに現象界の最前線で活躍している人にとっては、道の心を感じ取り、道に沿った生き方を理解することとは極めて重要なことである。

無知

無為自然の精神を実践していくにあたり、必要なあり方が「無知」である。現在ある既存の学問を学ばないこと、捨てることである。「学を為せば日に益し、道を為せば日に損す。之を損し又た損して、以て無為に至る。無為にして為さざる無し」(学問を修めると日に日に知識は益すが、無為の道を修めると日に日に無欲となる。欲を損らした上にも、さらに損らしていけば、かくて無為の境地に到達し、無為の境地にいて一切を為し遂げてゆく)(三)とあるように、私達は学べば学ぶほど知識は増えていく。また社会からの恩恵も広く享受できるようになり、欲望も増加する。これに対して道の精神を修得しようとしている人は、欲望が減少していく。道の精神の修得が進んでいくと、やがて無欲になり、無為の境地にいたり、あるがままに任せても何事も成就できるようになるということである。これは「学を絶てば憂い無し」(四)と並んで、真理を追求する私達の思考を制約してしまう学問の否定である。

老子にとって学ぶべきは、道の精神と道に沿った生き方にかかわる学問である。それ以外の学問は、その思考活動の妨げになるということである。その妨げになる学問の典型が儒教であろうということは、多くの人が指摘しているところである。老子の「無知」の勧めは、こうした道に沿ったあり方の妨げになる学問を学ばないことである。道の本質、道に沿ったあり方にかかわる学問だけを学べば良いということである。「無知」、それは老子の時代と比べて何千倍、何万倍もの知識と情報の中に埋没して生活している私達にとって示唆に富んだ言葉である。

現代における無知

私達にとって無知とはどのようなことであろうか。私達は物心がついてから様々な理論・技術・規則を学んでいる。こうした知識を学ばなくて良いのか。数千年にわたって積み上げられてきた知の体系の上に、私達の文明社会が作り上げられている。現代社会で生活していくためには、是非はともかく、こうした様々な知識を学んでいかなければならない。知識を学ぶことにより、私達は現代社会から様々な恩恵を受けている。知識を修得することにより地位も高まり、所得も増えていく。世俗的信頼感も高まる。時には大衆の尊敬の対象にもなる。また、深く考え学ぶことにより、知的能力も高まるはずである。現代社会で生きていくためには、学ぶことは必要である。私達は日々学習し、新たな知識の修得に努めている。

しかし、知識の修得はプラスの側面だけではない。弊害もある。学べば学ぶほど、知識の量が増えれば増えるほど、それは私達の本来の心の動きを束縛してしまう。私達を知識のコンクリートの壁の中に閉じ込めてしまう。ベテランの専門職業家の多くが、みずからの職業の専門知識の体系から抜け出せずにいる。

それは極めて小さな、小さな知識の体系であるが、専門職業家の思考をその中に閉じ込めてしまう。仮にそこから抜け出すことができたとしても、その外にさらに別の分野の知識の体系の壁がそびえ立っている。私達は、二重、三重の知識の壁の中で身動きできなくなっているのである。

知識を学ぶことは必要である。学ばなければ文明社会の恩恵を受けることはできない。しかし、知識を学ぶことは私達の心を厚いコンクリートの壁の中に閉じ込めてしまう。どうしたら良いか。今となっては、全員が何も学ばず原始状態に近い古代の社会に戻ることは困難である。どのようにしたら現代社会で無知の精神を実践することができるのか。今できることは、知識を徹底的に学んで理解した後、そこから離れることである。現代社会では学ぶことは必要である。大切なことは学ぶ姿勢である。規則、チェックリスト、理論等を表面的に学んで記憶することではない。表面的に学んだ知識はただただ私達を取り囲む壁を強化しているだけである。大切なことはその知識と知識のつながり、さらにその奥にあるものを徹底的に考え抜いて理解することである。

最近高度な専門知識の修得と合わせて、リベラルアーツを学ぶことが大切であるといわれるようになってきたが、リベラルアーツを学ぶこともそうした思考活動の助けとなる。いずれにしてもそうした思考活動により真理につながっている部分、全体のコンテクストにつながっている部分を感じ取ることができるようになるはずである。この真理にかかわる部分だけを私達の頭脳の中に蓄積していくことである。それ以外の知識については学んだ後、距離を置くことである。

このように現代社会における無知とは、天才を除いて全く学ばないということではない。知識を徹底的に学んだ後、真の知識の修得に妨げになる可能性の高い理論・技術・規則から距離を置くことである。それから真理にかかわる学問、もしくは真理に近い学問から現象を見直すことである。既存の知識の厚いコンクリートの壁を打ち破り、その外に出ることである。それにより初めて道の精神に沿って、自由に創造的に考えることができるようになるのである。現代における無知を実践することにより、初めて地球環境保護、人権擁護、人口問題、一般意志による民主政治の実現などといった困難な課題の解決に取り組むことができるようになるのである。私達の思考の原点は道の本質と働き、そして物事をかくあらしめる力が向かっている方向を理解し、それに沿って考え、判断していくことである。

虚と静

現代における無知は、徹底的に学んだ後、高度化、多様化した知識の体系から距離を置くことである。そして、徹底的に考え抜き、知識の体系の奥にある普遍的法則に近づくことである。それからどうするか。どうしたら無為自然の実践であるあえて手を加えなくても、道の心に沿って自然に考え、行動することができるようになるのか。どうしたら根源的存在からの呼びかけを感じることができるようになるのか。どうしたら自然と一体化することができるようになるのか。

そのために次に必要なことの一部については第二章の「どのようにしたら理を認識することができるか」で述べた。人間が勝手に作り上げた欲望・悩み・闘争の空間から距離を置くことである。また人格を高め感性を磨くことである。それにより理の一端に触れることができる可能性が生まれる。ここまではすでに述べたところである。そしてさらにもう一歩踏み込んで、そこからこの世の存在をかくあらしめる力である理が生まれる根源的存在である道の心をつかむにはどうしたら良いのか。それが現代社会で生活している私達が関心のあるところである。老子は無知に続いて無為自然を実現するために必要なあり方として「虚」と「静」(五)をあげている。私達は私達の心を拘束している知から離れて、心を「虚」と「静」にすれば、道の心に近づくことができるということである。

虚　心の中を空にする

それでは道の精神を知るために必要な「虚」とはどのような心のあり方なのであろうか。「虚」とは空虚、からっぽな状態である。心を空にすることである。「虚を致すこと極まり」(六)とあるように、心を隅から隅まで徹底的に空にすることである。それは瞬間的な心の状態ではない。持続的な心の状態である。長期間にわたり心を空にした状態を続けていくことである。

心を空虚にするというとまず頭に浮かぶのが座禅である。お寺などのしかるべき場所で胡坐をかき、瞑想することにより無念無想の境地になることである。数年間山にこもり、瞑想にふければごく一部の人ではあるが、道の心に近づくことができるかもしれない。これもひとつの方法である。また肉体を極限状態に追い込むことにより、心を空虚にして真理に近づくことも可能かもしれない。古くから根源的存在の心に近づくために様々な手法が取られてきている。いずれの方法も究めれば根源的存在の心に近づくことができるはずである。すでに述べた通り、有史以来、空海、法然、親鸞、日蓮を始めとする多くの天才が、こうした方法を通して根源的存在の本質に迫っている。彼らは一瞬ではあるが、根源的存在と一体化し根源的存在の精神、そしてその奥にあるその心を感じたはずである。

それでは誕生から晩年を迎えるまで、膨大な知識の体系の中に組み込まれている私達はどのようにしたら「虚」の状態、心の中を空虚、空にすることができるのか。ごく一部の人を除き、家族を放り出して、会社を放り出して山にこもり、寒山拾得のような生活に入り込むことはできない。心の中では望んでいるが、それは実行できない。それではどうしたら良いのか。

現代社会で心の中を空にするひとつの方法が没頭することである。学問でも仕事でも、一定期間ひとつの課題に集中し、没頭して考え抜くことである。しかし、没頭しなさいといわれても、いきなり高いレベルで没頭することは困難でもある。そのためには前提条件がある。一定のプロセスを通して精神活動を高めていく必要がある。まず必要なことは、新たな現象が次から次へと起こっている現場に身を置くことである。欲望、悩み、執念が渦巻いている現場からは距離を置くべきであるが、誠実な人達が相互作用している現場は、時の流れと場の状勢が渦巻いているダイナミックな極限状態である。そこには新しい状況、未来の状況、全体の姿が次から次へと浮かび上がっている。とにかく現場に赴き、現場に長時間とどまることである。そして現場にいる仲間と密接なコミュニケーションを取り、心を通わせ、感情を共有し連帯感を高めていくことである。そうすることにより主観と客観が一致し、個人と全体が統一された状態が生まれる可能性が高まる。そうした状態は心を空にする場合に必要なだけではなく、心を空にした後、私達の心を正しい方向へ向けて導いてくれるよりどころにもなるはずである。その瞬間に理が強く作用し、正しい判断が湧き上がってくるのである。

次に必要なことは課題について理論的に考えることである。世界的に広く認められた優れた理論をよりどころに、課題を理解することにより、全体のコンテクストにつながる可能性が生まれてくる。

また、資料の収集も重要である。短期間に集中的に資料を収集することである。熱狂的に資料を集めることにより、課題の解決に向けて徹底的にやるという気持ちを高める精神的作用が生まれる。また、本人の気持ちも高まるが、同時にそれを見守っている仲間の気持ちも高まる。そこに課題解決に向けた人々の感覚の自然で大きな流れが作り上げられる。

それからは感情共有できている仲間と徹底的な議論をすることである。あまり介入せず、批判せず、仲間の意見に耳を傾け、やり取りを通してアイデアを増幅させ、頭脳の相互作用を通して知識を動態化していくことである。

こうした前提条件を満たし、精神活動のレベルを一度高めたら、後はそこから離れて、雑念を払い無私無欲になり何事からも影響されない状態を作り出すことである。まさに没頭し、集中し、徹底的に考え抜くことである。それにより高いレベルの精神活動の延長線上に、全体のコンテクストの流れの中で、心が空になる、すなわち無に近い状態を作り出すことができる。その瞬間、一瞬ではあるが、根源存在の心に触れることができるはずである。こうしたプロセスを経て、多くの優れた経営者が社会にとって好ましい判断、意思決定をしている。インテルのアンドリュー・グローブは、こうした判断を本能による判断と呼んでいる。[七]

このように没頭して心を空にしましょうといっても前提条件がある。課題について浅い理論的考察、少ないデータによる分析、表面的議論で済ませて、精神活動のレベルを上げなければ、その後いかに徹底的に考えたとしても雑念が次から次へと浮かんできて、なかなか心を空にすることはできない。前提条件を満たし、精神のレベルを上げることにより、初めて「虚を致すこと極まり」という心を空にする状態を持続させることができるようになる。また、道に沿った判断ができるようになる可能性も生まれてくるのである。

静

「虚を致すこと極まり」と並んで無為自然を実現するために必要なもうひとつの姿勢が、「静を守ること篤く」(八)である。じっと静を守り続けていくことである。静を守る。それはただ黙って静かにしていれば良いというわけではない。静かにしているだけでは、それはただ瓦礫の山が続いている心の平衡状態のようなものである。それでは無限のエネルギーに満ちた道の働きかけからかけ離れた存在になってしまう。静とは、すでに述べた通り穏やかで静かにしているだけではなく、清らかで、厳かで威厳に満ちており、本然の性に相当する最高の善があふれている状態である。また無限のエネルギーが凝縮された状態でもある。「静を守ること篤く」とは、こうした状態を持続的に維持していくことである。

私達が「静を守ること篤く」を現代社会で実践していくにはどうしたら良いか。生産活動や経済活動に従事している私達は、どのようにして「静」を日々実践し、無為自然に近づくことができるのか。そのために必要なことは人格を高めることである。人格を高めるためには、すでに繰り返し述べているところではあるが、真の学問の力、道徳の力、芸術の力をバランス良く成長させることである。人格を高めることにより清らかさ、厳かさ、そして善なる力が周囲ににじみ出てくるのである。

まず必要なことは真の学問の力を高めることである。ここで真の学問の力を高めるとは、何度も繰り返し指摘しているように、個別の理論を修得することだけではない。その理論を統括する総合理論・方法論を学ぶこと。さらに哲学を学び、その上位にある普遍的法則に近づくことである。正確にはそうした態度で日々学んでいくことである。大切なことは学ぶ姿勢である。個別の理論や断片的知識は私達の心を拘束してしまうが、上位の法則にもとづく知識を学ぼうとしている姿勢は、真理に近づく力を私達に与えてくれるはずである。

次に必要なことは道徳の力を高めることである。道徳の力を高めるには、優れた哲学者が明らかにした倫理的規範を学び実践することである。ただし、倫理規範の表面的理解や教条主義的実践は、老子の望むところではない。大切なことは、倫理の実践を通して、相手を慈しむ心を磨いていくことである。現実の社会生活をしている私達にできることは、人々との丁寧な、倫理的行為のやり取りを通して、「静」に近づいていくことである。

また芸術の力を高め感性を磨くことも必要である。演奏し、絵筆を取ることができれば最高であるが、誰もができるわけではない。私達に日常的にできることは、優れた音楽や絵画等を鑑賞することである。日々、音楽、絵画等を鑑賞することによっても、着実に芸術的能力も高まるはずである。

私達にとって「静を守ること篤く」とは、真の学問の力、道徳の力、芸術の力を日々磨き、人格を高め、生きる力にあふれ、清らかで、厳かで、最高の善が発現している状態に近づく努力を日々続けていくことである。

私達は、山の中にこもって修行をしなくても、正しい前提条件を満たした上で没頭し考え抜くこと、そして真の学問の力、道徳の力、芸術の力を継続的に高めることにより、虚と静の状態を確保し、無為自然に近づくことが可能となるのである。この世には、様々な行動原則があるが、私達にとって日々守っていかなければいけない心のあり方は「虚を致すこと極まり」といった状態をできるだけ長く確保することであり「静を守ること篤く」を実践していくことである。もちろん無為自然を実現するには、こうした姿勢と合わせて、日常的に自然の中に身を置く時間をできるだけ増やすことも大切であることはいうまでもない。

二　柔弱

無為自然と並ぶ道に沿ったもうひとつの重要なあり方は、「弱は道の用」（柔弱ということが道の働きである）（九）とあるように、「柔弱」である。私達が用いている柔弱という言葉の意味は、「か細い、頼りない、気力も体力も弱い」（一〇）ことである。成果を重視する人達からは「柔弱」は、好ましくないあり方であると思われている。負け組のイメージである。表面的に現象を捉え理解している現代の私達にとって、「柔弱」という言葉から積極的意味を見出すことは難しい。

柔弱とは　しなやかで生き生きとした状態である

老子の重視している「柔弱」は、そういった意味ではない。確かに「柔弱」にはか弱い、頼りないといった側面はあるが、柔弱の意味はそれだけではない。

柔に対する言葉は堅であり、弱に対する言葉は強である。堅は「硬くてしっかりしていること」である（一一）が、それはまた固まって動かないという意味でもある。強は「物事に耐える力がある、物事に屈しない力がある」（一二）という意味であるが、それはまた相手を服従させる力、相手に一方的に影響を与える力でもある。柔と弱を堅と強の対立概念として捉えると、その言葉の奥、さらにその奥に様々な意味を見出すことができる。堅との対比で考えると、柔とはしなやかであり、生き生きとしていることである。強との対比で考えると、弱は相手を受け入れて、あるがままに任せることである。自由な状態である。堅と強と対比してみると、柔弱の本来の意味が見えてくる。

それでは道に沿ったあり方のひとつである「柔弱」とはどのような意味であろうか。「人の生まるや柔弱」(一三)とあるように、柔弱はしなやかさであり、生きる力である。新しいエネルギーが大量に流入し、伸び広がっている状態である。エネルギーの流入する量が減ってくれば、しなやかさは徐々に失われていく。エネルギーが流入しなくなれば「其の死するや堅強なり」(一四)とあるように、硬く、こわばった瓦礫の山のような平衡状態になってしまう。このように「柔弱」とは、しなやかさであり、かつ新しいエネルギーが大量に流入している状態である。

柔弱な存在　水

現象界では柔弱な存在の例は、しなやかでエネルギーに満ちている赤子(一五)から粘菌にいたるまで枚挙にいとまがないが、老子は柔弱な存在の代表的な例として、「天下に水より柔弱なるは莫(な)し」(一六)とあるように、水をあげている。山があればそれを避けてぶつからず、谷があればそれに沿って流れ、あるべきところに向けて自然に流れている水である。水はエネルギーを内に秘めているが、穏やかに自然に流れているのである。下流になれば水の流れが集まり、穏やかであるが圧倒的なエネルギーを内に秘めた大河となり、海に注いでいく。

「水は善く万物を利して争わず」(一七)とあるように、しなやかでエネルギーに満ちた「柔弱」な存在である水は、決して相手に対して強制力を働かせたり、対立したりはしない。しなやかに自然に流れていくことにより、万物に様々な恩恵を与えている。農業社会であれば水は田畑を潤し、豊かな農作物を与えてくれるような存在である。水は無色透明であり、静かな穏やかな存在である。一見すると、何事も起こらないようであるが、そこには根源的存在のエネルギーが集約されている。そして水がしなやかに、自然に流れていくことにより、現象界の隅々に生きる力が広がっていくのである。

現象界に成立している万物を維持していくには、大量のエネルギーが必要である。エネルギーは天からも、周囲の物質からも供給されているが、その多くが根源的存在の力が集約している水、もしくは水を含んだ物質から供給されている。現象界の多くの生命体や物質は、水なしでは存続していくことは困難である。万物は水から根源のエネルギーを受け取ることにより、その存在を確実にしているのである。

水は私達を優しく包み込み、育ててくれるありがたい存在である。第一章でも触れたように、一部の人ではあるが良き日に吉方に赴いて、根源的存在のエネルギーを補強し、気の流れを良くしている。吉方と思われる場所に滞在するだけでも効果はあるが、そこでエネルギーに満ちたお水をいただくことにより、その効果をより高めている。水はエネルギーに満ちている。とくに地下水には吉方のエネルギーが凝縮されている。人々は湧き出たばかりの地下水をそこでいただくだけではなく、それを家に持ち帰り、数日間飲み続けることにより、良きエネルギーを体全体に行き渡らせている。一部ではあるがこうした風習が今でも受け継がれている。

「柔弱」とは、水のようにしなやかに、自然にしていることにより根源的存在のエネルギーを集め、それを周囲に行き渡らせ、万物にとって好ましい状態を作り上げていくことである。

ところで「水は善く万物を利して争わず」とあるが、何故洪水が起こるのか。それは作為、すなわち私達が勝手に山を崩し、谷を埋めてしまうという反自然的作為を繰り返した結果であり、それは水の本来のあり方ではないし、道の望むところではない。それでは津波や火山の噴火は何故起こるのか。津波や火山の噴火は一三八億年にわたる宇宙の営みにかかわるダイナミズムのひとつであり、宇宙全体の生成・維持という視点から考えれば自然な動きである。道という実体のない統一的世界に宇宙が成立し、そこに私達がいることを決して忘れてはならない。現象界に一時的に成立した私達は、自然災害についてはただそれを受け入れるしかない。道の心は私達を優しく包み込んでくれてはいるが、その働きは私達の存在をはるかに超えたところにある法則に従っているのである。私達は一三八億年の宇宙の歴史の中で一時的に成立した存在に過ぎない。大切なことは道の心を可能な限り理解し、道が与えてくれる恩恵を素直な気持ちで受けていくことである。道の働きに注文をつけることは恐れ多いことである。

三　柔弱なあり方の実践

「上善は水の若し」(一八)とあるように、水は上善、すなわち最高の道徳である道の心が発現した究極の存在である。この世には様々な善や徳の考え方があるが、水のあり方が最高の善であり、徳であるということである。水はしなやかに自然に流れていくことにより、私達の命を支えてくれている。この水の自然な流れが、私達に現象界でのあり方をわかりやすく伝えてくれている。

もちろん老子は水の例を用いて「柔弱」なあり方を説明しているが、もちろんそれにとどまるものではない。謙虚さを始めとして、老子は随所で「柔弱」なあり方を説明している。柔弱は無為自然と並ぶ重要な私達の心のあり方である。大切なことは、道の心が導くところへ向かっていけるように、老子が重視している「柔弱」なあり方を理解し、実践していくことである。それでは老子の考える柔弱なあり方を実践していくには、具体的にどうしたら良いのか。

柔弱な立ち位置

「柔弱」なあり方を実践するにあたり必要な立ち位置としては「居るには地を善しとし」(一九)とあるように、水は低いところを流れていくのが良いということである。それはどういうことか。目立たない、低いところに身を置くことである。「敢えて天下の先と為らず」(二〇)とあるように、先頭に立たないことである。つねに一歩下がって人々の活動を支援していくことである。先頭に立って旗を振るリーダーは、見た目は美しい。しかしそうした方法で首尾良く目的が達成できるかどうか。可能性は低いといえる。大切なことは、理想の実現に向けて仲間がその役割を果たせるように仕組みを整備し、勇気づけ、物理的にも、精神的にも支援していくことである。進むべき方向が明らかになったら、あくまでも頭を低くして、仲間を支えていくことである。事をなすには大事なことである。

柔弱な心のあり方

日常的に心掛けなければならない柔弱な心のあり方は、「心は淵きを善しとし」(二一)である。淵とは水を深くたたえているところである。表面的には静かで穏やかであるが、その奥には深い知性と教養が潜んでいるということである。知識や技術をやたらに先走って振り回さずに、徹底的に学んだら表面的な知から距離を置き、真理にかかわる部分を蓄積し、それを静かに心の中にとどめておくということである。まさに無知の実践である。

柔弱な社会行動

「柔弱」な社会行動のあり方としては「与にするは仁なるを善しとし」(二二)とあるように、仁の心を抱いて事にあたることである。仁とは中国哲学や中国思想でしばしば登場する奥深くて多様な意味を持つ概念である。論語は老子の好むところではないと思われるが、仁については論語が多くを語っている。論語は仁の内容として、忠、恕、恭などをあげている。忠とは誠実さであり、恕とは他人への思いやりであり、恭とは慎み深く謙虚なことである。それでは老子が考える仁とは、どのような意味なのか。私自身は老子が論語を否定していると思われるのは、無為自然のあり方に反するその教条主義的な姿勢であると考えている。老子は原則論と実践論からなる哲学書である。論語は現在の社会制度の中でどのような態度を取ることが好ましいかを示した社会思想の実践の書である。確かに支配者がそれを恣意的に用いることにより、人々を強制するための規範となる可能性がある。老子はこうした可能性を見抜いていたのであろう。この点をしっかりと留意しておけば、論語における忠、恕、恭等は、仁の理解の参考になるはずである。

老子は仁について多くを語っていないが、それでは改めて柔弱な社会行動のあり方としての老子の考える仁とはどのような意味であろうか。仁の実践的意味はいくらでもあげることはできるが、老子の意味する仁を考えるには原則論から考えていく必要がある。原則論は「物有り混成し、天地に先だちて生ず」、「天下の万物は有より生じ、有は無より生ず」、「反は道の動」である。そして原則論に沿った生き方が「無為自然」と「柔弱」である。そうした立場に立ってみると、老子の考える仁が少し見えてくる。老子の考える仁とは相手とのかかわり方としては相手の心、立場を理解し、その期待に応えていくことは当然のこととして、個人の相互作用において、それが根源の心、生成の動き、回帰の心に沿っているということである。つねに行動のよりどころは原則論である。ここに仁とは原則論に対する誠実性を基本にした慈しみの心であり思いやりであり、謙虚さであり、丁寧さである。相手が望んでいることが生成の原則、回帰の原則に反していれば、それを丁寧に受け止めて、包み込みそれを本来あるべき方向に導いていくことである。もちろんそれは指示・命令することではない。あくまでも手本を示すこと、真理を丁寧に語り続け、相手の自発的行動につなげていくことである。それが地球環境を損なう行動であれば、万物の生成のプロセスをゆがめ、道が求める自然な姿と全く別のものになってしまうこと。そして回帰の流れを乱し、万物の微妙なバランスを崩してしまうことを理解してもらうことである。これが「柔弱」な社会行動のあり方である。

柔弱な表現

人間社会はコミュニケーションを取るために、言語による表現を用いるのが一般的である。言語による表現における「柔弱」とは、どのようなことか。言語による柔弱な表現で必要なことは「言は信あるを善しとし」(二三)とあるような信である。信も仁と並んで道の働きにつながる奥深い言葉であるが、老子はここでは言葉のやり取りにおける信に限定している。言葉のやり取りに限定して信を解釈すれば、それは嘘をつかない、疑わないことである。

自分の気持ちを飾らずに、また省略せずに、素直に相手に伝えることである。声の大きさ、リズムやテンポも大切ではあるが、最も留意しなければいけないのは話す時の私達の根底にある心のあり方である。穏やかで、誠実な気持ちで、心の赴くまま話すことである。慈しみの心、温かい心で言葉を包み込み、心の底から誠実に話せば多少の文脈の乱れは気にならない。

また、話を聞くにあたっては、決して相手を疑ってはならない。相手の話に誠実に耳を傾けることである。また早めの介入や批判は控えるべきである。相手の心の奥から出る言葉をひとつひとつ心に読み込んでいくことである。私達にとって最も身近な柔弱のあり方は、丁寧で誠実な言葉のやり取りを積み重ねることである。これは誰でもできることである。こうした言葉を通した誠実な心のやり取りには、直接会って話をすることが必要であることはいうまでもない。

柔弱な政治

政治における柔弱なあり方は、「正は治まるを善しとし」(二四)とあるようにしなやかで、あるがままの政治を行い国民が安心して暮らせるようにすることである。安心して暮らせるようになる政治。誰もが望むところである。そのためにはどうしたら良いか。老子は柔弱な政治のあり方、それを実践する指導者のあり方を随所で語っている。良く治めるために必要なことは、堅強な政治ではなく柔弱な政治を実践していくことである。

現実に目を向けてみると、有史以来堅強な政治は幅広く採用されてきた政治形態である。権力を中央に集中し、強制力や規則により国民を支配していく政治である。絶対君主による支配、全体主義による支配が代表的なものである。国民の福祉や富の再配分に配慮した堅強な政治も一部に見られるが、その多くが一部の支配者に富が集中し、人民が搾取されるという独善的な政治であった。現在でもこうした堅強な政治は多くの国で行われている。そこでは自由は制限され、人格の抑圧が行われている。格差も増大している。一部には武力の行使も行われている。それが現実である。人類にとって未解決な重要な課題は、地球環境と共存し、国民が自由に安心して暮らせる社会を実現する政治はどうあるべきかを明らかにし、実践していくことである。私達がみずからの環境を破壊し、争いを続けて滅亡していくことは道にとっては些細なことであり、関心外のことである。誰も助けてくれない。人類が生存し続けることができるのか、滅亡の道をたどるのかは、私達自身が決めることである。私達が消滅してしまわないために、今私達ができることは道の本質、働きに沿って、私達の行動を改めていくことである。気の相互作用の微妙なバランスのもとに誕生した人類ではあるが、できるだけ長く存続してほしいと思うのは、老子のみならず私達共通の願いのはずである。

老子の理想とするところは、みんなで助け合い分かち合う共同体の実現である。それをそのまま八〇億人の人間がひしめき合っている現代社会で実現することは現実的ではない。しかし、老子の理想を実現するために必要な柔弱な政治のあり方、それを実践する指導者のあり方は、政治のあり方について混乱している私達に有力な手掛かりを与えてくれるはずである。

公平な政治

柔弱な政治のあり方で最も基本的なことは公平を確保することである。公平、それは政治における重要なあり方であるが、実現が難しい課題でもある。

公平とは偏らないことである。私達には個人としては、様々な欲求・欲望が働いており、その実現が強く求められている。また社会集団の一員としては、様々な圧力にさらされている。そうした状況の中で、公平を実現するとは、自分自身もしくは特定の利害関係のある集団の利益のためには働かないということである。政治とは利益集団による希少資源の奪い合いという要素があるが、それは老子の望む政治ではない。老子が求めるのは誰もが納得する公平さである。それは必ずしも数量的な平等ではない。ある民族では、病人、妊婦、子供が重点的に分配を受けることが公平である。徳の高い人が決めた判断を納得して受け入れることである。その取り扱いについて国民が納得する。それが公平な政治である。たとえば超過累進課税を合理性だけで説明しても、それは公平な税制であるとはいえない。限られた知にもとづく合理的な基準は、公平のよりどころとはならない。それを国民が納得して受け入れて初めて公平な税制であるといえるのである。

それでは、誰もが納得する公平さを実現するにはどうしたら良いか。「常を知れば容る。容るれば乃ち公なり」（常なる在り方に目覚めれば何人にも寛容となり、寛容になれば公平無私となる）（二五）とあるように、まず実体のない統一的世界から万物が生成されるが、それはいずれ実体のない統一的世界に戻るという原則論を理解し、虚と静により無為自然を実践していくことである。誰に対しても寛容な姿勢を貫くことである。相手の考え、言葉を温かく受け入れることである。それにより道の本質、働きに沿った正しい判断が可能となるのである。また、心が広くなり慈しむ心を持って国民に接することができるようになる。国民も指導者が、慈しみの心を持って自分達の気持ちを受け入れていることを感じるようになる。それにより正しい判断を国民が納得して受け入れてくれるようになるのである。道の本質、働きに沿った正しい判断を国民が納得して受け入れる。それが政治における公平である。

ただし老子のいう原則論を今の政治家が理解することは難しいと思われる。現実的には身近な利益集団から距離を置くことである。そして判断にあたっては、目先の現象の奥に、それを支配している普遍的法則があることを意識することにより、政治における公平さを心掛けることである。

謙虚な政治

柔弱な政治のあり方で次に必要なことは、柔弱な社会行動のあり方でもある謙虚さを保持することである。「民に上たらんと欲すれば必ず言を以て之に下り、民に先んぜんと欲すれば、必ず身をもって之に後る」（二六）とあるように、政治家は、謙虚な言葉を用いることである。上から目線と感じられてはならない。

心の底から出てくる丁寧な言葉、穏やかで温かく優しく包み込む言葉である。また相手の言葉をあるがままに素直に受け入れることである。相手の言葉を聞くにあたり、決して先入観、固定観念を持ってはならない。

また政治家は謙虚な姿勢で対応することである。事にあたっては、先頭に立たず、頭を低くして国民の声に耳を傾け、彼らを後方から支援していくことである。立ち位置は低い方が良いということはすでに述べたが、政治活動においてもこの姿勢を徹底することである。

どこかの国の政治家のように、上から目線で一方的に話をし、質問は制限し、誠実に答えないというようなことは決してあってはならない。ただただ国民の不満が増幅するだけである。国民の声に対しては優しさと思いやりの心と謙虚な姿勢で、誠実に丁寧に答えていくことである。これが現代の政治家に求められる最小限の要件である。

余計なことを控える政治

柔弱な政治のあり方で最も重要なことは、「天下を取りて之を為さんと将欲(ほっ)すれば、吾れ其の得ざるを見るのみ」(天下をせしめて、うまくしてやろうと思っても、わたしにはそれが駄目だと分かるのだ)(二七)とあるように、さかしらな知を働かせ余計なことはしない、過剰なことはしないことである。(二八)とくに自分のため、特定の利益集団のためにさかしらな知を働かせ余計なことをするのは最悪である。現在でも一部の国では、政治家や官僚のために豪華な建物や設備が提供されている。また政治家の出身地には過剰な公共施設が整備されている。まさに余計なことである。政治においてもさかしらな知を働かせずに、無為自然、道の力が導くところに沿って考え行動することである。

とくに気をつけなければならないのは政治家が政権を奪取した時である。国民の目を引くために、目立つために前任者の政策を否定し、新しい政策を始めようとする傾向がある。また、一部の支持者に偏った政策を取る恐れもある。必要性の低い事業を次から次へと行うことにより、財政はますます逼迫し、将来の人々に負担・負債を残してしまうことになる。環境問題も同じである。未来の環境を破壊している。今私達の負担が増えることには敏感である。しかし未来の人の負担についてはお構いなしである。未来の人は今の私達に対して不満をいわない。未来の人の負担となる支出に歯止めが利かない。新しい政策の多くが理想の実現に向けた正しい判断とかけ離れた余計なことであり、資源の浪費につながるものである。政権交代の時にしばしば目にする光景である。

資源は限られている。いつの時代においても政治家に求められているのは普遍的法則にもとづく正しい判断をし、国民の理解と納得のもとに事業を絞り込み、それを有効かつ効率的に実施していくことである。さかしらな知を働かせ、個人の思惑で余計なことをする余地はない。

老子の考える柔弱な政治のあり方は、公平、寛容、謙虚、無為である。もちろん政治家の心構えはこれだけではない。哲学者、政治学者が様々な心構えをあげている。それはそれとして意味のある心構えであるが、そうした行動原則の中で、老子の柔弱な政治のあり方は、誰もが守らなければならない重要なものである。

柔弱な対応の仕方

私達が事をなすにあたって留意しなければならない柔弱な対応の仕方は「事は能を善しとし」（ものごとは成行に任せるのが良い）(二九)とあるように、あるがままに任せて、あえて手を下さないことである。私達は何か新しい事態が起こると、介入したい気持ちになるが、今までの知識、基準にもとづきすぐに干渉したり、手を下したりしないことである。いろいろ考えることは必要であるが、まず優先しなければならないのが事態を肯定的に見守ることである。現在起こっていることを注意深く観察し、理解し、受け入れることである。予想外の失敗も、素直に受け入れることである。しばしば予想外の失敗を通して、時代の流れが見えてくることがある。災害等の特別な場合を除き、指導者達も無為自然、虚にして静にして事態をあるがままに任せ、引きつけ、早めの介入は控えなければならないということである。上からの介入がなく任されれば、人々は創意工夫をこらし、仲間と自由にコミュニケーションを取り、連帯し、その能力を最大限発揮できるようになる。個の力を高め、結集していくことはいつの時代でも進化の原動力となるものである。

あるがままに任せて介入しないということは大切なことではあるが、現実的には最初から最後まで何もしないというわけではない。周りがすべて自然な状態であれば、そして無為自然を極めた人が多ければ手を加えず、あるがままに放置していても、自然にあるべきところに収まっていくはずである。しかし現代社会では良きにつけ悪しきにつけ、外部環境から様々な影響を受けている。個人の心の中にも様々な欲求・欲望が惹起している。それが現実である。新しい事態が発生した場合、それを最後まで成行に任せていると、とんでもない方向へ向かってしまう恐れがある。したがって新しい事態が発生したら、始めのうちは放任しておくが、ある程度形ができてきたら、正しい判断を下し、それを支援し、育てていくことである。もちろん先頭に立って引っ張っていくことではない。あくまでも後方からの支援に徹することである。必要な資源を提供し、機会を整備することである。

新しい事態が発生したら、すぐに介入せず、注意深く見守ることである。そして好ましいパターンが成長してきたら、それを支援し、育てることである。これが現代社会で事をなすにあたって必要な心構えである。

柔弱な行動のタイミング

柔弱なあり方を実践していくには、「動くには時なるを善しとす」（行動としては時宜を得ているのが善い）（三〇）とあるように、実施する時期、タイミングも重要である。動くべき時に動く。それまではじっと我慢をする。動くべきではない時は動かない。振り返ってみれば「あの時が」ということは、誰もが経験していることである。その時は一度しかない。それを見逃せば機会が再び訪れる可能性は低い。

現象界には道の力、理の力が作り出している大きな流れがある。この大きな流れに逆らうことはできない。この大きな流れに沿って、時宜を得た判断をすることである。時の勢い、場の勢い、そしてそこに集まっている人々の心が一致した瞬間に判断し、行動することである。そうすれば無理をしなくても物事は自然に前へ進んでいく。流れに沿って時宜を得た判断をする。そして機会を捉えたら、後はゆったりとした気分で、集中し、迅速に事にあたることである。これも柔弱なあり方、心構えのひとつである。万物にはこの世の存在をかくあらしめる力である理によって好ましいシナリオが作られているはずである。大切なことは、節目ごとに適切な選択をするということである。

企業であればいつ事業を始めるかである。いつ新製品を発売するかである。図四−一のAのタイミングのように、早過ぎてもうまくいかない。Cのタイミングのように、タイミングがずれればライバル企業に遅れを取ってしまう。成功するにはBのタイミング、時の勢い、場の勢い、消費者のニーズが湧き上がる寸前に新製品を投入することである。環境が安定している時代は、BとA、BとCとの時間差は比較的長いが、劇的変化が連続している時代では、BとA、BとCとの時間差は、予想外に短い。まさにタイミングが事業の成否を握っているのである。

とくに事業や製品の新しいパターンが次から次へと生まれては消えていくカオス的状況に直面している経営者にとって、「動くには時なるを善しとす」は最も重要な心構えである。カオス的状況の中では、瞬間的に浮かび上がった好ましいパターンを、それが消えてしまう前に素早く捉えて育てていく必要がある。そして好ましい事業・製品を適切な場所、適切な時期に市場に提供することである。その瞬間を見逃せば好ましいパターンは消滅し、再び現れることはない。事業化、製品化の機会は永久に失われる。カオス的状況に直面している経営者は、まさに時代の流れの一瞬を捉え、それを表現するアーティストである。

それでは大きな流れ、時の勢い、場の勢いをつかむにはどうしたら良いか。私達はデータを集め、様々な理論と手法を用いて将来を分析し、動くべき時期を見定めようとしている。しかし、劇的変化が連続している時代においては、因果関係は特定できず、こうした科学的分析だけでは将来を予想することも、動くべき時期をつかむこともできない。科学的分析は必要であるが、分析したらそこから距離を置くことである。そ

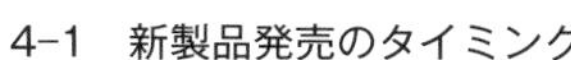
図 4-1　新製品発売のタイミング

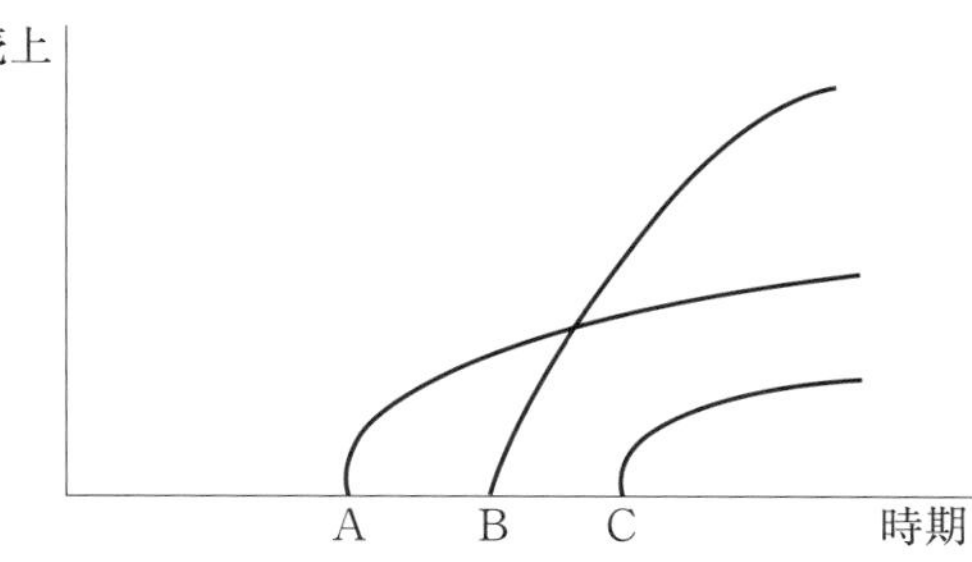

の上で必要なことはすでに述べた通り、没頭し集中すること、人格を高めることである。それにより道の本質、働きに沿った判断ができる可能性が生まれるのである。

柔弱な経営

そして組織としては構成員の間に、共通の価値の体系が成立していることが前提であるが、組織の開放性、流動性、多様性を高める柔弱な経営を実践することである。組織を開放系にして新しい人材、知識・情報・アイデア・テクノロジーを大量に流入させることである。すでに述べた通り、知識の修得は私達の思考を拘束する可能性が高いが、動態化し、つながった質の高い知識が密度濃く存在する状況に身を置くことは、私達を真理に導いてくれるはずである。またコミュニケーションと連帯を確保し、協調運動を起こしやすくすることである。それにより組織外のリズムと組織内のリズムが同調し、大きな流れ、時の勢い、場の勢い、そこに集まっている人々の心に沿った時宜を得た判断が可能となるのである。こうした柔弱な経営については、すでに『カオスの時代のマネジメント』（同文舘）、『創発型組織モデルの構築』（慶應義塾大学出版会）で詳細に述べたところである。

柔弱は私達にとって、最もわかりやすい道の心に沿ったあり方である。「上善は水の若し」、「水は善く万物を利して争わず」を心に抱き、水の流れをイメージして、人生のあらゆる局面でそのあり方、対処の仕方を考えていくことである。そして「居るには地を善しとし」、「心は淵きを善しとし」、「与にするは仁なるを善しとし」、「言は信あるを善しとし」、「正は治まるを善しとし」、「事は能を善しとし」、「動くには時なるを善しとす」の実践を日々心掛けていくことである。私達の道の心に沿ったあり方はそこから始まる。そして、それが道の本質、道の働きの理解につながっていくのである。

四　道の心

根源的存在である道は、実体のない統一的世界であり、私達を超越した実在である。それをあえて私達の言葉で表現しようとすれば、静寂が広がっている世界である。そこには私達の感覚で捉えることができる何物も存在しないが、もし道に心のようなものがあるとすれば、それはどのようなものなのか。私達はいずれ帰っていくところである最高の善があふれているといわれている道という根源的存在はどのような心で私達を迎えてくれるのであろうか。温かく私達を迎え入れてくれることを願っているが、そうなのか。善人と悪人を区別するのか。いずれ根源に帰るといっても濁なる気は、受け入れを拒否されて拡散してしまうのか。また善人のランクづけをしているのか。清なる気でもランクによって収まるところが違うのか。誰もが関心のあるところである。実体のない実在の心とは何か。まさに科学の世界をはるかに超えたイマジネーションの世界の話である。心の中に壮大なイマジネーションの世界を作り上げ、実体のない統一的世界の根底にある心を感じ取っていくことである。イマジネーションとはいえ、私達が道という実体のない統一的世界の根底にある心とは何かを考えることは大変恐れ多いことである。心を清めて、老子の言葉をよりどころに考察を進めていくことにする。

老子は道の心の直接的説明は控えている。しかしそれは、言語による表現は困難であるといいつつも、随所で私達の理解できる言葉で、最大限わかりやすく表現しようと努めている。それは私達が老子の道の本質と働きに沿ったあり方を実践し、道の心と一体化することが老子の望んでいる究極の状態だからである。

私達にとってまず必要なことは、老子の言葉と表現を老子全体のコンテクストを通して考察し、道の心を深く理解し、実践することである。そして道と呼吸とリズムを合わせ、イマジネーションの世界を作り上げていくことである。そうすることにより、道の心の一端を感じ取っていくことができるはずである。言語によって表現することが困難な実在の心を、老子の言葉と表現の組み合わせから感じ取ってほしい。それが老子の願うところではないか。

天地は不仁　道の超越性

老子は全編を通して、道の本質と働きに沿ったあり方、すなわち無為自然と柔弱を私達に勧めている。しかしこの道の働きについては「天地は不仁、万物を以て、芻狗と為す」(天地は無慈悲で万物をわらの犬ころあつかい)(三二)とあるように、道は万物を次から次へと生み出しているが、個々の存在に対しては不仁であると私達を突き放すような衝撃的表現をしている。老子は全体にわたって道の本質と働きに沿ったあり方である慈しみの心、慈悲の心としての仁は重要であるといいながら「天地は不仁」とはどういうことか。道の心を考えるにあたり、この点を明らかにしておく必要がある。

私の理解するところでは、天地は不仁とは、人間社会には様々な仁にまつわる考えがあるが、そのほとんどが道が作り出した現象界のほんの一部の小さな存在である私達が勝手に考え、勝手に仁と呼んでいるものである。もし、私達が勝手に考えたものを仁というのであれば、「天地は不仁」、道にはそういった意味での仁は存在しないということである。不仁、それは人間の浅はかな知によって作り上げられた仁の否定である。仁そのものの否定ではない。実体のない統一的世界の根底にあるものを、私達が理解し、私達の言葉で表現し、簡単に総括することはできないということである。決して道には真心のようなものがないといっているわけではない。

また「芻狗と為す」（わらの犬ころあつかい）とはどういうことか。厳しい表現ではあるが、決して私達を軽んじてこのような表現しているわけではない。道から生まれた私達は、自分の立場からすれば貴重な存在であり、自分を中心に世界が組み立てられていると思っている。多くの人が抱く感覚である。しかし道から見れば、私達は次から次へと誕生し、消滅している無限に近い万物のひとつであり、特別な存在ではないということである。道は好んで人を突き放すようなことはしない。また自分勝手な行動をしている人、道を踏み外した人を教え導くこともしない。道は生成と消滅を司っているが、生成した個物に対しては特別な感情を持つことはないということである。老子が私達に伝えたいところは、そうした意味の非情性である。道は個々の働きに対して、あえて介入することはない。また道の働きに対して、私達の意志が介入する余地もない。「わらの犬ころあつかい」とは、このように無限の過去から無限の未来に向けて万物の生成活動を続けている道の超越性をいったものである。道は決して私達を突き放す冷酷な存在ではない。

道の心　それは「慈」

実体のない統一的世界である道の超越性を確認した上で、改めて道に心のようなものがあれば、それはどのようなものなのか。老子は実体のない統一的世界である道の精神、道の本質と働きに沿ったあり方として静という状態をあげている。静とは静かで穏やかな状態である。しかし静はそれにとどまるものではない。すでに述べた通り、清らかで厳かで威厳に満ちており、本然の性に相当する最高の善が発現した状態である。それは私達の感覚でいえば神や仏である。神や仏の心はどのようなものであろうか。老子の言葉を通して感じ取っていくことにする。

老子は大切にしている道の心のあり方、心構えとしての三つの宝をあげている。道の本質、働きについての原則論と同様、それを簡潔に表現している。その一つは「慈」いつくしみの心であり、その二つは「倹」つつまやかさであり、その三つは世の人の先に立たぬことである。(三二)この三つの宝は老子全体を貫く横糸であり、時に明示的に、時に暗示的に繰り返し登場するあり方である。こうしたあり方のうち、とくに全体を包み込んでいるのが慈である。慈について明示的に説明しているところは少ないが、老子全体に、老子の言葉ひとつひとつに慈の心がにじみ出ている。老子が感じたと思われる道の心にある慈は、老子の中核となる言葉である。道の本質、働きに沿ったあり方は無為自然、柔弱であり、それを包み込んでいるのが慈である。それは現象界における私達が目指す究極のあり方である。そしてそれは私達が根源的存在を感じるために必要な基本的あり方でもある。道の心を感じ取っていくには無為自然、柔弱を実践するだけではなく、老子が全体を包む込む心のあり方を示した慈を理解する必要があるということである。

慈とは何か

それでは「慈」とは何か。慈とはいつくしむ心である。それは根源的存在とのかかわりを連想させるように、私達の心に優しく響く言葉である。慈という言葉を見ているだけで、心が穏やかになっていく気がする。慈という言葉自体が根源的存在の力を得ているように思われる。仏像と同じように、言葉にも人々の願望、思いが集約されているのであろう。時の経過とともに言葉も力を持つようになってきたのである。私達の一言が時に本人の意思とは別に、生命を持っているように広がっていく。これも現象界に起こっていることである。

慈とは「上善は水の若し。水は善く万物を利して争わず」、(三三)「天の道は、利して害せず」(三四)とあるように、それは最高の善であり、水のように周囲に恵を与えることである。見返りを求めずに恵を与える、支援する、支えることである。

慈は恵を与えることである。恵を与えるとは、現代の状況に照らし合わせてみると、物質的側面では経済的成果を、自然環境、社会、ステークホルダーとのかかわりの中でバランス良く増やし、個人の人格の成長に必要な財貨を、あまねく平等に分配することである。それにより多くの人が安定した生活のもとで、道徳的、文化的生活を享受できるようにすることである。また飢餓等に直面している人がいれば分かち合い、速やかに食料等を提供することである。物質的に著しく不足している人には、そこに資源を分配することである。万人の人格の成長を目指す自由主義も、本来こうした基本理念に支えられているはずである。

恵を与えるとは、精神的側面では人々の知的能力、道徳的能力、芸術的能力の成長を支えることである。また精神的側面の不足に対しては、丁寧に働きかけ、宗教・哲学のみならず、情の面にも訴えて、その隙間を埋めていくことである。気の微妙なバランスのもとに成立している私達の精神は、デリケートなものであり、わずかな外的影響によってもそのバランスを崩してしまう恐れがある。バランスを崩し、崩壊してしまわないように、微妙なバランスを維持できるように手を差し伸べることである。

慈はまた「哀悲を以て之に泣(のぞ)み」(悲しみをこめて戦場にのぞみ)、(三五)「哀しむ者勝つ」(戦いを悲しむ者が勝ちを収めるのだ)(三六)とあるように、相手に対する悲しむ心、憐れむ心である。そして相手の死を悲しみの心を持って戦いに臨めば、勝利を収めることができるということである。老子は慈の憐れむという意味の説明において何故か戦いの例を用いているので若干わかりづらいが、相手に対して悲しむ心、憐れむ心で対処すれば無事であるということをいっているのである。相手に対して悲しむ心、憐れむ心を持つ。これは私達も何度も体験しているわかりやすい感情である。親しい人の葬儀において、私達が遺族に対し抱く感情である。人生をかけた試験に不合格となった親友に対して抱く感情である。

悲しむ心、憐れむ心とは、別れ、予想外の事故、天災など不幸な出来事に直面している人、何かに挫折したり、願いがかなえられずに悩んでいる人と心を重ね、悲しさを共有することである。一度相手と同じ悲しみの状態になった上で、相手を心の底から励ますことである。励ますとはもちろん言葉のやり取りだけではない。大切なことは、お互いの心に響き合う心と心のやり取りである。それにより悲しさを半減させること。これも慈である。ただし、悲しむ心、憐れむ心はそれにとどまるものではない。悲しさを共有し、励まし、悲しさを軽減した後必要なことは、みずからの力で本来の道筋に戻ることを助けることである。宗教であれば経典があり、その教えに従うこともひとつの方法である。手段はいろいろあるが大切なことは、それを強制しないことである。何をどのようにするかは、あくまでも本人の自由である。慈―悲しむ心、憐れむ心は本人の自由意思で選択した手段により、みずからの力で本来の道筋に戻ることを手助けすることでもある。

慈は、大切にする心でもある。道から作り出された万物は、かけがえのない存在である。その万物が本来のあり方を全うできるように、ひとつひとつ大切にすることである。人間だけではなく、あらゆる物質・動植物を、そして地球を大切にすることである。地球も道が作り出した作品である。遮らない、破壊しない、むやみに手を加えたり、動かしたりしない。あるがままに任せて育てていくことである。日常的な人と人とのかかわりでは、相手の立場に立って、相手の心を理解し、相手が望んでいることを大切にすることである。相手が望んでいることが実現できるように支えていくことである。物質に対しては、丁寧に取り扱い、磨き上げ、物質の価値を高めることである。古びた茶碗でも、それを日々大切に用いて使う人の心が重なれば、根源的存在のエネルギーを引き寄せて、名器と呼ばれている茶碗に引けを取ることはない。日本人の得意な見立てである。また物質の組み合わせを変えることにより、新たな価値を創造することである。

大切にするとは、その物の価値を引き出すことである。いうまでもないことではあるが、無駄遣いをしない、資源を浪費しないことも慈の実践のひとつである。大切にするということは一見すると優しそうであるが、高い集中力と相当の努力を必要とするあり方である。

老子は道の心に沿ったあり方を私達の理解できる言葉で示してくれた。「慈」とはこのように、恵を与えること、悲しむ心、大切にする心であり、私達を包み込んでくれる優しさである。ところで道は実体のない統一的世界であり、そこには私達の感覚では捉えることができない何物も存在しないということであるが、道にもこのような私達が捉えた慈の感覚がそのまま存在するのか。

道の根底にある「慈の本質」

道には「慈」は存在するが、それは私達が捉えた「慈」の感覚と必ずしも同じではない。ここは私の推定であるが、実体のない統一的世界の根底には、私達が認識することも表現することもできない絶対的基準としての慈が存在するものと思われる。それを私は「慈の本質」と呼ぶことにする。私達が現象界で認識している慈とは別の慈である。それは究極の慈である。私達は自らの体験、思考を通して様々な慈を認識しているが、それは「慈の本質」とは別の慈である。私達が考えた慈にも「慈の本質」と共有部分がある慈も存在するが、その多くは「天地は不仁」のところで述べたように、「慈の本質」とは異なるものである。私達が実体のない統一的世界の根底にある「慈の本質」を感じ取ることは大変困難なことである。そしてそれを私達の言葉で表現することはさらに難しいことである。ただすでに述べた通り、一部の天才は根源的存在が実在することに合わせて、その根底にある「慈の本質」を感じ取っていると思われる。それが世界中の様々な優れた宗教の原点となっているのではないか。老子は自らのことは控えめに語っているが、老子も「慈の本質」を感じ取っているそうした天才のひとりであると思われる。少なくとも私はそう思っている。

同じことは、老子の第二章で取り上げられている美についてもいえる。「天下、皆な美の美たるを知るも、斯れ悪のみ」(三七)とあるように、私達が現象界で認識している美は相対的なものであり、それとは別の次元、すなわち根源的存在の根底に「美の本質」があり、その美の本質と一致していない美は美ではないということである。私達が認識している美しい花も、美しい絵も、それは本当に美しいのかどうかわからない。醜い物と比較すれば、それはさほど美しくなくても美しく見えるが、それは美ではない。それが「美の本質」と一致している時、初めてそれは美しいといえるということである。

善も同様である。「皆な善の善たるを知るも、斯れ不善のみ」(三八)とあるように、私達の考えている善は相対的なものであり、それとは別の次元、すなわち根源的存在の根底に「善の本質」があり、その「善の本質」に一致していない善は、善ではないということである。極悪人がいれば小悪人の行いが善になってしまうが、それは善ではないのである。道が作り出した現象界で私達が認識しているものの多くは、相対的なものであり、真の姿、真のあり方ではない。真の姿、真のあり方は、実体のない統一的世界の根底にあるということである。

いかにして「慈の本質」に迫るか

一連の考察で重要なことは、実体のない統一的世界の根底には、慈の本質を始めとする絶対的基準があること、そして私の理解しているところでは、老子はその絶対的基準を感じ取っており、老子の考える慈が「慈の本質」と一致していることである。それが考察の原点である。私達が考えている慈は相対的なものであり、それとは別の次元である実体のない統一的世界の根底に「慈の本質」、すなわち老子の考える「慈」があるということであり、この慈の本質と一致していない慈は慈ではないということである。

いずれにしても、道という実体のない統一的世界の根底には、真の姿、真のあり方があること。そして老子の考えている慈が、こうした真のあり方である「慈の本質」と一致していると考えると、慈について、そして慈と深くかかわっている道の心を、私達の言葉で表現できる可能性が生まれてくる。老子の考える慈をよりどころに「慈の本質」を考え、道の心を感じ取っていけば良いということである。

老子の考える慈は、恵を与えること、悲しむ心、大切にする心であり、私達を包み込んでくれる優しさである。ただこの言葉をその部分だけを取り出して、表面的に理解しようとしても何も伝わってこない。普通の哲学者、宗教家がいっていることとあまり変わらない。大切なことは、老子の考える慈を、老子が随所で私達の理解できる言葉で、最大限わかりやすく説明してくれている道の本質、道の働き、道の心に沿ったあり方とのかかわりで考えていくことである。

日々の心構えとしては、老子の中でしばしば登場する無為自然、柔弱なあり方を実践していくことである。無為自然を実践していくこと、すなわち「虚」のところですでに述べた通り、時に一定期間、現場の課題について集中し、没頭して考えることである。そして必要に応じて現場を離れ、雑念を払い、徹底的に考え抜くことである。こうした思考活動を通して、精神活動のレベルを高めることである。そして「静」のところで述べたように、真理を追求する知的能力、道徳的能力、芸術的能力を日々磨き、人格を高め、清らかな善が発現している状態に近づく努力を続けていくことである。

また、つねに一歩下がって事にあたり、人々の活動を支援すること、嘘をつかない、疑わない、公平を旨とする、あるがままに任せて手を下さない、動く時が来たら動く、動くべきでない時は動かないなどといった柔弱なあり方を理解して実践していくことである。しなやかで生き生きとしたあり方の実践である。

そして時には、心を清らかにした上で自然の中に身を置き、自然と一体化し、青空のかなたにあるものを感じながら、改めて「物有り混成し、天地に先だちて生ず」、「天下の万物は有より生じ、有は無より生ず」、「反は道の動」といった老子の三原則に思いをはせることである。それにより道が作り出した宇宙の大きな流れを感じることができるはずである。

こうした丁寧な実践と思考を積み重ねた上で、改めて老子の慈について考えていくことである。そうすることにより老子が感じ取った「慈の本質」の一端に触れることができるようになるはずである。それにより実体のない統一的世界にある私達の言葉、感覚では捉えることが困難な道の心を感じ取ることができるようになるのではないか。

慈愛に満ちた道の心

こうした姿勢をできる限り保った上で、老子の考えをよりどころにイマジネーションを働かせていくことにする。私の感じるところでは、道の心は静かで穏やかな状態の奥にある最高の善があふれ出た慈愛に満ちた優しさであり温かさである。恵を与える、憐れみの心、大切にする心、慎ましさなどといった感覚を総合化した優しさ、温かさである。それは赤子を抱く時の母親の優しさ、温かさである。何故か私の心に浮かんでくるのは、歴史上の人物であるが光明皇后が施薬院で病人に対して抱いた優しさ、温かさである。道の本質、道の働きは難解であるが、「慈の本質」と深くかかわっている道の心は、自然にしていれば誰もが感じ取ることができるはずである。

道は私達の感覚では何もない、実体のない統一的世界であるが、決して絶対無や凍りついた世界ではない。それは私達をしっかり受け止め、優しく温かく包み込んでくれる。道は静かで穏やかな実在ではあるが、無限とも思われる数の万物をつねに優しく受け入れてくれる頼もしい実在である。柔弱を貫いた人は自然にこの温かい道の心に溶け込んでいく。罪を犯した人でも悔い改めれば清なる気になり、道は優しく温かく迎え入れ、その心を癒してくれる。現象界の幸福感・満足感も、苦痛・悩み・悲しさも消えていく。ただただ実体のない統一的世界である道と一体化した時に感じるのは優しさ、温かさであり、永遠の存在となる安らぎ、安心感である。

もちろん、こうした感覚は私が感じるところであり、これに限定されるものではない。多くの人が感じているように、そこは光に包まれた世界かもしれない。そして根源的存在の心は、崇高な光に対して私達が抱く感覚ではないか。また少し現実的に、そこは青空のもとお花畑が広がっている春の暖かさを感じる世界かもしれない。そこには現象界に近い情景が広がっている。一度現象界から離れて戻ってきた人からよく聞く話である。この場合、根源的存在の心は春の日差しの暖かさのようなものであろう。このように根源的存在の心について私達が抱く感覚は多様である。私達をいずれ迎え入れてくれる世界の心をどう感じるか、それは自由である。

老子の望むところ

私が感じるところでは、根源的存在である道の心は、このように慈愛に満ちた温かいものである。誰もが慈の心を抱いて、心を虚と静にして柔弱なあり方を実践し、無事に生成と回帰のプロセスを歩み、穏やかで温かい道と一体化していくこと。これが老子の望むところであろう。

私達は慈の心を抱いて心を虚と静にして、柔弱なあり方を実践することにより、良きエネルギーを持続的に集め、周囲に様々な恩恵を与えながら成長することができるようになる。そして心穏やかに回帰のプロセスをたどることができるようになる。これが、私達が目指す究極のあり方ではないか。

注

（一）福永光司著『老子　上』朝日文庫、昭和五三年、一二五二頁
（二）福永光司著『老子　下』朝日文庫、昭和五三年、一三九頁
（三）福永光司著、前掲書、六三―六四頁
（四）福永光司著『老子　上』朝日文庫、昭和五三年、一五三頁
（五）福永光司著、前掲書、一三〇頁
（六）福永光司著、前掲書、一三〇頁
（七）グローブ・アンドリュー・S著、佐々木かをり訳『インテル戦略転換』七賢出版、平成九年、四八頁（Grove, Andrew S., *Only the Paranoid Survive*, Doubleday, 1996）
（八）福永光司著、前掲書、一三〇頁

（九）福永光司著『老子　下』朝日文庫、昭和五三年、二一八頁
（一〇）新村　出編『広辞苑』岩波書店、平成二〇年
（一一）松村　明監修『大辞泉』小学館、平成七年
（一二）松村　明監修、前掲書
（一三）福永光司著、前掲書、一八一頁
（一四）福永光司著、前掲書、一八一頁
（一五）福永光司著、前掲書、九八頁
（一六）福永光司著、前掲書、一八九頁
（一七）福永光司著『老子　上』朝日文庫、昭和五三年、八〇頁
（一八）福永光司著、前掲書、八〇頁
（一九）福永光司著、前掲書、八〇–八一頁
（二〇）福永光司著『老子　下』朝日文庫、昭和五三年、一五三頁
（二一）福永光司著『老子　上』朝日文庫、昭和五三年、八一頁
（二二）福永光司著、前掲書、八一頁
（二三）福永光司著、前掲書、八一頁
（二四）福永光司著、前掲書、八一頁
（二五）福永光司著、前掲書、一三〇–一三一頁
（二六）福永光司著『老子　下』朝日文庫、昭和五三年、一五〇頁
（二七）福永光司著『老子　上』朝日文庫、昭和五三年、二一四–二一五頁
（二八）福永光司著、前掲書、九八頁
（二九）蜂屋邦夫訳注『老子』岩波文庫、平成二〇年、三九頁

（三〇）福永光司著、前掲書、八一―八三頁
（三一）福永光司著、前掲書、六八頁
（三二）福永光司著『老子　下』朝日文庫、昭和五三年、一五四頁
（三三）福永光司著『老子　上』朝日文庫、昭和五三年、八〇頁
（三四）福永光司著『老子　下』朝日文庫、昭和五三年、二〇四頁
（三五）福永光司著『老子　上』朝日文庫、昭和五三年、二二四―二二七頁
（三六）福永光司著『老子　下』朝日文庫、昭和五三年、一六〇―一六二頁
（三七）福永光司著『老子　上』朝日文庫、昭和五三年、四七頁
（三八）福永光司著、前掲書、四七頁

第五章　仏教の存在論

自然現象、社会現象にかかわる壮大な物語の基本である気・理・道についてひと通り説明した。それは道という実体のない統一的世界からあふれ出た気が、この世の存在をかくあらしめる力である理の働きによって自然現象、社会現象を作り上げていく物語である。ここから一気に存在論、生成論の核心へと進んでいきたいところであるが、ここで一息入れて別の物語にも目を向けてみることにする。本来のテーマである人間とは何か、何のために私達は存在するのか、私達はどのようにして成立したのか、私達はどこから来てどこへ行くのかといった存在論、生成論を考える場合、触れておかなければならないのは世界最高峰の智である仏教の教えである。仏教伝来以来、それは哲学、思想、倫理、政治、芸術の分野から、日常生活の規範にいたるまで私達に大きな影響を与えてきた。真理にかかわるテーマを仏教抜きに考えることはできない。老子は道の本質、道の働きについて詳細に説明している。しかし形体の形成や意識の成立のプロセスについては、老子は、三は万物を生ずると簡単に総括しており、具体的に述べていない。これに対して、形体の形成や意識の成立プロセス、そしてその構造や機能については、仏教では詳細に述べられている。ここは仏教の教えを参考にしたい。

しかし、仏教は私の研究対象ではない。阿含経典と般若心経を中心に、関連する文献を学んだに過ぎない。現在の私の限られた知と体験では、世界最高峰の智である仏教を完全に理解することはできない。仏教を理解するには、宇宙的スケールの頭脳が必要である。私のような凡人の及ぶところではない。ここは空を中心にした仏教の物語について、私の限られた知と体験をもとにして感じるところを自由に述べることにする。

一　空

仏教では「空」という概念を基本にして壮大なドラマが展開している。子供の頃、祖母が仏壇の前に正座して唱える般若心経を耳にしている人も多いのではないかと思うが、それは心に美しく響く、何ともいえない安らぎを感じるお経である。真理の言葉は、それが理解できなくとも、優しく私達の心を包み込んでくれる。読経のリズムは真理につながるリズムである。超難解な経典を読まなくても、心静かに経を唱えれば、そのリズムを通して真理の一端に触れることができるのである。般若心経では、空とは何かについて延々と説明している。色即是空、空即是色、五蘊皆空……などといった言葉とともに、空は古くから私達の心の中に深く刻み込まれた概念である。

それでは空とは何か。道と同様、空も説明が難しい概念である。空は実体がないということであるが、それはどんな意味なのか。それは特性を意味するのか、状態を意味するのか、それともひとつの世界を意味するのか。

空　それは実体のないという特性である

「物質的存在は互いに関係し合いつつ変化しているのであるから、現象としてはあっても、実体として、主体として、自性としては捉えるべきものがない。これを空という」(一)とあるように、空は実体がない、主体がないという特性である。物質的現象は空であるということ、すなわち実体がないということは、それはつねに変化しており、私達が認識できるようなこれが実体だというものはないということである。色不異空。空不異色(二)における空とはこの特性をいったものである。

そして「現象というものは無数の原因と条件によって刻々変化するものであって、変化しない実体というようなものは全然ない。また刻々変化しているからこそ現象としてあらわれ、それをわれわれが存在として捉えることもできるのである」(三)とあるように、物質的存在は関係性の中から生まれたつねに変化している実体のない幻の存在である。すでに述べた通り、そこにはこれが本来の実体であるというようなものはない。私達はそうあることを期待しているが、そこには持続性のある確固たる実体や主体のようなものはない。しかし、現象の本質を考えると、この関係性の中で、つねに変化しているという事象は重要である。関係性の中でつねに変化していることにより、それが現象として現れ、それを私達が現象として認識できるようになるのである。変化していなければ、私達はそこに何も認識することができない。

ここで改めて実体がないということは、そこに固定的、安定的存在があるかどうかをいっているのではなく、関係性の中でつねに変化しているという特性を意味しているのである。したがって実体がないとは絶対無のような意味での何もないといった特性をいっているわけではない。

空　何もない状態

また空は「何もない状態」(四)であるということである。私の理解するところでは、状態であるということは、そこには場もしくは、何らかの世界が広がっているはずである。それはどのような世界なのか。

「実体がないという、混沌として主客未分の世界を、唯一のもの、全一なもの、一即一切一切即一なるものとして、実感の上で摑まなければならない」(五)とあるように、それは実体のない、唯一、統一的な世界である。すなわち空はどんな世界であるかというと、それは実体のない統一的世界である。ここで実体がないとは、先ほどあげた関係性の中でつねに変化しているという意味ではなく、私達の感覚では捉えることができる何物でもないという意味である。ただしここでいう実体がない、何もないとは虚ろな空間や絶対無ではない。暗黒の世界でもない。そこには私達の感覚では捉えることはできないが、何かがある。混沌とした一面霧が立ち込めているような状態の奥に、何か統一的世界がある。それではそれはどのような世界か。そこには主体と客体の区別はない。全体と部分といった区分もない。「是諸法空相」とあるように、何も生せず、何も滅しない。(六)名色も、六根・六境もない。老も死もない。何も存在しない。ただ全体、すなわち真に存在するものとして統一的世界が存在するだけである。ただただ静かで穏やかな世界が無限に広がっているのである。空は実体のない、何もない統一的世界であるが、ここでいう実体のない、何もないとは、私達の知や感覚では捉えることもできないし、説明することもできないという意味である。空は私達の心の奥の、さらにその奥にある超越的存在なのである。この実体のない統一的世界に仏の世界が成立し、そしてそこに有徳者の世界が成立し、さらにその外側、もしくは外側の外側にいわゆる関係性の中でつねに変化しているという意味での実体のない物質的現象が生まれ、今私達が認識している物質的世界が成立しているのである。

老子では、道という実体のない統一的世界からあふれ出ている気という物質から現象界が成立している。私達はつねに変化しているが、それは気という物質から成立しているいわゆる実体である。これに対して仏教では物質的現象は、空という実体のない統一的世界に関係性の中から生まれたつねに変化している幻の存在である。それは真の存在ではなく、仮の存在であり、そこには実体はないということである。

空とは、そこに物質の世界が成立している実体のない統一的世界である。そこには私達の感覚で捉えることは極めて困難であるということではあるが、何かがある。それをつかむにはどうしたら良いのか。それは「実感の上で摑まなければならない」(七)ということであるが、それでは現実存在としての私達は、現時点でそれをどう捉えれば良いのか。「現象は実体がないことにおいて、言い換えると、あらゆるものと関係し合うことによって初めて現象として成立しているのであるから、現象を見据えることによって、一切が原因と条件によって関係し合いつつ動いているというこの縁起の世界が体得できるはずである」(八)とあるように、現象を直視することにより、この縁起の世界、そして空を体得することである。

実体はないといっても、空は絶対無ではない。それは仮想的なものかもしれないが、空は私達の目の前で壮大な物質的現象のドラマを映し出している。実体がないといっても、百数十億年後には活動が弱まり、すべて仏もしくは神という世界に集約されるとしても、現時点では空は様々な関係性の中でつねに変化している物質的現象の映像をスクリーンに映し出していることは間違いない。

この空の世界に展開する躍動感あふれる実体のないというドラマを見て、私達は日々喜び、そして悲しみに暮れながら生活している。実体はないがまさに現象としては存在しているのである。

確かに今、対象を認識している私と、目の前の現象は時間が経てば幻である。今の意識はすぐに消えてしまう。今この瞬間の意識が永続することはない。今湧き上がったイマジネーションはすぐに消えてしまう。そこでは持続性ある実体としての存在は、生まれもしないし消えもしない。このように過去の自分自身と現象は、幻のようなものであることは理解できる。しかし今、この瞬間の自分自身の意識と目の前に展開している現象は、事実として成立していることは間違いない。実体のない私が、実体のないつねに変化している物質的現象を認識しているのである。

実体がないといっても、現象としては存在するということは、そこに私達が空を認識する手掛かりを与えてくれる。今、認識している現象の奥に、そしてその奥に、さらにその奥に、空は静かに存在しているはずである。私達は現象と深くかかわっていくことにより、その一端を感じ取っていくことができるはずである。そのためには第二章「理とは何か」や第四章「道の精神」の「静」のところで述べた通り、真の学問の力、道徳の力、芸術の力を高め感性を磨くことである。そして自然の中に身を置くこと。繰り返し述べているところであるが、優れた芸術を鑑賞すること、そして様々な人々と相互作用し、その反応を確かめていくことである。

私達は静かな自然の中で瞑想することによって、それを感じ取っていくことができるかもしれない。また、荒れ狂う自然の中で自らの限界を感じつつ、関係性を支配している法則の一端を感じ取ることができるかもしれない。山を愛する人は何故、生死の危険を省みずに登り続けるのか。歳を重ねてもそれは続いていく。それは山を登る途中で、また頂上を極めた時、一瞬ではあるが空の心を感じるからではないか。厳しい行による限界への挑戦は、古くから私達が実践している真理と向き合うための作法である。また、穏やかな人間とのかかわりのその温かさの中で、空につながる何かを感じ取ることができるかもしれない。欲望、悩み、執念が渦巻いているような現場から距離を置き、誠実で丁寧な人間関係を繰り返すことにより、その背後にある因果の連鎖の一部を理解することができるかもしれない。また、音楽、絵画、彫刻、演劇等といった芸術作品の鑑賞を通して、空の感覚を共有することができるかもしれない。神社仏閣へお参りすることにより、現実存在としての自己から抜け出し、別の次元を感じ取ることができるかもしれない。

私自身は、真の学問の力を高め、道徳の力を磨き、芸術の力を高めた上で自然の営みを通して、神々への祈りを通して、また人々に誠実に丁寧に働きかけ、その反応を確かめることによって、目の前の現象を作り出している根源的存在、もしくは世界を理解しようと努めている。空は現在の私達の知識や体験では理解が難しい特性であり、世界ではあるが、こうした努力を粘り強く積み重ねることにより、その本質の一部を感じ取ることができるはずである。天才的な聖人や哲学者であれば、空とは何かを深い思索を通してつかむことができると思うが、私達は、私達が認識できる空が生み出している目の前に展開している物質的現象と深くかかわっていくことにより、感じ取っていかざるをえないのである。いずれにしても、空は私達の知識や体験では簡単に理解することができない奥深い世界である。現段階では私は、実体のないといわれる空は、見ることも触れることもできないが、物語を作り出すことができる無限の力がある統一的世界であると理解する。

二　関係性

仏教における存在論の根本原理は、空という世界において展開している関係性である。「実体がないということは、相関的（縁起・相似性）ということである」(九)とあるように、実体のない私達の世界では、この関係性が特別な意味を持つのである。物質的現象は、実体のない空という世界であらゆるものと関係し、つねに変化していることにより成立している実体のない存在なのである。ここで関係性とは原因・結果という関係だけではない。複数の要素の多重的相互作用を含む、多様で複雑な関係である。

物質は、様々な要素が時に原因・結果の関係になり、時に激しく相互作用することにより生まれる、つねに変化している動態的存在である。関係性が起動しなければそこには静かな統一的世界があるだけである。関係性が起動することにより生成のプロセスが始まり、そこに私達が形あるものを認識することができるようになる。いわゆる形体が成立し、精神の作用も働き始める。それでは何が原因となり何が相互作用するのか。これも私達のイメージを超えている。私達は、物質やひとりひとりの人間や制度などが因果関係を形成するとともに、相互作用することをイメージしているが、それにとどまるものではない。

物質的現象がそれぞれ相互作用しているだけではなく、欲望、悩み、苦痛を始めとする様々な意識、そして意識の根底にあるものも因果関係を形成し相互作用している。因果関係を形成し相互作用している要素は多様で無限である。また、因果関係を形成し相互作用しているのは必ずしも私達が今認識している現在の世界に存在している要素だけではない。過去の事象なども幅広く影響を与えている。過去の行為の結果だけではなく、過去の様々な事象とのかかわりも影響を与えているのである。現在の世界の空間的広がり、そして過去から現在までの時間軸で因果関係と相互作用を考えていかなければならないということである。

私達は何と地球、太陽系、銀河系を超えた宇宙全体の存在、そして過去、現在の事象などといった無限とも思われた要素との因果関係および相互作用を通して成立しているのである。

このように多様な関係性、そしてそこから生まれる複雑な因果関係と相互作用の中で、現実存在としての私達は成立している。それは幻のような存在であるが、様々な形成力によって支えられて一定期間、その形体と精神作用を存続させていることは間違いない。

三　関係の連鎖　無知から生まれる形成力

こうした様々な関係性の中で、最も重要なもののひとつが、初期の仏教で明らかにされた因果の連鎖である。無明・行・識・名色・六処・触・受・愛・取・有・生・老死(一〇)の一二因縁である。それぞれが原因となり結果となり、現実存在としての人間にかかわる現象を作り出しているという考えである。人間は何故存在するかにかかわる存在論の中核となる部分である。多様な関係性の中で私達が存在しているといっても、非常に抽象的でつかみどころがない。一二因縁では、その関係性の中核となる部分を具体的に明らかにしている。一二因縁を完全に理解し、個々の現象にあてはめ、連続的に説明することは極めて困難な作業である。凡人の能力の及ぶところではないが、そのロジックを感じ取りながら、可能な限り現実の現象を考察することは有意義なことである。

無明によりて行がある

この物語の始まりは「無明によりて行がある」(一一)とあるように、無明(真の知恵を知らない)である。中村元が「とくに無明、これが最初にあります。われわれの根本に無明、無知がある。だから行、われわれをかき立てる潜在的形成力ができる」(一二)と述べているように、現実存在としての私達の始まりは無明、無知(無智)である。ここでいう無智は、いわゆる物理、化学の知識がない、数学の知識がないなどといったことではない。すなわち真の知恵である苦についての無智、苦の生起についての無智、苦の滅尽に

ついての無智、および苦の滅尽にいたる道についての無智である。(一三)

そして無明によりて行がある。すなわち無明ゆえに身の動き、口の動き、心の動きが起こり、(一四)人間としての基本的機能が生まれる。ここに身の動き、心の動きと並んで口の動きがあげられているが、これは口の動きは必ずしも身の動き、心の動きに従属するものではなく、独自の働きをしていくものであるということである。思ってもいないことを口にすることはよくあることである。この基本的機能が成立することが苦の集積としての人間の始まりである。

仏教の存在論としては、何も存在しない穏やかな空間が広がっていたが、そこに何かのきっかけで欲、悩みのようなものが発生し、過去の欲、悩みなどが起動力となり、愁、悲、苦、憂、悩(一五)などといった苦の集積によってなれる因果の連鎖が動き始めるのではないか。そしてそれが一気に増殖し、「人間としての世界」(一六)すなわち人間を始めとする物質的世界が成立するということである。無明が幻の存在としての個々の様々な構造と働きにつながるということは、いまだに悟りの境地からはほど遠い私の理解を超えるところではあるが、仏教では無明によって行があるという関係性は、存在にかかわる物語の始まりである。そこから識以降の関係性が展開していくのである。この関係性を通して、私達は何か、私達はどのようにして成立したかが明らかになってくるのである。ここで大切なことは、仏教では無明、無智が現実存在としての私達を成立させている有力な形成力であるということである。

「無明によって行がある。このことは如来が世に出ようとも、また出てこないとも定まっているのである。法として定まり、法として確立しているのである」(一七)とあるように、無明によりて行があるは、空という世界を支配している法という根本原理である。法とは「われわれを現にかくあらしめている、現実に成り立たせている決まりとか規範のことである」（一八）とあるように、この世の存在すべてを支配している普遍的法則である。簡単に総括することはできないが、それは道という実体のない統一的世界にある物事をかくあらしめる根源的存在の力である理に近い概念であると思われる。

行によりて識がある

そして「行によりて識がある」（一九）へと続いていく。すなわち「わたしどもが何事かを思い、あるいは企て、あるいは案ずる。それが識によって存する条件である。その条件があるがゆえに、識が存するのであり」（二〇）とあるように、私達が何かを思い、企て、案ずることにより、眼識、耳識、鼻識、舌識、身識、意識という識別する作用が生まれる。（二一）身の動き、口の動き、心の動きといった基本的機能に続く、識別する作用である。現在私達が感じている感覚・意識が成立していない状態での何事かを思い、企て、案ずるとはどういうことであろうか。全体のコンテクストからすれば、それは現在の感覚ではなく、前世における思い、企て、案ずることであろう。いずれにしてもここに、目の認識（眼識）という機能、耳の認識（耳識）という機能、鼻の認識（鼻識）という機能、舌の認識（舌識）という機能、身の認識（身識）という機能、意の認識（意識）という機能という派生的機能が生まれるのである。（二二）

この派生的機能は、基本的機能のいずれかに対して一対一で対応しているわけではない。六つの派生的機能は、三つの基本的機能それぞれと密接にかかわっている。身の動き、口の動き、心の動きは、眼識、耳識、鼻識、舌識、身識、意識に支えられているのである。何と口の動きは意識からだけではなく眼識、耳識、鼻識、舌識、身識などといった多様な機能に支えられているのである。

それまではひとつの統一的世界が広がっていただけであったが、この統一的世界の中に無智、思い、企てなどを形成力とした独自領域が確保され、様々な機能が生まれるのである。

ただし、この段階では人間としての機能は成立するが、まだ形あるものは存在しない。空間上、目には見えないし、境界線も明らかではないが機能が成立しているのである。そこにはまだ器官としての眼も、私達が感じている眼の認識もない。まずは人間として成立する領域が大雑把に確保されるとともに、そこにおける人間としての概念枠組である基本的機能と派生的機能が出来上がったということである。

識によりて名色がある

続く、「識によりて名色がある」（二三）は、存在にかかわるものであり一二因縁のうち最も重要な部分である。「わたしどもが何事かを思い、あるいは企て、あるいは案ずる。それが識によって存する条件である。その条件があるがゆえに識が存するのであり、その識が存続し、増長するとき、名色（五蘊）が現れるのである」（二四）とあるように、私達がつねに何かを思い、企て、案じている限り、いわゆる苦が存在する限り、六つの識は存在する。そしてうまくいかずに思い、企て、案ずることが続き、それがより一層強くなることにより、名色が生まれるということである。

「識によりて名色がある」。ここに身の動き、口の動き、心の動きといった基本的機能、そして眼識、耳識、鼻識、舌識、身識、意識といった派生的機能からなる概念枠組に沿って名色が生まれる。すなわち「受（感覚）と想（表象）と思（思惟）と触（接触）と作意（意見）とこれを名という」（二五）そして「また四大種（地・水・火・風）およびそれによって成れるもの、これを色という」（二六）とあるように、名色、人間を作り上げている五つの要素、五蘊（ごうん）（二七）が成立するのである。この名を構成する受と想と思と触と作意という精神的要素は、その後、受・想・行・識という四つの言葉で整理されている。無智、苦を形成力として成立している現実存在としての人間は、この色と受・想・行・識という五つの要素、すなわち五蘊から構成されるということである。つねに変化し、実体のない存在である私達ではあるが、その動態的状態の中に一時的ではあるが、色と受・想・行・識という領域が成立するのである。

色は物質的要素、すなわち肉体である。(二八)肉体が人間を構成する要素のひとつであるという考えはわかりやすい。そして色は地・水・火・風およびそれによって成れるものである。老子では、人間を構成する要素の基本単位は陰陽五行の気である。仏教では地・水・火・風である。それぞれ切り口は異なるが、万物は基本単位から構成されているということである。

名すなわち、受・想・行・識は精神的要素である。(二九)それらは感覚から意識の成立にいたるまでの過程を段階的に追ったものである。(三〇)「受とは感覚である」、「感覚は受動的なものである」(三一)とあるように、受とは受動的に何かを感じて受け入れるということである。物質であればそれで終わりであるが、人間であればそこにとどまることはない。そこから次の段階へ進んでいく。

受に続くプロセスが想である。想とは与えられた感覚によって表象を構成する過程である。(三二)それは外界から受け入れた形や音声や臭いや味や皮膚感覚など、これまでの経験によって得られた記憶や知識の事をいい、(三三)心の内部に像を構成するものである。(三四)入ってきた対象について何らかのイメージを形成することである。

行とは「意志もしくは意思である。人間の精神はここから能動に転ずる」(三五)とあるように、それは外界から受け入れた物事（受）を記憶や知識（想）に照らし合わせる働きである。(三六)想では、記憶や知識にもとづき自動的に像を構成するという受動的姿勢であったが、行では、そこから一歩進んで改めてそれを過去の知識や経験と照らし合わせていくという能動的姿勢である。

そして識とは対象認識を基礎として判断を通して得られる主観の心所である。(三七)それは入ってきた情報をこれまでの記憶と照らし合わせることによって、それが何であるかを認識することである。(三八)それは赤い花である、それは鳥であるということをみずから判断して認識していくことである。受・想・行・識については、第七章の「三　意識成立のプロセス」のところでより詳しく説明することにする。

受・想・行・識というプロセスを経て、これは正しい、これは誤っている。これは美しいなどとあれやこれやと考えを巡らせることができるようになるのである。幻の存在とはいえ、人間はこうした精神的作用を通して、対象とかかわりあっているのである。識から名色にいたる過程には、より深い考察が必要であるが、ここに物質的現象と精神作用という現象界における幻の存在としての人間の姿の基本的枠組が明らかになるのである。それはつねに変化している実体のない仮の存在ではあるが、今私達が認識している自己の枠組である。

ただしこの段階に進んでも、いまだ私達が認識している形あるものは、十分姿を表してはいない。また、そこでは対象との接触もなく、今私達が感じている感覚もない。それが存在する場、もしくは領域が成立すると考えるのが妥当である。正確には地・水・火・風という四大種からなる色という形体のアトラクターと受・想・行・識からなる名という精神のアトラクターが成立する領域が確保されたということである。老子の言葉で表現すれば、気が激しく動く中で形体のアトラクターと精神のアトラクターが成立する領域が確保されたということである。

いずれにしても、識から続く名色、これが存在論の要の部分である。これに続く過程を通して、五蘊が人間の構造機能として具体化し、私達の形体と意識、そしてその作用と結果を誰もが自覚し認識できるようになっていくのである。

名色によりて六処がある

「識によりて名色がある」に続くのが「名色によりて六処がある」(三九)である。形体のアトラクターと精神のアトラクターが成立する領域が確保されることにより、人間とは何か、それはどのような存在なのかという話が一気に進んでいく。

六処、それは「人間の持つ六つの感官、つまり眼・耳・鼻・舌・身・意とその対象をなす六つの対境、すなわち色・声・香・味・触(感触)・法(観念)」である。(四〇)ここで対境という言葉が用いられているが、それは対象そのものではなく、対境から生まれる形であり、声であり、香りであり、味であり、何らかの感触であり観念である。(四一)そして感官と対境がそれぞれ相関係することにより生まれる(四二)眼の認識、耳の認識、鼻の認識、舌の認識、身の認識、意の認識である。(四三)ここに眼の世界、耳の世界、鼻の世界、舌の世界、身も世界、意の世界という六つの異なる世界が成立するのである。(四四)現実存在の私達の構造論の基本、すなわち基本設計図は、この六つの世界に成立している六つの認識である。今私達が感じている感覚を作り出すもとになる部分である。ここからは、私達でも十分理解できる人間の様々な認識にかかわる話である。

現在、私達が見ている眼の認識(感覚)を生み出すものとして眼という器官が成立する。色という形体のアトラクターの中に、眼という器官のミニアトラクターが成立するのである。そして眼という器官と対象としての色が相関係することにより、眼の認識が生まれる。（四五）この段階でもまだ私達が今、眼で形を見ている感覚は生まれない。それではここでいう眼の認識とは何か。それは眼識という機能的命題を実現する眼の認識が成立する領域が眼という器官のミニアトラクターの働きによって確保されたということである。いわゆる眼の世界（四六）の成立である。眼の認識が成立する領域、眼の世界とはどのようなものであろうか。私達はそれを認識できないが存在する世界である。

現在、私達が聞いている耳の認識（感覚）を生み出すものとして耳という器官が成立する。色という形体のアトラクターの中に耳という器官のミニアトラクターが成立するのである。そして耳という器官と対象としての声が相関係することにより、耳の認識が生まれる。（四七）この段階でもまだ私達が音を聞いている感覚は生まれない。それではここでいう耳の認識とは何か。それは耳識という機能的命題を実現する耳の認識が成立する領域が耳という器官のミニアトラクターの働きによって確保されたということである。いわゆる耳の世界（四八）の成立である。

現在、私達が嗅いでいる鼻の認識（感覚）を生み出すものとして鼻という器官が成立する。色という形体のアトラクターの中に鼻という器官のミニアトラクターが成立するのである。そして鼻という器官と対象としての香が相関係することにより鼻の認識が生まれる。（四九）この段階でもまだ私達が臭いを嗅いでいる感覚は生まれない。それではここでいう鼻の認識とは何か。それは鼻識という機能的命題を実現する鼻の認識が成立する領域が鼻という器官のミニアトラクターの働きによって確保されたということである。いわゆる鼻の世界（五〇）の成立である。

現在、私達が味わっている舌の認識（感覚）を生み出すものとして舌という器官が成立する。色という形体のアトラクターの中に舌という器官のミニアトラクターが成立するのである。そして舌という器官と対象としての味が相関係することにより舌の認識が生まれる。(五一)この段階でもまだ私達が味わっている感覚は生まれない。それではここでいう舌の認識とは何か。それは舌識という機能的命題を実現する舌の認識が成立する領域が舌という器官のミニアトラクターの働きによって確保されたということである。いわゆる舌の世界(五二)の成立である。

現在、私達が感じている身の認識(感覚)を生み出すものとして身(皮膚)という器官が成立する。色という形体のアトラクターの中に身というミニアトラクターが成立する。この身という器官と対象としての触(感触)が相関係することにより、身の認識が生まれる。(五三)この段階でも、現在私達が何かに触れているという感覚は生まれない。それではここでいう身の認識とは何か。それは身識という機能的命題を実現する身の認識が成立する領域が、身という器官のミニアトラクターの働きによって確保されたということである。いわゆる身の世界(五四)の成立である。

そして眼、耳、鼻、舌、身に続く六番目の感官として現在私達が日々何かを感じ、思い、企て、案じるなどといった意識(意の感覚)を生み出すものとして、受・想・行・識という一連のプロセスからなる意という精神領域が成立する。名という精神のアトラクター内に受・想・行・識という役割を担った、いわゆる精神のミニアトラクターの成立である。そしてこの受・想・行・識からなる意という精神領域が対象となる法(観念)と相関係することにより、意の認識が生まれる。(五五)ここで法とは「意の対象としての概念を意味している」(五六)とあるように、思考の対象となるものすべてである。ただこの段階でも、現在私達が何かを感じ、思い、企てる、案ずるという意識は生まれない。それではここでいう意の認識とは何か。

それは意識という機能的命題を実現する意の認識が成立する領域が確保されたということである。それぞれ受という認識が成立する領域、想という認識が成立する領域、行という認識が成立する領域、識という認識が成立する領域が、受・想・行・識という精神のミニアトラクターの働きにより、精神のアトラクター内に確保されたということである。いわゆる意の世界(五七)の成立である。ここに何かを感じ、ここに何かを思い、企て、案ずることが可能となる領域が成立するのである。

六処では、六つの感官と六つの対境がそれぞれ相関係することにより、眼の認識、耳の認識、鼻の認識、舌の認識、身の認識、意の認識が成立する領域が確保される。いわゆる六つの世界が成立する。ここに世界とあるように、それぞれは関連しているが自律的な独自の領域を確保しているのである。ここに「人間としての世界」(五八)に六つの世界が確保され、様々な対象を認識している現実存在として人間が成立するための前提条件は揃ったのである。

形体のアトラクターとしての構造論の基本は、ミニアトラクターとしての眼、耳、鼻、舌、身である。この肉体の構造の基本設計のもとに、眼、耳、鼻、舌、身に続く手、足、指、脳、心臓、胃、腸などといった様々な器官が成立する領域が確保されていく。またそこにつながる免疫系、神経系、内分泌系などといったオートポイエーシス・システムが成立する領域が確保される。

精神のアトラクターとしての構造論の基本は、「名」と呼ばれる意という精神領域、すなわち受・想・行・識という一連のプロセスが対境(観念)とのかかわりでそれぞれ作り出す意の認識が成立する領域であり意の世界である。意の認識が成立する領域、それはそれぞれ受という認識が成立する領域、想という認識が成立する領域、行という認識が成立する領域、識という認識が成立する領域である。

また、眼、耳、鼻、舌、身が対境とのかかわりで作り出す眼の認識が成立する領域、耳の認識が成立する領域、鼻の認識が成立する領域、舌の認識が成立する領域、身の認識が成立する領域である。この精神の構造の基本設計のもとに脳や神経系などといった私達の意識を支える様々なつながりが生まれる領域が確保されるのである。こうした構造の基本設計のもとに詳細設計が進んでいくことになるが、この段階ではあくまでも設計図にもとづく領域の確保である。

六処によりて触がある

「名色によりて六処がある」に続くのが「六処によりて触がある」である。

このプロセスを通して幻の存在である私達が現在認識している感覚、意識が生まれてくるのである。六処により六つの認識が成立する領域、すなわち六つの世界が生まれる。そして「種々の異なる世界があることによって、種々の接触が生ずるのである」(五九)とあるように、それぞれの世界でそれぞれの接触が生まれる。

「眼と色とによって眼識が生じ、その三つが相合して触がある」(六〇)とあるように、器官としての眼と対象としての色が、相関係することにより眼の認識が成立する領域が確保される。いわゆる眼の世界(六一)の成立である。この眼の認識が成立する領域で、改めて器官としての眼と対象としての色が相関係することにより眼の接触が生まれる。(六二)

「耳と声とによって耳識が生じ、その三つが相合して触がある」(六三)とあるように、器官としての耳と対象としての声が相関係することにより、耳の認識が成立する領域が確保される。いわゆる耳の世界(六四)の成立である。この耳の認識が成立する領域で、器官としての耳と対象としての声が相関係することにより、

耳の接触が生まれる。(六五)

「鼻と香とによって鼻識が生じ、その三つが相合して触がある」(六六)とあるように、器官としての鼻と対象としての香が相関係することにより、鼻の認識が成立する領域が確保される。いわゆる鼻の世界の成立である。(六七)この鼻の認識が成立する領域で、器官としての鼻と対象としての香が相関係することにより、鼻の接触が生まれる。(六八)

「舌と味とによって舌識が生じ、その三つが相合して触がある」(六九)とあるように、器官としての舌と対象としての味が相関係することにより、舌の認識が成立する領域が確保される。いわゆる舌の世界の成立である。(七〇)この舌の認識が成立する領域で、器官としての舌と対象としての味が相関係することにより、舌の接触が生まれる。(七一)

「身と触とによって身識が生じ、その三つが相合して触がある」(七二)とあるように、器官としての身と対象としての触(感触)が相関係することにより、身の認識が成立する領域が確保される。いわゆる身の世界の成立である。(七三)この身の認識が成立する領域で、器官としての身と対象としての触(感触)が相関係することにより、身の接触が生まれる。(七四)

「意と法とによって意識が生じ、その三つのものが相合して触がある」(七五)とあるように、受・想・行・識からなる意という精神領域と対象となる法(観念)が相関係することにより、意の認識が成立する領域が確保される。いわゆる意の世界の成立である。(七六)この意の認識が成立する領域で、意という精神領域と対象としての法(観念)が相関係することにより、意の接触が生まれる。(七七)

形体のアトラクターと精神のアトラクターという領域内に、さらに様々な領域、すなわち様々な世界が成立しているが、それぞれの領域が様々な接触（七八）を生み出しているのである。「生きとして生ける者を養い、その生を維持せしめる四つの食物がある。それは一つには固体もしくは流体の食物である。二つには接触という食物である。三つには意思という食物である。四つには意識という食物である」（七九）とあるように、この接触が現在、私達が認識している幻の存在としての人間を成立させ、維持していく原動力のひとつである。接触の機会が減少すれば、形体のアトラクターと精神のアトラクターを維持していくことは困難になる。接触がなくなれば物語はそれ以上前へ進んでいかない。

触によりて受がある

「触によりて受がある」である。いよいよ私達の誰もが感じている感覚の成立である。ここに初めて、今私達が感じている人間としての世界の物語が始まるのである。今までは領域の確保、場の確保の話であったが、これからは私達の認識が、そして感覚がどのようにして成立したかの話である。「比丘たちよ、種々の異なる世界（界）があるがゆえに種々の接触が生ずるのであり、種々の接触があるによって種々の感覚（受）が生ずるのである」（八〇）とあるように、接触があることにより様々な感覚が生まれる。

「眼と色とによって眼識（眼の認識が成立する領域）が生じ、その三つが相合して触がある。触によって受（感覚）がある」（八一）とあるように、眼の接触により、今、私達が目にしている景色を見ることができるようになる。それが受、眼の感覚、すなわち視覚（八二）である。眼の感覚である視覚があることにより、受・想・行・識というその後のプロセスを経て、私達は美しい景色を堪能することができるようになるのである。

「耳と声によって耳識（耳の認識が成立する領域）が生じ、その三つが相合して触がある。触によって受（感覚）がある」(八三)とあるように、耳の接触により、今私達が耳にしている音を感じることができるようになる。それが受、耳の感覚、すなわち聴覚である。(八四)耳の感覚である聴覚があることにより、受・想・行・識というその後のプロセスを経て、私達は美しい音楽を楽しむことができるようになるのである。また、雑音、騒音を耳にすることにもなるのである。

「鼻と香とによって鼻識（鼻の認識が成立する領域）が生じ、その三つが相合して触がある。触によって受（感覚）がある」(八五)とあるように、鼻の接触により今、私達が嗅いでいる香りを感じることができるようになる。それが受、鼻の感覚、すなわち嗅覚である。(八六)鼻の感覚である嗅覚があることにより、受・想・行・識というその後のプロセスを経て、私達はさわやかな花の香りを感じることができるようになるのである。また、異臭を感じることにもなるのである。

「舌と味とによって舌識（舌の認識が成立する領域）が生じ、その三つが相合して触がある。触によって受（感覚）がある」(八七)とあるように、舌の接触により今、私達が味わっているうまみを感じることができるようになる。それが受、舌の感覚、すなわち味覚である。(八八)舌の感覚である味覚があることにより、受・想・行・識というその後のプロセスを経て、私達は美しい料理を味わうことができるようになるのである。

「身と触（感触）によって身識（身の認識が成立する領域）が生じ、その三つが相合して触がある。触によって受（感覚）がある」(八九)とあるように、身の接触により今、私達が何かに触れていると感じることができるようになる。それが受、身の感覚、すなわち触覚である。(九〇)身の感覚である触覚があることにより、受・想・行・識というその後のプロセスを経て、私達は柔らかさ、硬さ、温かさ、冷たさなどを感じ取ることができるのである。また、身体的苦痛を感じるようにもなるのである。

「意（精神領域）と法（観念）とによって意識（意の認識が成立する領域）が生じ、その三つが相合して触がある。触によって受（感覚）がある」（九二）とあるように、意（精神領域）の接触により、何かに思いをはせ、あれやこれやと考えるようになり、自己を認識することができるようになる。それは仮の自己かもしれないが、自己意識が成立するのである。それが受、意の感覚、すなわち意識である。（九二）ここでいう意識は、いわゆる意の感覚としての意識である。

何かを認識しあれやこれやと考え、何らかの判断をし選択をするといった現実的な私達の意識は、視覚、聴覚、嗅覚、味覚、触覚といった五つの感覚と法（観念）が受・想・行・識というプロセスを通して生まれる総合的な意の感覚である。この段階でようやく六つの認識が成立する領域、すなわち六つの世界に私達が感じている感覚が成立するのである。ここまでが現実存在としての人間の生成論の第一段階である。

受によりて愛がある

現実存在としての人間の生成論の第二段階は「受によりて愛がある」である。受は六つの世界で生まれる視覚、聴覚、嗅覚、味覚、触覚、意識といった六つの感覚である。私達が現在感じている感覚である。この感覚のうち楽受、（九三）楽しい感覚が生まれることにより愛（渇愛）が生まれる。愛（渇愛）とは「心に喜びを感じ、身を燃やして、あれやこれやに、わっとばかりに殺到すること」（九四）である。六つの世界ごとにそれぞれ物に対する渇愛、声に対する渇愛、香に対する渇愛、味に対する渇愛、触（感触）に対する渇愛、法に対する渇愛が生まれる。

六つの感覚を備えた私達が美しい存在を見た時、美しい響きの音を聞いた時、良い香りを嗅いだ時に、美しい食事を味わった時、心地良い物に触れた時、心に響く考えを理解した時に何らかの楽しさ、喜びを感じる。私達の心がほどほどのところで満足すれば、すなわち増幅しなければ愛（渇愛）は生まれない。

しかし現実存在としての人間は、ひとたび楽しさ、喜びを感じるとますますそれを求めるようになる。美しいものを毎日見たい、美しい音楽を毎日聞きたい、良い香りに毎日包まれたい、美味しいものを毎日味わいたい、心地の良いものに毎日触れたい、知的好奇心を毎日満たしたいと思うようになる。そしてそれが満たされるともっと美しいものを、もっと美しい音楽を、もっと良い香りを、もっと美味しいものを、もっと良い感触を、もっと知的満足を高めるものを求めるようになる。それが渇愛である。「それが（渇愛が）さらに迷いの生（後有）をもたらすのである。すなわち性欲のたかまり（欲愛）、生存欲のたかまり（有愛）、自己優越の欲望のたかまり（無有愛）である」（九五）とあるように、こうした様々な渇愛の中で、私達を迷いの人生に導く代表的なものが、性欲、生存欲、自己優越欲である。「人は色に歓喜し、歓びの声をあげて、縛りつけられるのである」、「受・想・行・識に歓喜し、歓びの声をあげて、縛りつけられるのである」（九六）とあるように、私達の欲求・欲望は無限に増幅し、私達を拘束していくのである。愛（渇愛）は驚異的な力となって、私達の肉体や精神を突き動かしているのである。際限なく拡大していく物質文明にますます縛りつけられていく私達を見れば容易に理解することができる感覚である。

今までは無明、そして前世における何事かを思い、企て、案ずることを形成力として物語は進んできたが、現実存在としての人間の形が整っていく過程における強力な形成力は六つの感覚から生まれる渇愛である。

愛によりて取がある

現実存在としての人間の生成論の第三段階は、「愛（渇愛）によりて取（取著）がある」(九七)である。「色に歓喜し、歓びの声をあげて、縛りつけられるので、彼には喜心が生ずる。色における喜びは、それは取（取著）である」、「受に歓喜し……、想に歓喜し……、行に歓喜し……、識に歓喜し、歓びの声をあげて、縛りつけられるので彼には喜心が生じる、識における喜心は、それは取である」(九八)とあるように、渇愛することによって生まれる喜び、満足感がそれを離したくない永遠のものとしようとする気持ち、強い執着心を生み出す。それが取著（しゅじゃく）である。非常に強く喜びや楽しさが続くことを望んでいる愛（渇愛）によって、取（取著）があるということは、それはくっついて離れない非常に強い粘着力である。その粘着力は、幻の存在としての人間の肉体を相当期間持続させるほど強いものである。

それでは何に対してくっついて離れないのか。「欲に対する取著、見（所見）に対する取著、戒（戒禁）に対する取著、我に対する取著がある」(九九)とあるように、それには四つの取著がある。欲に対する取著とは感覚的快楽への執着である。(一〇〇)それは性欲、生存欲、自己優越欲などといった欲求・欲望を、ますます燃え上がらせ、(一〇一)離したくないという執着心である。様々な欲求・欲望を実現していくことにより、満足感、喜びを高めようとしていることである。

見に対する取著とは、独断的な見解への執着である。(一〇二)自分が正しいと思っている社会科学、自然科学の知を究めたいと強く思うことである。しかしその多くは、真の智ではない。自分の意識を満足させるために人間が作り出した浅はかな知へのこだわり、執着である。見に対する取著とは、真理とはかけ離れた自分が正しいと思い込んでいる知を徹底的に追求していくことにより、満足感、喜びを高めようとしていることである。

戒に対する取著とは、儀礼への執着である。(一〇三)真理につながらない、形式的規則や手順・手続を厳格化し、実践していくことへのこだわり、執着である。厳格に定められた形式的規則や手順・手続を確実に実践していくことに満足感、喜びを高めようとしていることである。浅はかな知へのこだわり、形式的規則や手順・手続へのこだわりは、ただただ苦の集積によって起こる正しからぬ道(一〇四)への歩みを強化するだけである。

我に対する取著とは、我についての執着である。(一〇五)色と名からなる幻の存在としての自己があること、そしてそれが持続していくことへのこだわり、執着である。自己が存在していること、自己が持続しているという感覚をより確実にすることにより満足感、喜びを高めていくことである。

私達は主としてこうした四つの分野の取著に強力に縛りつけられ離れられないのである。そして、ますますそこにおける喜び、満足感を高めようとしているのである。それが苦の集積としての私達の存在の本質であり原動力なのである。

取によりて有がある

現実存在としての人間の生成論の第四段階は「取(取著)によりて有(存在)がある」(一〇六)である。有とは存在すること、あることである。取によりて有があるとは、強い執着心を形成力に私達は存在するということである。ここに執着心を形成力として限られた期間ではあるが、持続可能性ある存在が成立する領域がはっきりと確保されるのである。

ところで有(存在)には「欲界の有、色界の有、無色界の有」(一〇七)といった三つの種類の有がある。欲界の有とは、欲望によって支配されている存在としての人間である。(一〇八)色界の有とは、肉体を有する存在としての人間である。(一〇九)そして無色界の有とは抽象的存在としての人間である。(一一〇)一口に存在するといっても、私達はこの三つの世界に存在しているのである。

それでは欲界(欲望の世界)における存在とはどういったことであろうか。私達の生成のプロセスを強く突き動かしているのは、楽しさ、喜びなどといった欲求の充足や性欲・生存欲・自己優越欲などといった欲望の充足を強く求める力であり、それに対する強い執着心である。現実存在の私達は、そうした欲求・欲望そしてそれに対する強い執着心を有力な形成力に存在領域が確保されている。

現実存在の私達には、何らかの欲求・欲望が湧き上がり、日々、その充足を求めて行動している。欲求・欲望を形成力にして成立した私達は、そういった意味で欲界における存在であるといえる。したがって、私達の欲望、それに対する執着心がなくなれば、欲界における私達の存在はないということである。

色界(物質の世界)における存在とはどういうことであろうか。無明から始まる関係性の一連のプロセスで「識によりて名色がある」、「四大種(地・水・火・風)およびそれによって成れるもの、これを色という」(一一一)とあるように、色とは、地・水・火・風といった物質を作り出す基本単位である。また色とは、こうした基本単位から作り出された物質である。実体のない統一的世界の中は、私達の感覚では何もない世界であったが、ここに四大種からなる物質が誕生するのである。物質の世界、色の世界の成立である。私達が目にしている対象は、物質的要素から作り上げられており、色であり、それは色の世界における存在である。私達の肉体も物質的要素から作り上げられており、色であり、それも色の世界における存在なのである。

無色界（抽象の世界）における存在とはどのようなことであろうか。それは私達が現在、自己を認識している欲界、色界とは全く異なる次元の世界である。

私達の感覚ではその存在を認識することはできないが、存在している世界である。それは空なのか、空の上に成立している仏が存在する世界なのか。私の理解するところでは、それは空の上に成立している世界であり、物質も、意識も、感覚もない世界である。悟りの境地に達した人だけが存在することができる世界である。そこは幻の存在としての人間の自己ではなく、真の自己が存在する世界である。私達も、欲求・欲望から完全に離れ、真の智を理解すれば存在することができるはずである。幻の存在としての自己から見れば、私達は二つの世界における存在であり、真の自己から見れば三つの世界における存在であるということである。

現実存在としての人間を考えると、私達は、欲界（欲望の世界）と色界（物質の世界）における存在である。こうした二つの世界に欲、見、戒、我に対する強い執着心という形成力により、幻の存在であるが一定期間にわたって、苦の集積として起こる持続性ある存在として確固たる領域が確保されるのである。それが存在するということである。そうした意味で私達は欲界・色界という現象界に成立している眼の世界、耳の世界、鼻の世界、舌の世界、身の世界、意の世界といった六つの世界を統合する世界における存在なのである。

ここに私達の目には見えないが、欲界・色界における存在の基盤として形体のアトラクターと精神のアトラクターを中心とした様々なアトラクターを包み込む領域が成立するのである。私達の世界では、こうした領域があることが存在であり、こうした領域が過去、現在、未来へと続いていくことが存在していることである。空には私の感じている空間も時間もないが、現実存在の私達は、こうしたすべてのアトラクターを包括する領域である一定の空間と、それが持続していく時間とのかかわりで存在しているのである。いまだ、私達の目には見えないが、この「有」の段階で私達は存在しているといえる。

有によりて生がある

一連の関係性のハイライトは「有によりて生がある」(一一二)である。「生とは生きとし生けるものが生まれて、身体の各部あらわれ、手足そのところをえたり。これを生というのである」(一一三)とあるように、私達は肉体と意識をバランス良く整え、この世に生まれ出てくるのである。すでに形なきものとして存在していたが、いよいよ肉体と意識を持った現実存在としての人間の誕生である。私達は母親の胎内で、一〇か月かけて無明から有にいたる一連のプロセスを経て、執着心の塊としてこの世に誕生するのである。

老子では、赤子は邪心がなく、しなやかでエネルギーに満ちた生き生きとした純粋な存在としてこの世に生まれ出てくるのである。老子では誕生は人生のハイライトであり、祝うべきことである。出産を祝い、純粋であった誕生の日を祝うのは、私達の普通の感覚である。これに対して、仏教では「苦の集積によって起こるところである」とあるように、赤子は、執着心の固まりである。悩みの存在としてこの世に生まれ出てくるのである。仏教では、誕生は苦の集積である正しからぬ道(一一四)の始まりである。

いずれにしても、欲界、色界で存在領域を確保した私達は、今私達が認識している形あるものとして姿を表す。現在私達が目にしている肉体、今私達が認識している意識が成立するのである。そして幻の存在とはいえ、今私達が自己を認識し、環境世界を認識している自己意識が成立するのである。それはつねに変化し、移り変わっていく実体のないものであり、いずれ消えていくものかもしれないが、今この瞬間私達は肉体を持ち、感覚を備え、意識を持ち、自己を認識し、環境世界を認識していることは間違いない。

生によりて老死がある

「生によりて老死があり、愁・悲・苦・憂・悩がある。かくのごときがこの苦の集積によって起こるところである」(二一五)とあるように、無明から始まる関係性の行き着くところは老死である。そして苦の集積である私達は、心のどこかに重くのしかかるものである愁・悲・苦・憂・悩の気持ちを抱いて、終息の道を歩んでいくことになるのである。

人間の命には限りがある。私達は多様な関係性の中で生まれた、つねに変化している実体のない幻の存在である。つねに変化し、実体にないものが永続することはない。幻の存在としての私達は、生まれた瞬間から老へ、そして死に向かってまっしぐらに突き進んでいるのである。老とは「生きとし生けるものが、老い衰え、朽ちやぶれ、髪しろく、皺生じて齢かたむき、諸根やつれたる、これを老というのである」(二一六)とあるように、眼も、耳も、鼻も、舌も、肉体も、意識も衰えていくことである。

眼という器官が対象としての色と相合する力が弱まることにより、眼の認識が成立する領域が狭まるとともに領域の存在も希薄になっていく。それに伴い眼の認識が成立する領域で、器官としての目と対象としての色が相関係することにより起こる目の接触の範囲は著しく狭くなる。そして眼の接触によって生まれる目の感覚(視覚)も衰えていく。同じように聴覚、嗅覚、味覚、触覚、意識も衰えていく。外見的には、皺が多くなり、髪の毛が抜け白くなり、背中が丸くなり、身が縮んでいく。鏡を見て、ある日突然自分の姿に驚くのである。

また記憶力、判断力も衰えていく。意という精神領域が対象となる観念と相合する力が弱まることにより、意の認識が成立する領域が狭まるとともに、領域の存在も希薄になっていく。それに伴い意の認識が成立する領域で、意という精神領域と対象としての観念が相関係することにより生まれる意という精神領域の接触の範囲は狭くなっていく。そして意の接触によりて生まれる意の感覚（意識）も薄れていく。本人は気づかないことが多いが、死が近づくにつれて意識も弱まっていくのである。それが老である。大変厳しい話ではあるが、老とはそういうものである。超人を除き、これが、私達がたどる道筋である。

誰もが老が到来することを遅らせようと努力している。美容院に通い、スポーツセンターで体を鍛え、健康食品で栄養バランスを取り、若さ、美しさ、勢いを保とうとしている。しかし、それはいわゆる老が到来するまでの時間を少し伸ばすだけである。老を避けることはできない。時間とともに老は間違いなく私達に近づいてきている。かつての権力者の多くが不老長寿を願い、あらゆる手立てを尽くしてきたが成功したためしはない。

ただし、これは全く個人的見解ではあるが、人によっては幻としてのこの空間における色を超えた超越的感覚は、ますます磨かれていくのではないか。老いても衰えないものがあるはずである。私はそう思う。

死とは、「生きとし生けるものが、命おわり、息絶え、身軀やぶれて、死して遺骸となり、棄てられたる、これを死というのである」（二一七）とあるように、現実存在としての人間の消滅である。幻の世界であることの実体のない現象界の空間と、時間軸から姿を消すということである。それですべてが終わるのか。

死とはよくいわれているように一巻の終わりではない。また絶対無の状態になるわけではない。因果の連鎖としての死は、私達が考えているような単純な話ではない。物語がそこで終わりになるわけではない。「私どもが何事かを思い、あるいは企て、あるいは案ずる。それが識のよって有する条件である。その条件があるがゆえに、識が存するのであり、その識が存続し、増長するとき、未来に再び新しい有（存在）を生ずるにいたり、未来に再び新しい有を生ずるとき、また未来に老死・愁・悲・苦・憂・悩が生ずるのである。かくのごときがすべての苦の集積の生ずる所以である」（二一八）とあるように、私達があれやこれやと思いを巡らせることにより、識という機能からなる人間としての概念枠組ができ、そしてその思いが存続し、強くなることにより、喜び、楽しさを強く求める渇愛が生じ、そして様々な執着心が生まれる。それが未来の存在につながるということである。渇愛、執着心がなくならない限り、無明から始まる関係性、すなわち正しからぬ道を繰り返していくことになるのである。

四　無明からの脱出

その繰り返しから抜け出すには、無明から抜け出すことである。無明とはすでに述べた通り、苦についての無智、苦の生起についての無智、苦の滅尽についての無智、および苦の滅尽にいたる道についての無智である。そこから抜け出すにはどうしたら良いか。そのためには苦について正しく知ることである。苦の生起の原因を知ることである。苦の滅尽について知ることである。苦の滅尽にいたる道について知ることである。（二一九）この四つの真理（四諦）を知ることである。（二二〇）

苦とは何か

それでは苦とは何か。苦とは「友よ、これらの三つが苦である。すなわち、苦々性、行苦性、壊苦性である。友よ、これらが三つの苦である」（二二一）とあるように、三つの苦がある。苦々性（くくせい）とは肉体的苦痛に原因する苦である。怪我をした痛みから感じる苦痛、ムチで打たれた時の痛みから感じる苦痛である。(一二二)行苦性とは、行は遷流の意にして、一切の無常転変なるによりて生ずる苦である。生・老・病・死はそれである。(一二三)またそれに伴って生まれる愁・悲・苦・憂・悩(一二四)も苦である。いわゆる精神的苦痛である。壊苦性とは、楽境の壊するによりて生ずる苦である。(一二五)今まで得られていた楽しさ、喜びを失うことである。これも耐えがたいことである。

「愛するものと別離するは苦である。求めて得ざるは苦である」(一二六)とあるように、理想とする状態から離れていくことも苦である。「怨憎するものに遭うは苦である」(一二七)とあるように、憎い者、嫌いな者に会うのも苦である。私達の多くが期待と現実のギャップに悩まされ続けているのである。こんなはずはない。何でこんなことになるのか。みんなうまくいっているのに、何故自分だけうまくいかないのか。私達はこうした感覚を日常的に抱いている。

現実存在としての私達は、こうした苦しみに囲まれて日々の生活を送っている悩み多き存在であることを認識することである。まず必要なことは、こうした苦を知り尽くすことである。(一二八)苦を知り尽くすにはどうしたら良いか。苦を知り尽くす道、それは後述する。八支の道である。(一二九)

苦が生起する原因は何か

苦について正しく認識したら次に必要なことは、こうした苦が生起する原因を知ることである。私達は苦の集積であるということであるが、それでは苦はどこから生まれてくるのか。苦が生まれてくる原因は何か。

まず苦の生起とはどのようなことであろうか。「眼と色(物象)とによって眼識が生じ、その三つが相合して触がある。触によって受(感覚)がある。受によって愛(渇愛)がある。比丘たちよ、これが苦の生起である。耳と声とによって耳識が生じ……」(一三〇)とあるように、六つの感官がそれぞれ六つの対境とそれぞれの世界で接触することにより、様々な感覚が生まれる。そしてそこから生まれる喜び、楽しさをより強く求めるようになる。これが苦の始まりである。現実存在の私達がそれを認識できるのは、感覚が生まれてからの話である。

それではこうした苦がどのようにして急激に増長し、私達の上に重くのしかかってくるようになるのであろうか。「この世間には、老死など種々様々な苦があるが、それらの苦は、取(取著)を因とし、取によって来たり、取によって生じ、取によって起こる」(一三一)「この取は愛によって来たり、愛によって生じ、愛によって起こる。愛があるがゆえに取があり、愛がなければ取はないのである」(一三二)とあるように、一連の関係性の中で、苦を生み出す一番大きな原因、大きな推進力となっているのが、繰り返し述べられているところであるが、取(取著)であり、そのもととなる愛(渇愛)である。

実体のない幻の存在である私達を支えているのは、起動力としての性欲、生存欲、自己優越欲などの実現を引き求める力と、こうした欲求・欲望や見・戒・我に対してくっついて離れないという粘着力からなる二つの強力なエンジンである。その力は実体のない幻の存在である私達を相当な期間持続させるほど強力なものである。

そして「愛を増長せしめるであろうものには、取もまた増長するであろう。取を増長せしめるであろうものには、苦もまた増長するであろう。だから〈彼らは、生・老死・愁・悲・苦・憂・悩より解脱することがないであろう。しかり、彼らは苦より解脱することがないであろう〉とわたしはいう」(一三三)とあるように、愛の高まり、取の高まりが苦を生み出し、それを増幅し、未来における存在の原因となるのである。取の高まりは心残りであり、それが来生における正しからぬ道の強力な推進力にもなるということである。

当初は一万円の収入で喜びを感じていたが、それが一〇〇万円の収入を得るとますますお金に対する執着心が湧いてきて、それ以上、何千万円も、何億円もの収入を強く求めるようになる。また、科学を学んでそれが少し理解できるようになると、それをより深く理解したくなる。それが人間の頭脳から生まれた限られた知であったとしても、知れば知るほどそれを極めたいという願望は、ますます強くなっていく。それ以外の欲求・欲望に対する渇愛の力、執着心も限りなく増幅していく。渇愛、執着心の増幅には限りがない。それが様々な苦を生み出し、それを増幅させているのである。渇愛・執着心の増幅、それに伴う苦の増幅。それが心残りとなり、苦の集積としての人生を繰り返す強い駆動力となっているのである。無明に覆われ、渇愛に縛られる限り、この身は生ずる(一三四)のである。仏教ではこの渇愛、執着心を中心に物語が進んでいく。

私達は極楽浄土への往生を願っている。しかし、それは一部の徳の高い人の物語である。自分達がそこに行けるかどうかわからない。私自身はそれほどの徳を積んでいないことを自覚している。極楽浄土への往生がかなわなくとも、少なくとも未来に生を受けることを願い、そこに希望を見出している。しかし現実はそれほど甘いものではないということである。欲望の高まり、強い執着心が未来に苦の集積としての私達を作り出しているのである。

苦の滅尽について知る

そして「苦の滅尽について知る」とは、「比丘たちよ、無明を余すところなく滅することによって行は滅する。行を滅することによって識は滅する。識を滅することによって名色は滅する。名色を滅することによって六処は滅する。六処を滅することによって触は滅する。触の滅することによって受は滅する。受の滅することによって愛は滅する。愛の滅することによって取が滅する。取の滅することによって有が滅する。有の滅することによって生が滅する。生の滅することによって老死・愁・悲・苦・憂・悩が滅する。かくのごときが、このすべての苦の集積のよって滅するところである」(一三五)とあるように、この世の存在は縁起の法則によって生ずるものであるが、同時に縁起の法則によって滅するものである。(一三六)原因と結果の関係のもとに生じたものは、その原因がなくなることにより滅するのである。様々な関係性の中で、この因果の連鎖は強力である。他の関連する要因がなくなっても、それが及ぼす影響は微々たるものである。因果の連鎖の直接的原因が消滅しない限り、物語は続いていくことになる。

この関係性の中核は識と愛である。愛を余すことなく滅することにより、取、有、生、老死は滅する。(一三七)すなわち無限に増幅していく性欲、生存欲、自己優越欲などといった欲求・欲望を徹底的に抑えることにより、その後の苦の集積によってなれるところは滅するのである。老死も苦も消滅する。また「もしわたしどもが、何事も思わず、何事も企てず、また何事も案じることがなかったならば、その識の存する条件とはならない。その条件がないので、識は存在することがないのであり、その識が存続し、増長することがないのであるから、未来にふたたび新しい有を生ずることがない。未来にふたたび新しい有を生ずることがないのであるから、また未来に生も、老死も、愁・悲・苦・憂・悩も生ずることがないのである。かくのごときが、このすべての苦の集積の滅する所以である」(一三八)とあるように、識を滅することにより、未来の生も老死も消滅する。すなわち人間の機能を中心とした人間としての概念枠組、設計図がなくなるということである。概念枠組、設計図がなければ、そこには幻の存在としての人間が成立する余地はない。これも空という世界を支配している根本原理の働きによるものである。いずれにしても大切なことは、関係性のもとに成立した苦は、その原因がなくなることにより消滅するということである。

苦の滅尽にいたる道について知る

無明から抜け出すための仕上げは、苦の滅尽にいたる道について知ることである。無明を捨て去ってしまう道とそこにいたる方法。(二三九)渇愛を捨て去ってしまう道とそこにいたる方法。(二四〇)取を捨て去ってしまう道とそこにいたる方法。(二四一)有を知り尽くす道とそこにいたる方法。(二四二)苦を知り尽くす道とそこにいたる方法。(二四三)己身(こしん)（色、受・想・行・識）を知り尽くす道とそこにいたる方法。(二四四)それらを知ることである。それらを知るにはどうしたら良いか。そのためには正見・正思・正語・正業・正命・正精進・正念・正定といった八支の道、(二四五)すなわち八正道に励むことである。

「智慧まずありて、智慧ある者となれば、それにしたがってまず正しい見方が生ずる。正しい見方が生ずれば、それにしたがって正しい思いが生ずる。正しい思いが生ずれば、それにしたがって正しい言葉が生ずる。正しい言葉があれば、それにつれて正しい行為が生ずる。正しい行為があれば、それにつれて正しい生き方が生ずる。正しい生き方があれば、それにつれて正しい努力が生ずる。正しい努力があれば、それにつれて正しいことに念いをこらすことになる。正しいことに念いをこらせば、したがって正しいことに心を専注するようになるのである」(二四六)とあるように、八支の道を修得することである。そして八正道を今自分が理解できる範囲内で、可能な限り実施していくことである。この八支の道に励むことにより、苦の集積としての人生の繰り返しから抜け出す可能性が生まれるのである。

この八支の道すべてにかかっているのが「智慧まずありて」である。智慧がなければ八支の道は始まらない。それではここでいう智慧とは何か。無常・苦・無我について知ることである。

色は無常である

智慧とは、まず「色（肉体）は無常である。……受（感覚）は無常である。……想（表象）は無常である。……行（意志）は無常である。……識は無常である」（一四七）とあるように無常であり、無常について知ることである。それは私達の肉体を始めとする物質も、精神領域もつねに変化している実体のない幻の存在であるということである。すなわち領域として成立しており、現象としてはあっても、そこには実体というものがないのである。

今、私達が目にしている対象は、そのままの形を持続的に維持している固定的、安定的存在ではない。動物も植物も一見すると安定的存在のように見えるが、それは様々な関係性の中でつねに変化し、かろうじてその領域を維持している微妙な存在なのである。蝶は幼虫からさなぎへ、そして美しい成虫へと劇的に変化しているのである。蝶になれば、幼虫の時の存在は幻のように消えていく。私達の子供の頃の姿も、遠い過去の幻である。

まず必要なことは、私達はつねに変化している幻の存在であることを知ることである。『平家物語』に「祇園精舎の鐘の聲、諸行無常の響あり、沙羅双樹の花の色、盛者必衰のことわりをあらわす、おごれる人も久しからず、ただ春の夜の夢のごとし」、（一四八）とあるように、この世の存在はどんなに勢いを得て栄華を極めても、それは一瞬の出来事でありそれが永続することはなく、いずれ衰え消えていく運命にあること。そしてそれに代わり新しい勢力が擡頭してくるという無常観は、古くから私達日本人の心に刻み込まれた考え方である。

無常なるものは苦である

またここでいう智慧とは、「色は無常である。無常なるものは苦である。苦なるものは無我である。……受（感覚）は無常である。無常なるものは苦である。苦なるものは無我である。……想（表象）は無常である。……行（意志）は無常である。……識（意識）は無常である」（一四九）とあるように、無常なるものは苦であり、無常なるものは苦であることを知ることである。

私達は祝福されるべきものとしてこの世に誕生し、無事で楽しい人生を送ることを願って日々生活している。この肉体も精神も楽しい人生を支えるものとして存在しているものと思っている。その間、様々な災害・苦難も襲ってくるが、それは克服できるもの、乗り越えて次の段階へ進んでいくためのものと思っている。人生つねにバラ色というわけにはいかないが、多くの人が苦の先に楽があると信じている。しかし、私達の思いに反して現実は厳しい。私達の肉体と精神はつねに変化している幻の存在であり、それを現象として成立させ、存続させている本質は苦なのである。私達は何かというと、繰り返し述べているところであるが、渇愛、執着心が増幅した苦の集積として存在しているのである。そして、渇愛、執着心が増幅している限り、苦の集積としての人生を繰り返していくことになる。

幻の存在である私達の有力な形成力は苦であり、苦がなければ私達は存在しないということである。苦があることにより私達は存在し、苦がなくなれば私達が目にしている現象界に、私達は存在しないという存在論の重要な部分である。

色は無我である

そして智慧とは、「色（肉体）は無我である。……受（感覚）は無我である。……想（表象）は無我である。……行（意志）は無我である。……識（意識）は無我である」（一五〇）とあるように、無我であり、無我について知ることである。これも存在論の本質にかかわる部分である。

私達は様々な感覚を通して外界を認識している。美しい景色を楽しみ、美しい声に感動し、心地良い響きに安らぎを覚え、つねに何かを感じ、思い、考えを巡らせている。それが永続するかどうかは別として、私達はこの瞬間、認識主体としての自己が存在し自己意識が成立していると思っている。いわゆる現実存在としての自己の存在である。そしてそれが相当期間にわたって持続する固定的、安定的なものと思っている。このように私達は肉体や精神は自己であると思っている。また私達は肉体や精神を支配し、所有しているものと思っている。しかし、仏教の教えでは、私達の肉体も精神もいずれ消えてなくなる幻のようなものであり、今私達が、自己が存在していると思っている認識主体としての自己も、幻のようなものであり、そういった意味で自己は存在していないということである。

「色（肉体）は無我である。無我なるものは、わが所有にあらず、わが我にあらず、またわが本体にもあらず、まことに、かくのごとく、正しき智慧をもって観るがよい。受（感覚）は無我である。……想（表象）は無我である。……行（意志）は無我である。……識（意識）は無我である……」（一五一）とあるように、肉体も精神作用も、今私達が認識している自己を構成するものではない。

私達はつねに変化している実体のない幻の存在である。今私達が外界を認識している、いわゆる私というものも幻のようなものであり、いずれ消えてなくなるものであり、それは私達が考えているような実体としての確立した自己ではないということである。肉体も精神も自己を構成するものと思っているが、肉体も精神もある瞬間に浮かび上がった泡のようなものであり、いずれ消えてしまうものである。決してそれは実体のある現実存在としての自己を構成するものではない。何か独立した主体のようなものがあって、それが肉体や精神を所有しているわけではない。肉体や精神を所有する何者も存在しないのである。

したがって、空という実体のない世界に、関係性の中で生まれたつねに変化している幻の存在には、確立した存在である認識主体としての自己は成立しないということである。またそこには真の自己が存在していないという意味での自己意識も成立しない。私達は領域としては成立するが、そこにおける肉体も精神も幻のものであり、いずれ消えていくものである。それは仮の自己のようなものであり、自己ではないということである。

このようにつねに変化している実体のない幻の存在である私達の肉体と精神は、無常であり、苦であり、無我である。これが私達が知るべき智慧である。

八支の道

無明から抜け出すにはこうした正しい智慧、すなわち無常・苦・無我について知った上で、八支の道を実践していくことである。始まりは「欲望の対象を遠ざかり、貪りを離れ、滅しつくして、しだいに心は平静に転じて、正見を修習する」(一五二)とあるように、正見である。無常・苦・無我について理解し、苦について、苦の生起について、苦の滅尽について、苦の滅尽にいたる道について理解した上で、欲望から遠ざかり、楽しみを抑え、心を平静にして個々のあり方において正しい見解を持つことである。そして、正しい見方が生ずれば、それに従って正しい思いが生ずる。「欲望の対象を遠ざかり、貪りを離れ、滅しつくし、しだいに心の平静を得て、正しい考え正思を修習する」(一五三)とあるように、正思である。正しい見方にもとづき、日々の身の処し方、人とのかかわり方、社会とのかかわり方、自然とのかかわり方についての正しい考え方を身につけるのである。

正見、正思に続き、正しい言葉(正語)、正しい行為(正業)、正しい生き方(正命)、正しい努力(正精進)、正しいことに念いをこらす(正念)、正しいことに心を専注する(正定)へと続いていくことになる。

この八支の道を極めれば、苦の集積としての人生の繰り返しから抜け出す可能性が生まれるということであるが、現実存在としての私達にとって、極めてハードルの高い話である。一口に八支の道を行うといっても、私達が何をどこまでやれば良いかはわからない。その基準もない。八支の道を始めとする様々な行に励んでいても、苦の集積としての人生の繰り返しから抜け出す道をたどっているかどうかわからない。歴史に名を残している天才的宗教家は、八支の道を始めとする様々な行を重ね、悟りの境地に達したものと思われるが、私達にとって悟りの道は遠くはるかな道である。

仏教の教えで今私達にできることは、欲、見、戒、我といった四つの取著を理解し、そこから少しでも距離を置くことである。そして欲愛、有愛、無有愛などといった渇愛を抑えることである。現実存在の私達にとって、取著や渇愛を滅し尽くすことはできない。できるだけそれが増幅しないように抑えていくことである。そして嘘はつかない、自然や生き物を大切にする、自然のリズムに沿って規則正しく生活し、日々みずからの役割を果たすように努力を積み重ね、心静かで穏やかな生活を送ることである。私自身は、正しい思い、正しい言葉、正しい行為、正しい生き方、正しい努力の初級編を心掛けている。まずはこうした初級編から積み上げていくことである。それがただちに苦の滅尽につながらなくても、はるかなあるべき道への第一歩になるはずである。

仏教の物語はこれからさらに滅尽、寂静、証知、等覚、涅槃へと進んでいくのであるが、こうした話は現在の私の体験、知の及ぶところではない。世界最高水準の智であり哲学でもある仏教の教えは、私の現在の能力では一〇〇年かけて学んでも、二〇〇年かけて学んでも完全に理解することができるかどうかわからない。無限ともいえるほど奥が深い智である。それを極めることは途方もない作業である。残りの人生も限られており、現在の私の知と体験で理解できる仏教の話はここで一区切りつけたいと思う。

仏教の物語を通して、私達はどのようにして生成されたのかという生成のプロセス、私達はどうして存在するのかという存在の本質が明らかになった。私達はどのようにして生成されたのか。まずは「無明によりて行がある」である。幻の存在である空間にある領域が成立し、そこに無明ゆえに身の動き、口の動き、心の動きという基本的機能が生まれる。そして何事かを思い、あるいは企て、あるいは案ずることにより、眼識、耳識、鼻識、舌識、身識、意識という派生的機能が成立し、人間としての概念枠組が出来上がる。そして、その機能的命題を実現する六つの領域、六つの世界が成立し、ここに眼、耳、鼻、舌、身、意を中心にした形体のアトラクターと精神のアトラクターという構造の基本設計が出来上がる。眼、耳、鼻、舌、身といった肉体の基本設計のもとに手、足、指、脳、心臓、胃、腸……免疫系、神経系、内分泌系などといった肉体にかかわる詳細設計が進んでいく。そして受・想・行・識という精神の基本設計にもとづき、意の認識が成立する領域を始めとする各種認識が成立する領域が確保され、それを基本に脳を始めとする認識にかかわる詳細設計が進んでいく。ここまでが構造論である。そして仕上げは、渇愛、取著を形成力にして、今私達が目にしている肉体や精神が形成される。こうした因果の連鎖を基本とした生成のプロセスが明らかになったのである。ここは老子が詳細な説明を控えたところである。今後の生成論の展開に大いに役立つところである。

話を気・理・道の物語に戻そう。次章からは仏教の生成の法則、存在の法則を参考にして、現実存在としての人間の生成のプロセスをたどっていくことにする。

注

(一) 中村　元／紀野一義訳注『般若心経　金剛般若経』岩波文庫、昭和三五年、二一一頁
(二) 中村　元／紀野一義訳注、前掲書、一〇頁
(三) 中村　元／紀野一義訳注、前掲書、二五頁
(四) 中村　元／紀野一義訳注、前掲書、二一一頁
(五) 中村　元／紀野一義訳注、前掲書、二五頁
(六) 中村　元／紀野一義訳注、前掲書、一二頁
(七) 中村　元／紀野一義訳注、前掲書、二五頁
(八) 中村　元／紀野一義訳注、前掲書、二五頁
(九) 中村　元／紀野一義訳注、前掲書、二七頁
(一〇) 増谷文雄編訳『阿含経典　一』ちくま学芸文庫、平成二四年、一二九頁
(一一) 増谷文雄編訳、前掲書、一二九頁
(一二) 中村　元著『中村元の仏教入門』春秋社、平成二六年、八五-八六頁
(一三) 増谷文雄編訳、前掲書、一三二頁

（一四）増谷文雄編訳、前掲書、一三二頁
（一五）増谷文雄編訳、前掲書、一二八頁
（一六）増谷文雄編訳『阿含経典　二』ちくま学芸文庫、平成二四年、二〇頁
（一七）増谷文雄編訳『阿含経典　一』ちくま学芸文庫、平成二四年、一六九頁
（一八）中村　元著、前掲書、六九頁
（一九）増谷文雄編訳、前掲書、一二九頁
（二〇）増谷文雄編訳、前掲書、二〇五頁
（二一）増谷文雄編訳、前掲書、一三二頁
（二二）増谷文雄編訳、前掲書、一三二頁
（二三）増谷文雄編訳、前掲書、一二八頁
（二四）増谷文雄編訳、前掲書、二〇七頁
（二五）増谷文雄編訳、前掲書、一三一頁
（二六）増谷文雄編訳、前掲書、一三一―一三二頁
（二七）増谷文雄編訳、前掲書、一三一頁
（二八）増谷文雄編訳、前掲書、三八〇頁
（二九）増谷文雄編訳、前掲書、三八一頁
（三〇）増谷文雄編訳、前掲書、三八二頁
（三一）増谷文雄編訳、前掲書、三八一頁
（三二）増谷文雄編訳、前掲書、三八一頁
（三三）角田泰隆／金岡秀郎／名児耶　明著『般若心経』コロナ・ブックス、平成二五年、一二二頁
（三四）中村　元著、前掲書、六三頁

（三五）増谷文雄編訳、前掲書、三八一頁
（三六）角田泰隆／金岡秀郎／名児耶　明著、前掲書、二三二頁
（三七）増谷文雄編訳、前掲書、一二八頁
（三八）角田泰隆／金岡秀郎／名児耶　明著、前掲書、二三三頁
（三九）増谷文雄編訳、前掲書、一二八頁
（四〇）増谷文雄編訳『阿含経典　二』ちくま学芸文庫、平成二四年、一六頁
（四一）増谷文雄編訳、前掲書、一六頁
（四二）増谷文雄編訳『阿含経典　一』ちくま学芸文庫、平成二四年、二一四頁
（四三）増谷文雄編訳、前掲書、一三一頁
（四四）増谷文雄編訳、前掲書、三三三頁
（四五）増谷文雄編訳、前掲書、二一四頁
（四六）増谷文雄編訳、前掲書、三三三頁
（四七）増谷文雄編訳、前掲書、二一四頁
（四八）増谷文雄編訳、前掲書、三三三頁
（四九）増谷文雄編訳、前掲書、二一四頁
（五〇）増谷文雄編訳、前掲書、三三三頁
（五一）増谷文雄編訳、前掲書、二一四頁
（五二）増谷文雄編訳、前掲書、三三三頁
（五三）増谷文雄編訳、前掲書、二一四頁
（五四）増谷文雄編訳、前掲書、三三三頁
（五五）増谷文雄編訳、前掲書、二一四頁

（五六）増谷文雄編訳、前掲書、二一六頁
（五七）増谷文雄編訳、前掲書、三一四頁
（五八）増谷文雄編訳、前掲書、三一三頁
（五九）増谷文雄編訳、前掲書、三一四頁
（六〇）増谷文雄編訳、前掲書、二一四頁
（六一）増谷文雄編訳、前掲書、三一三頁
（六二）増谷文雄編訳、前掲書、三一四頁
（六三）増谷文雄編訳、前掲書、二一四頁
（六四）増谷文雄編訳、前掲書、三一三頁
（六五）増谷文雄編訳、前掲書、三一四頁
（六六）増谷文雄編訳、前掲書、二一四頁
（六七）増谷文雄編訳、前掲書、三一三頁
（六八）増谷文雄編訳、前掲書、三一四頁
（六九）増谷文雄編訳、前掲書、二一四頁
（七〇）増谷文雄編訳、前掲書、三一三頁
（七一）増谷文雄編訳、前掲書、三一四頁
（七二）増谷文雄編訳、前掲書、二一四頁
（七三）増谷文雄編訳、前掲書、三一三頁
（七四）増谷文雄編訳、前掲書、三一四頁
（七五）増谷文雄編訳、前掲書、二一四頁
（七六）増谷文雄編訳、前掲書、三一三頁

（七七）増谷文雄編訳、前掲書、三二四頁
（七八）増谷文雄編訳、前掲書、三二四頁
（七九）増谷文雄編訳、前掲書、一四六頁
（八〇）増谷文雄編訳、前掲書、三二五頁
（八一）増谷文雄編訳、前掲書、二一四頁
（八二）増谷文雄編訳、前掲書、二七三頁
（八三）増谷文雄編訳、前掲書、二一四頁
（八四）増谷文雄編訳、前掲書、二七三頁
（八五）増谷文雄編訳、前掲書、二一四頁
（八六）増谷文雄編訳、前掲書、二七三頁
（八七）増谷文雄編訳、前掲書、二一四頁
（八八）増谷文雄編訳、前掲書、二七三頁
（八九）増谷文雄編訳、前掲書、二一四頁
（九〇）増谷文雄編訳、前掲書、二七四頁
（九一）増谷文雄編訳、前掲書、二一四頁
（九二）増谷文雄編訳、前掲書、二七四頁
（九三）増谷文雄編訳『阿含経典　二』ちくま学芸文庫、平成二四年、一一三頁
（九四）増谷文雄編訳『阿含経典　一』ちくま学芸文庫、平成二四年、四一六頁
（九五）増谷文雄編訳、前掲書、四一六頁
（九六）増谷文雄編訳、前掲書、三八八頁
（九七）増谷文雄編訳、前掲書、一二八頁

（九八）増谷文雄編訳、前掲書、三八八頁
（九九）増谷文雄編訳、前掲書、一三〇―一三一頁
（一〇〇）増谷文雄編訳『阿含経典　二』ちくま学芸文庫、平成二四年、一二二頁
（一〇一）増谷文雄編訳『阿含経典　一』ちくま学芸文庫、平成二四年、二三四頁
（一〇二）増谷文雄編訳『阿含経典　二』ちくま学芸文庫、平成二四年、一二二頁
（一〇三）増谷文雄編訳、前掲書、一二三頁
（一〇四）増谷文雄編訳『阿含経典　一』ちくま学芸文庫、平成二四年、一三四頁
（一〇五）増谷文雄編訳『阿含経典　二』ちくま学芸文庫、平成二四年、一二三頁
（一〇六）増谷文雄編訳『阿含経典　一』ちくま学芸文庫、平成二四年、一二八頁
（一〇七）増谷文雄編訳『阿含経典　二』ちくま学芸文庫、平成二四年、一二三頁
（一〇八）増谷文雄編訳、前掲書、一二四頁
（一〇九）増谷文雄編訳、前掲書、一二五頁
（一一〇）増谷文雄編訳、前掲書、一二五頁
（一一一）増谷文雄編訳『阿含経典　一』ちくま学芸文庫、平成二四年、一三一―一三二頁
（一一二）増谷文雄編訳、前掲書、一二八頁
（一一三）増谷文雄編訳、前掲書、一三〇頁
（一一四）増谷文雄編訳、前掲書、一三四頁
（一一五）増谷文雄編訳、前掲書、一三〇頁
（一一六）増谷文雄編訳、前掲書、一三〇頁
（一一七）増谷文雄編訳、前掲書、一三〇頁
（一一八）増谷文雄編訳、前掲書、二〇五頁

（一一九）増谷文雄編訳『阿含経典　二』ちくま学芸文庫、平成二四年、一一六頁
（一二〇）中村　元著、前掲書、九一頁
（一二一）増谷文雄編訳、前掲書、一二五頁
（一二二）増谷文雄編訳、前掲書、一二六頁
（一二三）増谷文雄編訳、前掲書、一二六頁
（一二四）増谷文雄編訳『阿含経典　一』ちくま学芸文庫、平成二四年、一三四頁
（一二五）増谷文雄編訳『阿含経典　二』ちくま学芸文庫、平成二四年、一二七頁
（一二六）増谷文雄編訳、前掲書、二八四頁
（一二七）増谷文雄編訳、前掲書、二八四頁
（一二八）増谷文雄編訳、前掲書、一二六頁
（一二九）増谷文雄編訳、前掲書、一二六頁
（一三〇）増谷文雄編訳『阿含経典　一』ちくま学芸文庫、平成二四年、二一四頁
（一三一）増谷文雄編訳、前掲書、二七二頁
（一三二）増谷文雄編訳、前掲書、二七三頁
（一三三）増谷文雄編訳、前掲書、二七四頁
（一三四）増谷文雄編訳、前掲書、三六六頁
（一三五）増谷文雄編訳、前掲書、一三四頁
（一三六）増谷文雄編訳、前掲書、一二二頁
（一三七）増谷文雄編訳、前掲書、二一五頁
（一三八）増谷文雄編訳、前掲書、二〇六頁
（一三九）増谷文雄編訳『阿含経典　二』ちくま学芸文庫、平成二四年、一一七頁

（一四〇）増谷文雄編訳、前掲書、一一八頁
（一四一）増谷文雄編訳、前掲書、一二二頁
（一四二）増谷文雄編訳、前掲書、一二四頁
（一四三）増谷文雄編訳、前掲書、一二六頁
（一四四）増谷文雄編訳、前掲書、一二八頁
（一四五）増谷文雄編訳、前掲書、一一七頁
（一四六）増谷文雄編訳、前掲書、一六二頁
（一四七）増谷文雄編訳『阿含経典　一』ちくま学芸文庫、平成二四年、三九九頁
（一四八）生形貴重著『平家物語』五月書房、平成一七年、一五頁
（一四九）増谷文雄編訳、前掲書、四〇三頁
（一五〇）増谷文雄編訳、前掲書、四〇二頁
（一五一）増谷文雄編訳、前掲書、四〇七頁
（一五二）増谷文雄編訳『阿含経典　二』ちくま学芸文庫、平成二四年、一九七―一九八頁
（一五三）増谷文雄編訳、前掲書、一九七―一九八頁

第六章　人間の誕生

何と私達の姿の美しいことか。人間はどこから見ても美しいバランスの取れた存在である。目、耳、鼻、口の位置と大きさがきちんと整っている。その位置が少しでも変わり、口が目の上についたり、目が鼻の横についていればその美しさは消えてしまう。福笑いで経験したところである。また手が二本、足が二本、短か過ぎず、長過ぎずほど良く伸びている。何と私達の声の美しいことか。歌手の歌声は神の声である。そして何と私達の心の温かいことか。自然にしていれば慈しみの心がにじみ出ている。姿、形以上に際立っているのが私達の心の温かさである。それが人間の美しさの本質である。こうした人間はこの宇宙の中で、最高の芸術作品である。仏の姿も、こうした美しい人間の姿で具現化されている。こうした美しい私達の肉体と意識はどのようにして成立したのであろうか。ここからは「三は万物を生ず」の話である。仏教の話もよりどころにしながら、人間としての形体・意識の形成について説明していく。

一　アトラクターの成立　物質・生物の誕生

万物生成の物語の始まりは、すでに述べた通り気が激しく動くことである。道は静かで穏やかな存在であるが、道から生まれる気は、エネルギーに満ちておりダイナミックに動き回っている。気がダイナミックに動き回っているだけでも壮大な景観であるが、それにとどまるものではない。万物生成の物語はそこから始まっていく。陰陽五行の気が激しく動き相互作用していく中から、気の濃いところと薄いところが生まれる。気の濃いところと薄いところ。ドラマはその非対称性から始まる。気が一様に広がっているような状態では何も起こらないが、気の濃淡が生まれることにより新たな頁が開かれる。

気の濃いところはさらに気を引き寄せますます濃くなっていく。宇宙の始まりがそうであったように、非対称性から生まれる力は絶大である。気の密度が一段と濃くなっていくと、そこに根源的存在の力が強く働く場のようなものが成立し、アトラクター（attractor）、すなわち気が収まる領域が形成される。宇宙における根源的存在の力の働きは一様ではない。この宇宙には、根源的存在の力がとくに強く働く特別な場が様々なスケールでいたるところに成立している。そのひとつがアトラクターである。ここでいうアトラクターは、点アトラクターではない。自己組織化の動きが収まる一定の領域と同じようなストレンジアトラクターである。㈡アトラクター、それは激しい潮の流れの中にできた渦が持続しているようなものである。そして一度アトラクターが形成されると、根源的存在の力が一段と強く働くようになり、持続的に大量の気が流入してくるようになる。まさに引きつけるところに周りの気が引き寄せられてくるのである。現在私達が用いている言葉で表現すれば、電磁気力、重力、強い力、弱い力㈡などと呼ばれる様々な力が最も高まった状態である。

そして、アトラクター内で高いエネルギーを持った陰陽五行の気が密度濃く集まり、激しく動き回り相互作用していく中で、気の密度と気の回転運動の速さが一定水準を超えると、突然五行の気がバランス良く調和した状態が作り出される。水火木金土といった五行の気の構成割合と、配列と距離が調和した状態である。まさに形体の形成、物質・生物の誕生である。そして陰陽五行などといった多様な気の組み合わせ、すなわちその構成割合と、配列と距離の違いにより様々な種類の物質・生物が作り出されている。

ところで、こうして成立した物質・生物は、それぞれ独立した存在のように見えるが、必ずしもそうではない。宇宙全体の気が濃くなっているところが物質・生物である。したがって、個々の物質・生物との間には、私達が認識しているような境界は存在しない。私達は皮膚で外と内を分けているが、あるのは気の濃淡だけである。気の集合としてつながっているのである。そこには外と内を分ける何物も存在しない。私達は部分であるとともに、全体であるともいえるのである。

アトラクターに大量の気が流入し、五行の気が調和した状態が維持されている限り、アトラクターは持続し形体は維持される。そしてアトラクターの力が弱くなり、流入する気の量が減少するか、五行の気のバランスが崩れれば形体を維持していくことは困難になる。いずれ気は散じてアトラクターは消滅する。物質も、生物も安定的、固定的な存在ではない。新たな気が大量に流入し、入れ替わっている中で秩序を維持している動態的存在なのである。私達の目からすると、物資は固定的、安定的な存在に見える。しかし、物質も固定的、安定的存在ではない。物質は気の流入が相対的に緩やかであり、変化も極めて少ないので、私達の感覚ではその変化が認識できず、固定的・安定的に見えるだけである。宇宙的スケールの時間軸で捉えれば物質も変化しており永遠の存在ではない。

人間も水火木金土などといった多様な気の組み合わせにより成立しているが、人間はとくに微妙な存在である。生まれ年の違い、生まれた場所の違いによって生じる陰陽五行の気の構成割合と、配列と距離の極めてわずかな違い、そして清なる気と濁なる気、質の高い気と質の低い気などといった気の質の組み合わせの違いにより、様々な性格の人間が作り出されている。一見すると人間は同じように見えるが、五行の気の構成割合と、配列と距離のわずかな違い、そしてそれぞれの気の質の微妙な違いにより、その体型、意識、性格はそれぞれ異なったものとなる。ロボット製造工場のように同じ体型、意識、性格の人間が続々と作り上げられているわけではない。この地球上に八〇億人近くの人間が存在しているが、それぞれその体型、意識、性格は異なり、同じ体型、意識、性格の人はいないということである。地球上だけではない。この広い宇宙のどこにも私と同じ存在はいない。私達は、この宇宙の中で唯一無二の貴重な存在である。これは決して忘れてはいけない厳粛な事実である。

二　アトラクターの存在意義　その目的と使命

アトラクター内の気の種類と構成割合と、配列と距離の違いにより様々な物質・生物が生まれてくるが、意味もなくアトラクターが次から次へと成立し、物質・生物が誕生しているわけではない。この宇宙には、道が作り出した美しい秩序がある。その秩序に沿ってアトラクターが成立している。したがってアトラクターには、それぞれ、宇宙の秩序とのかかわりでその存在する意義、目的・使命がある。この世には数え切れないほど多くの種類の動物・植物・微生物・鉱物が存在しているが、それぞれ、宇宙の秩序とのかかわりで存在する意味があるということである。

動物・植物であれば生き延びて生命をつないでいくことが主要な目的であると思われる。動物を始めとして昆虫にいたるまで、厳しい自然環境の中で懸命になって子育てをし、その一生を終えている。私達人間のように余暇も趣味も楽しむ時間もない。しかし人間の存在意義はそれにとどまるものではない。生命をつないでいくことも大切な役割ではあるが、食物連鎖の頂点に立っている私達にはもっと奥深い目的、存在意義があるはずである。それでは人間の存在意義、目的、役割は何か。それが本書の最終的課題でもある。何故私達はこの世に生を受け存在するのか。無限とも思われているこの宇宙の中の地球上に、そして一三八億年の宇宙の歴史の中で、まさにこの瞬間にただ唯一無二の存在として何故誕生したのか。生命をつなぐだけではない。私達は学問を学び、教養を身につけて趣味に没頭してその一生を終える。どうして私達にそれが許されているのか。生まれながらにして立派なお屋敷に住み、高度な教育を受け、多くの人に支えられている人もいる。そうした人達の役割は何か。

私達の存在意義として、「万物の頂点に立ち、地球上の秩序を維持することにある」、「万物を正しい方向に導くことである」、「道の心を実現することである」などといった目的をあげることはできるが、簡単に総括しないことにする。「慈の本質」、「美の本質」、「善の本質」の奥に、私達の存在意義があるはずである。本書を読み終わった後に、ともに考えていくことができれば幸いである。ここは人間には存在意義があること、存在する目的があるということにとどめる。とりあえず仮に列挙した目的を参考にイメージを作っていただき、話を前に進めていくことにする。いずれにしても、人間には存在意義・目的があること。その目的を実現するために激しい陰陽五行の動きの中から、特別な領域、アトラクターが成立しているということである。

三　人間のアトラクター

ここからは私達の体と心の話である。私達の肉体はどのようにしてできていくのか。私達の心はどのように生まれてくるのか。気が大量に流入し、動き回っている状態から五行の気が調和した状態が作り出され、万物が誕生するわけであるが、人間の場合、陰陽五行の気を基本とした様々な性格の気の構成割合と、配列と距離の調和した状態は多様で複雑である。気が収まる領域であるひとつのアトラクター内に、陰陽五行の気の構成割合と、配列と距離の調和した状態が成立していると、簡単に総括することはできない。人間のアトラクター内には、五行の気の調和した状態が異なる数多くのミニアトラクターが成立し、それぞれがつながり、重なり合いながらその役割を果たしている。アトラクター内の五行の気の調和した状態の多様性、複雑性、これも人間の特色である。

アトラクターの機能的命題

人間の場合、人間としてのアトラクターの目的を達成し、存続していくために必要な身の動き、口の動き、心の動きといった基本的機能が生まれる。人間はこうした基本的機能を充足することにより、アトラクターの目的を達成することができるのである。もちろんこの段階では、今私達が認識しているような身の動き、口の動き、心の動きが起こっているわけではない。人間が成立するために必要な機能的命題である基本的機能が明らかになったということである。気が激しく動いていく中で、この領域で人間を誕生させるためには、この三つの基本的機能の充足が必要であることを、アトラクター内の気に伝えているのである。気には心も意識もないが、気に対して向かうべき方向を明らかにしているのである。誰がそれを気に伝えているのか。まさに根源的存在から生まれるこの世の存在をかくあらしめる力である理である。何事においても、気の作り出す物語のプロデューサーは理である。

人間としてのアトラクターの目的を達成するためには、身の動き、口の動き、心の動きという機能的命題を充足する必要があるということである。この身の動き、心の動きはわかりやすい機能的命題である。ここで注意しなければいけないのは口の動きである。ここでいう口の動きという機能的命題は、現象界における音声だけで充足されるわけではない。最終的には音声に集約されるが、口の形、呼吸を始めとする音声を中心とした伝える活動全般によって充足されるのである。私達が、コミュニケーションと呼んでいる領域の話である。

人間以外の動物のアトラクターにも、人間ほど顕著ではないが、目的を達成するために充足することが求められるこうした基本的機能が存在している。注意深く観察してみると、犬・猫・イルカなどもこうした基本的機能を充足することにより、その目的を達成している。ウィルスにこのような機能があるかどうか定かではないが、少なくとも高等生物にはこのような基本的機能が存在しているものと思われる。

そして基本的機能の充足を支えるものとして、眼識、耳識、鼻識、舌識、身識、意識といった認識にかかわる派生的機能が生まれる。こうした派生的機能をひとつひとつ充足していくことにより、基本的機能が充足されることになる。その関係はすでに述べた通り、派生的機能は基本的機能と一対一で対応しているわけではなく、六つの派生的機能は三つの基本的機能と密接にかかわり、それを支えているのである。アトラクター内で気が激しく動いていく中で、まず明らかになってくるのがこうした身の動き、口の動き、心の動きという基本的機能や、眼識、耳識、鼻識、舌識、身識、意識という派生的機能といった機能的命題である。外部から大量の気が流入しているが、アトラクターを持続させるには気の動きの多くが、この機能的命題の充足に向けて集約されていく必要があるということである。

人間の二つの主要な領域

こうした機能的命題を充足するために、人間のアトラクター内に二つの主要な領域が成立する。私達の構造にかかわる形体のアトラクターと感覚・意識にかかわる精神のアトラクターである。これが人間の基本的要素、すなわち基本設計図である。「識によりて名色がある」とあるように、基本的機能、派生的機能を充足するために名と色が生まれるが、名にあたるのが精神のアトラクターであり、色にあたるのが形体のアトラクターである。人間としての物語は、この二つのアトラクターの密接なかかわりを通して進んでいく。

この二つのアトラクターは、人間のアトラクター内で境界線のはっきりした独自領域を確保しているわけではない。それぞれ重なり合い、補完しながらその機能を果たしている。人間内のアトラクターの特色は、それぞれつながり重なって合っていることである。

人間のアトラクター内には、形体のアトラクターと精神のアトラクターという二つのアトラクターが成立するということであるが、その違いは何か。原則的に形体のアトラクターと精神のアトラクターは陰陽五行の気の構成割合と、配列と距離は全く異なったものとなる。とくに大きな違いはその速さである。精神のアトラクターでは気が超高速で回転運動をし、動き回っている。何が構造と意識を分けるのか。それは回転運動の速さの違いである。このように人間のアトラクター内にはその性格が著しく異なる形体のアトラクターと精神のアトラクターが成立している。ここでは人間の基本的構成要素のひとつである形体のアトラクターについて考察を進めていく。精神のアトラクターについては第七章で述べることにする。

四　形体のアトラクター

器官の形成

構造にかかわる形体のアトラクター内で気が激しく動くことにより、さらに気の濃淡が生まれ、基本的機能、派生的機能を支える陰陽五行の気の性格、構成割合、配列、距離が異なる様々な器官のミニアトラクターが成立する。形体のアトラクター内に成立する器官のミニアトラクターとしては、まず眼識、耳識、鼻識、舌識、身識に直接的にかかわる器官である眼、耳、鼻、舌、身（皮膚）という器官のミニアトラクターをあげることができる。今までは人間としてのアトラクターの概念枠組、基本設計図の話であったが、器官というミニアトラクターが成立することにより、私達は初めてそれを形あるものとして認識することができるようになる。

感覚器官の成立に続き、機能的命題を充足する人間の生存に必要な器官のミニアトラクターが続々と成立していく。肺・咽頭・気管などの呼吸器官、心臓・血管などといった循環器官、筋肉・骨格などといった運動器官、胃や腸などの消化器官などといった諸器官のミニアトラクターが連続的に成立し、私達が認識できる構造が作り上げられていくのである。まさにバランスの取れた肉体の成立である。一口に人間というアトラクターといっても、そこには複数の気が収まる領域があるということである。こうした一連の動きは、一部は遺伝子の指令によって行われるが、その多くはこの世の存在をかくあらしめる力である理によって進められていく。

こうした器官のミニアトラクターの陰陽五行の気の構成割合と、配列と距離は、器官ごとに異なったものとなる。また、同じ臓器でも、人によって構成割合は近似しているが同じではない。構成割合等だけではなく、器官ごとに気の濃淡も同じではない。また気の回転運動の速さも一様ではない。循環器官、呼吸器官を構成する気の回転運動は速いが、泌尿器官を構成する気の回転運動は相対的に緩やかである。人間の形体のアトラクター内に、こうした性格の異なる器官のミニアトラクターが次から次へと生まれてくるのである。そして器官のミニアトラクターの内部にさらにアトラクターが成立し、アトラクターの階層化が進んでいくのである。

人間の場合、アトラクター内のミニアトラクターの位置関係も微妙である。器官のミニアトラクターが独自領域を確保していることもあるが、形体のアトラクターと精神のアトラクターとのかかわり合いと同じように、その多くは他の器官のミニアトラクターと密接につながり、時に重なり合い、その関係は多様で複雑である。ところで重なっている部分の気の構成割合等はどうなっているのか。どちらかのミニアトラクターの構成割合等に統一されるのか、それとも別の構成割合へと変化していくのか。原則は、重なった部分でもそれぞれの構成割合等は維持される。重なった部分でもそれぞれの構成割合等が維持されるように、気の動きが見事に交通整理されているということである。

このように人間が成立し、存在していくためには大量の気が流入してくる中で、陰陽五行の気が全体として調和している状態だけではなく、器官のミニアトラクターごとに気が調和した状態、そしてミニアトラクター内の極小の領域にいたるまで調和した状態を維持していくことが求められている。どんな小さなミニアトラクターでも、そこにおける不調和は、人間という存在を脅かすことになるのである。何と人間という存在の調和した状態の多様で複雑なことか。そして微妙なことか。その調和は、まさに神の手の技である。

神秘的な人間の機能

この世の存在をかくあらしめる力である理の作用によって、眼、耳、鼻、舌、皮膚、脳、心臓、肺などといった器官が揃うが、人間は、こうした器官の単純な合計ではない。理の作用によって形成された存在である私達には、私達の認識をはるかに超えた力が作用している。個々の人間の器官も、そうした力によって導かれている。人間の器官の存在と機能も複雑である。部分は部分として認識されるが、部分の合計が人間だということではない。人間が単なる物質的部分の合計であれば、部品が欠ければ人間は機能しない。自動車であれば部品が不足すれば走らない。しかしながら現実存在としての人間は、部品の一部が不足しても、それが著しくない限り、残りの部品の相互作用を通してその機能を補い活動している。どれがどれと特定することはできないが、胃がなくなれば他の臓器や細胞が、胃の機能を代替している。それは、部品の合計として機能が生まれるのではなく、部品の存在の有無に関係なく機能が生まれ、作用しているからである。部品はその動きを強化し確実にするだけである。アトラクターには根源的存在から生まれている秩序に向けたエネルギー、生成のエネルギーが集まっており、部品の合計を超えた力がつねに働いているのである。

ヘレン・ケラーは目が見えない、耳が聞こえない、話せないという三重苦を負っていたが、高い思考能力、芸術的感性、コミュニケーション能力を発揮していた。私達以上に桜や紅葉の美しさを感じ取っていた。目は主として視覚機能を担っているが、決して目だけで対象を認識しているわけではない。器官としての眼と対象としての色が相合することにより、眼の認識が成立する領域が確保される。この眼の認識が成立する領域の確保に、主要な役割を果たしているのは器官としての眼であるが、必ずしも眼だけが眼の認識が成立する領域の確保にかかわっているわけではない。耳、鼻、舌、身、意、そしてそれ以外の器官も眼の認識が成立する領域を確保する動きを支えているのである。同じように耳、鼻、舌、身、意の認識が成立する領域の確保においても特定の器官だけがその領域の確保にかかわっているわけではない。様々な器官が領域の確保、その動きにかかわっているのである。

そして、眼の認識が成立する領域で、器官としての眼が対象としての色と接することにより、眼の感覚、すなわち視覚が生まれ、眼識という派生的機能を充足しているが、ここでも眼だけが眼識という派生的機能を支えているわけではない。耳、鼻、舌、身(皮膚)そして意という精神領域も眼の認識が成立する領域における眼の感覚、すなわち視覚を支えているのである。

眼が機能していなくても、私達は耳で音、鼻で臭いを、舌で味を、体で温度と振動と硬さを、意という精神領域で対象とのかかわりで生み出される微妙な意の認識を感じ取り、体の細胞のすべてを動員して、眼の認識が成立する領域における感覚、すなわち視覚を作り上げているのである。

器官としての眼が機能している場合の眼の認識が成立する領域と、器官としての眼が機能していない場合の眼の認識が成立する領域は、必ずしも同じではないが、それほどの違いはない。また器官としての眼が機能している場合の眼の対象と接触することにより生まれる感覚、すなわち視覚と器官としての眼が機能していない場合の眼の認識が成立する領域における感覚、すなわち視覚も、必ずしも同じではないが、それほどの違いはない。器官としての眼がなくても、それに近い認識は成立するのである。

目が機能している間は、対象の認識は目に強く依存しているが、目が機能を失えば、他の器官や細胞がそれを補っている。人間の形体は器官によって認識されるが、機能は、それを超える力によって支配されているということである。ヘレン・ケラーの高い能力は根源的存在から生まれる力によって支えられているのである。目が機能している間は、不思議に私達は主観的に対象を認識する傾向がある。自分自身の評価基準で対象を認識・評価してしまう。またその認識・評価は、対象の外観から強く影響を受けたものとなる。目が機能している間は、私達はしばしば対象の真の姿を見落としてしまう。それが、目が機能を失うことにより自分の意識や対象の外観から解放され、アトラクター全体に根源的存在から生まれるこの世の存在をかくあらしめる力である理が作用しやすい状況が作り出される。それにより私達は、対象の真の姿を理解できるようになるのである。まさに仏教でいう法（観念）を正しく認識する可能性が生まれるのである。

この点は、人間以外の動植物を観察するとわかりやすい。渡り鳥は脳や目などといった特定の器官に導かれて、目的地に到達しているわけではない。根源的存在から生まれるこの世の存在をかくあらしめる力に支えられて、アトラクター全体で気温、風、気圧、天体の運行、磁場の変化などを感じて目的地に到達している。渡り鳥の判断で注目すべき特色は、こうした判断をしばしば集団で行っているという点である。一羽では無事に目的地にたどり着くことができるかどうか疑問である。気のエネルギーの高いリーダーを中心に集団を形成し、集団全体での根源的存在から生まれるエネルギーを受け入れているのである。個体ではなく、強い共通の関心で結ばれた集団にも理が強く働くということである。植物もアトラクター全体で気温、気圧、日照時間を感じて、一定の時期に花を咲かせている。

このように現実存在としての人間は、器官・細胞を統括している根源的存在から生まれるこの世の存在をかくあらしめる力により正常な活動をしている。さわやかな気分、正しい思考、コミュニケーションなども、こうしたアトラクター全体のバランスから生まれてくる。たとえば人間の幸福感は、ひとつの行為によって引き起こされるわけではない。誕生日の贈り物をもらって、心から喜べる人もいれば、ほどほどの喜びしか感じない人もいる。喜びや幸福感の違いは、何を原因とするのであろうか。それは、人間は脳や視覚・聴覚だけではなく、様々な感覚を駆使してみずからのアトラクター全体で現象を認識しているからである。様々な体験を蓄積しているみずからのアトラクター全体が幸福感を感じない限り、いかに贈り物や祝いの言葉を与えて脳や視覚に働きかけても、幸福感は湧き上がってこないのである。

最近、喜びを感じない若者が増えているといわれている。欲求はそれなりに充足されている。願望もほぼ満たされている。良き体験もしている。それなのに、何故若者の幸福感が低下しているのであろうか。それは時代の悪い側面の空気を若者が感じているからである。政治家の重大な約束違反、組織ぐるみの事故の隠蔽・偽装や組織の私物化などといった反倫理行為、反社会的行為が続発している。ひとつの時代が終わるにあたり、創造のエネルギーだけではなく、その時代の悪い部分も集中的に噴き出している。それがいたるところで清なる気を覆い隠してしまっているのである。給料が増えても、昇進しても、仕事がうまくいっても、何となく幸福感が湧き上がってこないのは、こうした時代の悪い側面の空気だけを若者のアトラクターが感じているからである。

コミュニケーションも同じである。言葉や文章によるコミュニケーションには限界がある。それぞれのアトラクターが相互に感応して、初めてコミュニケーションは成立する。良きコミュニケーションとは、それぞれのアトラクター全体のコミュニケーションである。理に沿って相手と周波数を合わせれば、コミュニケーションの質は著しく高まる。一方で、最近注目されているＳＮＳなどでは、ネットワーク上にコミュニケーションの体系が出来上がっているように見えるが、それは、それぞれの本心とは別の、その時の一時的状況から影響を受けた世界が自己増殖して広がっているに過ぎない。ネットワーク上に広がったバーチャル世界に、過大な期待を持つのは危険である。

このように人間は、器官やその器官から生まれる感覚だけで機能しているわけではない。臓器だけで形体が維持されているわけではない。脳だけで意識・精神が形成されているわけではない。人間は根源的存在から生まれた気の集合であり、それは潜在的にはみずからのアトラクターを通して得られる根源的存在から生まれるこの世の存在をかくあらしめる力によって統括され、機能している存在なのである。私達の予想を超えて人間の力は大きい。

五　女性と男性

陰陽五行の気が激しく動き、気の濃淡が生まれ、そこに特定目的を達成するためのアトラクターが形成され人間が誕生するが、人間には性別、男女の違いが生まれる。ウィルス等の微生物には男女の違いはないようであるが、高等生物の場合は男女、雌雄の違いが生まれ、それぞれ役割を果たしている。雌雄同体という生物も存在するが、百獣の王、ライオンを始めとする哺乳類、鳥類、魚類にいたるまで、雌雄の対をなしており、それぞれ雌としての役割、雄としての役割を果たしている。

とくに女性の役割は重要である。形体のアトラクターおよび精神のアトラクターは母親の胎内でほぼその形が整う。肉体だけではなく、心の部分である意識もその基本的部分は母親の胎内で形成される。命をつなぐというだけではなく、人としての目的・役割を果たしていくには母親の存在は絶大である。男性の役割はそれを支えていくことである。原始社会であればその役割は明確である。狩りをして食料を調達することである。そして外敵や自然災害から両親、子供を中心とした家族を守ることであった。決して男性が上であるとか、女性が上であるということではない。それぞれに重要な役割があるということである。このように私達人間は、その役割に応じて男女に分かれるが、こうした男女の違いはどのようにして生まれたのか。

女性と男性の違い

男女の違いは陰陽の構成割合の違いである。「乾道は男と成り、坤道は女と成る」、「陽気が多く剛健な属性を付与されたものは男と成り、これが男性の始祖である。陰気が多く従順な属性を付与されたものは女と成り、これが女性の始祖である」（三）とあるように、陽の気は男性を象徴し、陰の気は女性を象徴し、陽の気が多いと男性となり、陰の気が多いと女性になるということである。

また、日本書紀に「天地が開けた初めに、……そのとき天地の中間にひとつの物が生じた。形は葦の芽のようで、すぐに神になった。国常立尊（クニノトコタチノミコト）とよぶ。つぎに国狭槌尊（クニノサツチノミコト）、つぎに豊斟渟尊（トヨクムヌノミコト）。すべて三神である。陽の気だけで生じたのでこのように男ばかりになったのだ」（四）という同様の記述があり、男性は陽の気で構成されているということが述べられている。厳密には陽の気だけでは人間は成立しないが、これは神、男神の話である。人間ではない神であれば、陽の気だけで成立することはありうることである。このように男性は陽の気が多く、女性は陰の気が多い。男女の違いは陰陽の割合の差である。

ここで重要なことは、各人の陰陽の割合は一定ではないということである。男性は陽の気七〇％、陰の気三〇%であるといっているわけではない。同じ男性でも陽の気の割合が七五%の人もいれば五五%の人もいる。その構成割合は人によって異なるということである。アトラクター全体の陰陽五行の気の構成割合からすると、陽の気六〇%前後が妥当なところであると推定される。一般的に筋肉部分が多くなれば陽の気の構成割合が多くなると思われる。いずれにしても陽の気と陰の気の構成割合は男女で異なるということ、そして男性も女性も人によって陽の気と陰の気の構成割合は異なるということである。また、同じ人でもこの陽の気と陰の気の構成割合は、大量の気の流入に伴い日々変化している。アトラクターを維持していく範囲内の話であるが、五年後、一〇年後の陽の気と陰の気の構成割合は微妙に変化している。

こうした陽の気と陰の気の構成割合の違いにより、男女の形体のアトラクターや精神のアトラクター、そして各種器官や神経系を始めとするオートポイエーシス・システムは、微妙に異なったものとなる。男性は男性としての構造、精神プロセス、オートポイエーシス・システムの集合として、女性は女性としての構造、精神プロセス、オートポイエーシス・システムの集合として、それぞれ成り立っているということである。

女性と男性の性格

この男女の陰陽の気の構成割合の違いは、その性格に影響を与えている。陽の気の多い男性の性格は、すべて陽爻（こう）からなる乾の働きによって示されている。乾とは「天の運行は剛健積極、一瞬もやむことがない」(五)とあるように、堅強で疲れを知らぬこと。剛健、充実、能動である。(六)それは堅強、力強いことである。周囲に影響力を及ぼし、物事を前へ進めていく力である。これが男性の本質であり、性格である。

男性の本質、性格は、生成、進化に不可欠なものであるが、堅強な政治のところで述べた通り、堅強な対応だけでは物事は収まらない。物事を収めるには女性の力が必要である。

陰の気の多い女性の性格は、すべて陰爻からなる坤の働きによって示されている。すなわち坤とは、「坤の卦は大地の象徴である。大地は静止しているが、しかも豊かな力を蓄えてあらゆるものを生み育てる……柔弱、消極、女性的を意味する」(七)とあるように、すべてを受け止めて育んでいく。これが女性の本質であり、性格である。女性の本質、性格は、充実、安定に不可欠なものである。この女性の働きがあることにより、男性の働きは収束していくのである。

女性と男性の共同作業

この陽の気の多い男性と、陰の気の多い女性が相互作用することにより万物の好ましい循環が促進されるのである。

「乾道は男と成り、坤道は女と成る。二気交感して万物を化生し、万物は生生して変化窮まること無し」、すなわち「男女の二気が形交わり、気を感じて万物が化生(形化)する。万物は生じ、また生じて変化することと窮まりない」(八)とあるように、万物生成の始まりは陰陽の相互作用であるが、究極は男女の好ましい交感である。男女の好ましい交感を通して生成の物語は一段と高い次元に移っていくのである。私達は何故存在するのか、何故女性と男性が存在するかにかかわる部分である。

日本書紀にも、伊奘諾尊、伊奘冉尊が力を合わせて八つの島をお産みになり、続いて海、川、山、草木をお産みになったという記述がある。(九)男女の共同作業によって私達の現象界が作り上げられていったのである。この記述は重要である。私達の物語も、男女の共同作業を通して道が望む方向に向かって進んでいくことになる。

老子も「谷神は死せず、是れを玄牝と謂う。玄牝の門、是れを天地の根と謂う。綿綿として存するが若く、之を用いて勤きず」(一〇)とあるように、根源的存在と女性を重ねて、男女の交感は万物生成の源であることを述べている。いずれにしても男女の交感は、私達に振り注いでいる根源的存在の力を高め、万物生成の動きを促進しているのである。

このように、男女の交感は、純粋でエネルギーに満ちており、生き生きとした存在である赤子を誕生させるだけではない。そこから生まれる生成のエネルギーは計り知れない力となって万物に及んでいくのである。この世に女性と男性が存在する意味は大きい。

女性と男性の共同作業が導くところ

人類が誕生して二五〇万年、(一一)そして私達の先祖と思われるホモ・サピエンスがこの世に登場して一五万年(一二)といわれている。当時の人類は優れていたとはいえ、その意識や知力は他の高等生物と比べて、それほど大きな違いはなかったと思われる。したがってその役割は限定的であったと思われる。しかし現在の私達の意識や知力は格段に進歩している。

その意識や知力が働く範囲は、狩猟採集時代と比べて拡大している。コミュニティを超え、国境を越え地球全体に広がっている。農業革命、産業革命、情報化革命、そしてＡＩ革命へ進んでいる私達の意識と知力は、また一段と高まっている。もちろんここでいう知力は、繰り返し述べているようにスキルやテクノロジーを意味しているわけではない。真理に近づく力である。過去を振り返ってみても、人類が現在の私達以上の意識と知力を持っていた時期があったのか、確認できていない。現在の人類の意識と知力は、長い宇宙の歴史の中で最も高い水準にあると推定される。こうした点を思い巡らすと、私達が存在する意義は考えられないほど深くて大きくなっているのである。

一三八億年前に宇宙が誕生し、その後銀河が誕生し、四六億年前に地球が誕生し、(一三)三六億年前に生命が誕生したという宇宙の歴史の中で、高い意識と知力で宇宙の歴史の頂点とも思われるこの一瞬に生まれた私達の役割は大きい。私達の意識が、そして好ましい男女の交感が、地球、銀河、さらには宇宙全体にも影響を与えるようになっているということである。私達は、日々の意識と行動を決しておろそかにしてはならないということである。もしこの役割が果たせなければ、かつて恐竜が滅亡したように、ホモ・サピエンスは滅び、他の生命体に主役の地位を譲るということであろう。

六　オートポイエーシス・システム

人間の最も高度で神秘的な部分、それは外部環境からの影響を受けずに成立している自己言及的システムであるオートポイエーシス・システムの存在である。アトラクターがある程度安定し、その密度と多様性と複雑性が高まると、根源的存在から生まれるこの世の存在をかくあらしめる力である理に導かれて「動きの継続の中から内なる力により、オートポイエーシス・システム、すなわちみずからがみずからを作り出し、境界を定めていく機能」(一四)が自生的に成立する。それは遺伝子の指令からも、外部環境からも影響を受けていない自生的な動きであり、いわゆる自己言及的産出関係(一五)と呼ばれるものである。この産出関係とは、反復的行動の繰り返しを通して、自分で自分の構成要素を産出したり、自分で自分を変化させたりする一連のメカニズムである。システムには入力も出力もあるが、入力や出力はシステムのあり方を直接決定しないということである。(一六)それはエネルギーの流入や外的刺激の有無にかかわらず、もともと存在するメカニズムである。

この自己言及的産出関係で代表的なものが神経系、免疫系、内分泌系などという生命の根幹にかかわるシステムである。これも形体のアトラクター内のミニアトラクターである。そこでは気が密度濃く集まり激しく動き回っている。こうしたオートポイエーシス・システムが器官などのミニアトラクターと重なり生体内全体をくまなくカバーしている。私達は器官がそれぞれ独立してその機能を果たしていると思っているが、器官の多くがこうしたオートポイエーシス・システムの支えによって、その機能を果たしているのである。

自己言及的組織の成立

神経系というオートポイエーシス・システムは、神経細胞のつながりであり、おもにシナプス接合の自己言及的産出関係である。(一七)免疫系というオートポイエーシス・システムはT細胞・B細胞などの自己言及的産出関係である。(一八)内分泌系はホルモンの自己言及的産出関係である。

それは河本英夫が「オートポイエーシス・システムは、構成要素の産出的作動を通じてシステムの反覆的作動を行う。システムは自己自身へと回帰するように作動するが、そのことがとりもなおさずシステムの境界を産出することである」(一九)と、そしてウンベルト・マトゥラーナが「自己言及的な円環的有機構成」(二〇)と述べているように、それはみずからがみずからを作り出し境界を定めていく円環的動きであり、その系独自のものである。重要なキーワードは、円環的ループを通した回帰である。

自己言及的産出関係が成立することにより、神経系、免疫系、内分泌系などといったシステムでは、構成要素が意味連関に沿って安定的に再生産され、そこにおける気の種類と構成割合、すなわち現象的には分子の種類と構成割合が一定の範囲内に収まる。そしてアトラクターの基本的機能、派生的機能が持続的に充足される。こうした安定した分子の種類と構成割合が成立している領域が、内と外とを分ける境界となるのである。

免疫系が成立することにより、自己と非自己の境界が明確になり、(二二)神経系が成立することにより、感覚、意識、運動、自律的機能といった自己に特有するもとと思われている機能が明確になる。アトラクターの成立とともに自己意識が生まれるが、それが神経系というオートポイエーシス・システムが成立し、作動することにより確実なものとなるのである。

このようにオートポイエーシス・システムは生体の維持・進化・発展の原動力であるとともに、自己と非自己を分ける力でもある。オートポイエーシス・システムがカバーし、機能しているところが自己であるということである。私達は筋肉や皮膚などといった構造に目を向けているが、自己と非自己を分けている要は神経系、免疫系、内分泌系等というオートポイエーシス・システムである。ここにも根源的存在から生まれるこの世の存在をかくあらしめる力である理の働きの見事さを見出すことができる。

神経系

オートポイエーシス・システムの中で、人間を人間たらしめるているのは神経系である。神経系、それは神経細胞（ニューロン）の電気的伝道と神経細胞間連絡を基盤とする多細胞生物特有の情報伝達システムで、神経細胞が密集する中枢神経系（脳と脊髄）と、そこから発散する末梢神経系からなり、複雑に連絡する神経回路網を形成している(二三)とあるように、神経回路は私達全体の器官をくまなくカバーし、私達の感覚、運動、意識、自律神経の自律的動きを支えている。

神経系で重要な点は、シナプス接合の産出関係である。「神経システムは、みずからの構成要素と相互作用しながら作動する自己言及的システムである。この相互作用によって産出されるものは、神経システムの構成要素だけである。神経システムの作動によって産出されるものは、システムの構成要素（おもにシナプス）だけであり、これによってシステムは、みずからの内を一貫して作動するだけになる」(二三)とあるように、神経系で主要な役割を果たしている構成要素はシナプス接合であり、神経系は神経線維のつながりであるシナプス接合の産出関係として存在しているということである。それが円環的ループと呼ばれるのは、(二四)シナプス接合の存在がシナプス接合の産出に関係しているということである。神経系はシナプス接合を作り続けている限り存続する。そして何らかの理由で気の流入が大幅に減少し、シナプス接合を作り出す力が弱まれば、ニューロン内の電気的興奮や情報伝達機能(二五)は弱まり、神経系は消滅していくことになる。

このシナプス接合を生み出す円環的ループが、オートポイエーシス・システムと呼ばれるのはそこから生まれる新たなシナプス接合が、理の作用によって一定の枠内に収まるということである。人間には六つの認識が成立する領域があり、その領域とのかかわりで、神経系の他の構成要素や免疫系、内分泌系などといった他の産出関係が、シナプス接合の増加を促進したり、時に抑制的に働くことによりバランスを取り、生命の有機構成を維持しているからである。つまり六つの認識が成立する領域とのかかわりで、みずからがみずからを作り出し、そのバランスを取り、境界を定め、それを維持していくという意味の自己言及的な円環的ループが成立しているということである。

したがって、こうした増殖を抑制したり促進するなどといったシナプス接合のつながり方と密度は、理の作用により一定のルールに従ったものとなり、その動きは枠から外れることはない。突然より多くの気が流入してきても、シナプス接合が不必要に増加することはない。また新たな気が大量に流入しているアトラクターで、神経系の働きをとくに阻害しない限り、シナプス接合の密度が薄くなることは原則的にない。

エネルギーを充足して頭を使い、感覚を磨いていればシナプス接合の体系は維持され、頭脳の力は一定水準に保たれる。神経細胞の数は限られているが、シナプス接合のつながりの範囲は予想以上に大きく、私達は頭を使えば使うほどシナプス接合のつながりは良くなり、認識能力や感覚は良くなっていく。頭を使わず、運動もせず、文化活動をしなければシナプス接合はいたるところで途切れ、いわゆる頭が悪くなるといわれているような状態になってしまう。シナプス接合生成と維持は、私達の生命の根幹にかかわる重要な部分である。

神経系の働き

すでに述べた通り、「識によりて名色がある」というように、アトラクター内に色という形体のアトラクターと、名という精神のアトラクターが成立する。そして「名色によりて六処がある」というように、六つの感官と対象が相合することにより身の動き、口の動き、心の動きを支える識別する作用である眼識、耳識、鼻識、舌識、身識、意識といった派生的機能を充足する六つの認識が成立する領域が確保される。

すなわち形体というアトラクターの中に、眼という器官のミニアトラクターが成立する。そして眼という器官と対象としての色が相互作用することにより、眼識という機能的命題を実現する眼の認識が成立する領域が確保される。同様のプロセスを経て、耳の認識が成立する領域、鼻の認識が成立する領域、舌の認識が成立する領域、身の認識が成立する領域が確保される。そして受・想・行・識からなる意という精神領域が対象となる観念と相関係することにより、意の認識が成立する領域が確保される。眼、耳、鼻、舌、身の認識が成立する領域は、精神のアトラクターの構成要素となる領域であり、意の認識が成立する領域は精神のアトラクターの中核となる領域である。

私達は何かというと、この六つの認識が成立する領域、すなわちこの六つのミニアトラクターの集合体である。そしてそこに生まれる感覚と意識、それが私自身である。眼の認識が成立する領域で対象と接することにより、眼の感覚である視覚が生まれる。同じようにそれぞれの領域で対象と接触することにより聴覚、嗅覚、味覚、触覚、意識が生まれる。こうした私達が日々感じている感覚、意識が私自身である。

人間のアトラクター内には感覚器官や循環器官を始めとして、様々な器官が成立している。また、神経系、免疫系、内分泌系などといった様々なオートポイエーシス・システムが成立している。こうした器官やオートポイエーシス・システムは、人間という構造を作り上げ、それを機能せしめているが、それに加えてこの六つの領域における認識を支えるという重要な役割を果たしている。私達はしばしば器官を自分自身と思っているが、六つの認識が成立する領域で生まれる感覚、意識が私自身であり、器官は重要ではあるが脇役である。そして、私達が認識できる形で、私自身と外界を分ける自己と非自己の境界を作り出しているのが神経系を始めとするオートポイエーシス・システムである。

とくに神経系は、この六つの基本的領域に密接にかかわっている。現象としては脳と脊髄を中心にして中枢神経系と各器官をつなぐ末梢神経が網のように張り巡らされ、その神経経路を通して六つの領域の指示が伝えられる。そして他の領域からの情報が伝わってくる。器官としての眼が、眼の認識が成立する領域で、対象と接することにより、眼の感覚である視覚が成立するが、それを中枢神経に伝えているのが末梢神経である。同じように耳の感覚である聴覚、鼻の感覚である嗅覚、舌の感覚で味覚、身の感覚である触覚を中枢神経に伝えているのが末梢神経である。また中枢神経の司令を器官に伝えているのも末梢神経である。また受・想・行・識からなる意の認識が成立する領域で対象である観念と接することにより、意の感覚である意識が生まれるが、この意識と深くかかわっているのが、神経細胞が集中している脳である。それぞれのやり取りは考えられないほど複雑で多様であるが、見事に整理統合され、六つの領域における活動と認識を支えている。

神経細胞の回路が適正に作動することにより、眼識、耳識、鼻識、舌識、身識、意識という派生的機能は充足され、身の動き、口の動き、心の動きという人間としての基本的機能が充足されるのである。このように神経系は現実存在の私達を支える重要な役割を果たしているのである。

日々、外部から大量の気が流入しているが、器官および神経系を始めとするオートポイエーシス・システムは、それぞれ関係し、バランスを取りながら外部環境からの様々な入力を整理し、構造の健全性を維持するとともに、六つの認識が成立する領域における感覚、意識を支えているのである。

ここで取り上げたオートポイエーシス・システムの概念については、その多くをウンベルト・マトゥラーナ＝フランシスコ・ヴァレラ著、河本英夫訳『オートポイエーシス』（国文社）および河本英夫著『オートポイエーシス』（青土社）を参考にさせていただいた。

七　アトラクターの恒常性

微妙な力のバランスのもとに成立したアトラクターが、根源的存在から生まれるこの世の存在をかくあらしめる力を受け入れている限り、そこに収束する力は働き続ける。器官やオートポイエーシス・システムを始めとする形体を維持するための機能も作動し続ける。ホメオスタシスと呼ばれる恒常性を維持する特性である。

あらゆる細胞や生命体には恒常性を維持する力が働いているが、その強さ、持続性は一様ではない。恒常性の維持に深くかかわっているのが、アトラクターの気の密度と気の動きが作り上げた仕組みの多様性、複雑性である。アトラクターの密度が薄く、仕組みが単純であればいかに動きを継続させても、この世の存在をかくあらしめる力が働く余地は少なく、アトラクターの寿命は一般的に短い。

アトラクターの恒常性に深くかかわっているのが気の密度である。気の密度が一定水準を超えると、外部の気をますます集めるようになり、アトラクターの活力は一段と高まる。大量の気が流入していることが、アトラクターの活力と持続性の基本である。流入してくる気の量が少なければ、アトラクターを維持する力は弱まっていく。アトラクターの恒常性の維持には、新たな気が大量に流入し続けることが必要である。

また、仕組みの多様性、複雑性も必要である。基本的機能、派生的機能を充足させるために作り上げられたつながり、重なり合った器官の多様な階層構造や神経系、免疫系、内分泌系を始めとする複雑なオートポイエーシス・システムが成立していることである。こうした多様な器官の階層構造や複雑なオートポイエーシス・システムがアトラクターの目的の実現に向けて密接に関係し、機能しそして統合されていることが恒常性の原動力である。多様で複雑な動きがシンクロナイズし、調和している限り恒常性は維持される。

多様性、複雑性が確保されているアトラクターでは、大量の気の流入に伴い、気、そしてそれを構成要素としている原子や分子は日々入れ替わっているが、陰陽五行の気や原子や分子の構成割合と距離と配列は原則的に変わらず、生物は一定の形体を維持している。突然手や足が三本になることはない。また体温、血圧、心拍数などといった生理的条件も、内外の環境変化にもかかわらず恒常性を維持している。動的状況における恒常性の維持、これが生物の正常な姿である。

しかし、注意深く観察してみると、人間としての形体の維持という一定の範囲内で起こっていることではあるが、気の種類と性格と構成割合、その配列と距離は、日々微妙に変化している。数十年間全く同じということではない。同じ人間でも長い時間軸では、気の種類と性格と構成割合、その配置と距離は徐々に変化しているということである。今、現象を認識している私という意識も、私の肉体も次の瞬間変化しており同じではない。昨日の私と今日の私は異なるということである。昨日の残像と、今、私が認識している自分自身との差が極めて小さく、私達がその差を認識できないだけである。長い時間軸では意識の変化、肉体の変化を認識できるはずである。小学生の時と現在を比べて肉体は明らかに変化している。また、星空を認識している私達の意識も、微妙に変化している。幸い人間には根源的存在から生まれるこの世の存在をかくあらしめる力が強く働いており、気の種類と性格と構成割合、その配置と距離が若干変わったとしても、一定の領域内に収まり、人間から犬、人間から猫へといった変化、すなわち分子の構成割合と配置と距離が劇的に変わる相転移は、現在人間には起こっていないはずである。あくまでも人間の形体は、持続的に維持される。私達は一〇〇％そうあることを望んでいる。

しかし、人間は他の存在に変わることはないのか。現在では肯定も否定もできない。余談ではあるが、古くから民話の世界に出没している妖怪は、他の宇宙から紛れ込んできた存在であると思われていたが、もしかしたら人間からの相転移現象から誕生したのかもしれない。何らかのはずみで神の力の隙間が生まれ、人間から妖怪への相転移が起こったのかもしれない。登場する妖怪の多くが、人間に近い形体と意識を持っているのはそのためではないか。ありえない話ではない。妖怪が作り出した世界は、私達の世界と連続している世界なのかもしれない。地方に行けば妖怪は身近な存在である。座敷童を始めとする多くの妖怪が、日常生活に組み込まれている。稲生物怪録(二六)のように、妖怪との出会いが詳細につづられた記録もある。私達の物語と妖怪の物語の連続性。考えれば考えるほど奥行きのある不思議な話である。いずれにしても人間は複雑で多様な不思議な存在である。こうした多様で複雑な人間を、陰陽五行の気を中心に説明することが可能になったのである。

八　恒常性を維持するために留意すべき点

動的状況における恒常性の維持。これが人間の本来の姿である。しかしその形体を永久に維持することはできない。新しい気の流入が減少するか、流入してくる気のバランスが崩れると器官に異常が生じる。それに伴い神経系、免疫系、内分泌系などといった産出関係の作用も弱くなり病気になる。何も手を打たなければ、アトラクターはいずれ消滅してしまう。私達はこうしたアトラクターに生じた異常を、体温、血圧、心拍数、血糖値などの数値によって知ることができる。アトラクターに生じたこうした異常を知った時、私達はどうすれば良いのか。

アトラクターに生じた異常が初期の段階であれば、私達は陰陽五行の気のエネルギーのバランスを良くすることにより病気から回復することができる。しかし、兆候を無視し続けると、気が欠ける状態、つまり病気は進んでいく。対症療法により、一時的に回復させることはできるが、それには限界がある。そしてそれが著しくなると形体のアトラクターを維持する力は弱まり、荘子が「気が集まれば生となり気が散じれば死となる」(二七)といってるように、気は根源的存在に向けて回帰し、形体のアトラクターは徐々に姿を消し、生物は死にいたることになる。形体のアトラクターが消滅し、新しい気が流入しなくなることにより、そこは平衡状態、すなわちすべての要素がただ乱雑に存在する状態になり、いずれ私達が現在認識している肉体も消滅していく。そしてそこに集まっている気は、回帰の道をたどり根源的存在と一体化していく。

自然に生活していても、生物には生成・成長・成熟・完成・完了の各段階があり、完成・完了期に入ると、いかに気のエネルギーが凝縮した物質的エネルギーを流入させても、いずれアトラクターは消滅し平衡状態に達する。生物によって個体差はあるが、いずれ死を迎える。個体としてのアトラクターの完成・完了期を延ばすことはできるが死を避けることはできない。一瞬の微妙なバランスのもとに成立したアトラクターは、いずれ消滅していく運命にある。アトラクターは長期にわたって持続することはあるが、それは決して永遠の存在ではない。陰陽五行の気のエネルギーの流入によって成長している存在は、成長が止まった瞬間から消滅への道を歩み始めるということである。すなわち根源的存在への回帰の道をたどることになる。もし、少しでも肉体的に長期間存在したければ、気のエネルギーを継続的に流入させるだけではなく、アトラクターを健全な状態で持続させるための努力をする必要がある。

陰陽五行の気のバランスの確保

アトラクターを持続させるためには、つねに陰陽五行の気のバランスを保っていくことである。生活習慣を理に沿ったものとする、歩行と呼吸のリズムとテンポを改善する、風水を取り入れる、食事を改善するなどといった努力をして陰陽五行の気のエネルギーを高めるとともに、バランスを良くしていくことである。とくにリズムが大切である。歩行のリズムと呼吸のリズムを改善するとともに、規則正しい生活をすることである。何時間寝たということよりも、いつ起きるかが大切である。八時間寝たといっても七時に起きたり、一〇時に起きたり、起床時間がバラバラではリズムが壊れてしまう。食事の面でも同じことがいえる。栄養バランスも大切であるが、より重要なことはいつ食べるかである。朝は七時三〇分、昼は一二時、夜は六時と規則的に食べることが大切である。不規則な食事は体内の気のリズミカルな流れを阻害し、かえってアトラクターのバランスを崩すことになる。生活のリズムを規則正しくすることにより、体のリズムと自然のリズムとの一体化が確保されるのである。

アトラクターを破壊しないこと

また自分からアトラクターを壊さないこと、気が抜ける行為をしないことも重要である。気が抜ける行為とは相手を非難する、人をうらやむ、怒る、欲を優先する、人を陥れることである。こうした好ましくないことを思うだけで気が抜けていくが、それを声に出してしまうと決定的になる。大きな声で相手を非難した瞬間、気が瞬く間に抜けていく。清なる気はその場から消え去り、濁なる気が一気に流れ込んでくる。自分自身も、周りの人も、清なる気を失い、濁なる気を浴びてしまう。人間であれば誰しもが好ましくないことが心に浮かんでくるものである。大切なのは、それを言葉にしないことである。好ましくない発言や行動をすることにより、気は抜けていき、負のスパイラルへ向けて走り始めてしまうのである。

怒りを抑える

気が抜ける行為の中で、私達が最も避けなければならないのが情のひとつである怒りである。人間の心はその時の気の質や人々との交わりの中でつねに揺れ動いている。外的刺激や内なる心の変化に応じて、小さな葛藤は日々起こっているが、私達はそれをアトラクターの力で抑え、バランスを取っている。

しかしいつもそうであるとは限らない。何らかのはずみでアトラクターの力が落ちた瞬間、心の中の葛藤が増幅し、噴き出してくることがある。それが怒りである。怒りの感情が湧き上がった瞬間に、感覚は狭まり、頭脳の相互作用は停止し、私達はこの世の存在をかくあらしめる力である理から完全に切り離されてしまう。すなわち一時的に自己自身が消滅した状態に陥ってしまう。その瞬間、様々なゆらぎが増幅し、アトラクターは乱雑な状態になってしまう。それに伴い様々な弊害が発生する。

怒りが短期間で収まれば、アトラクターは自律的に修復し、平常な状態に戻る。しかし、それが長期に及ぶと、今までブロックしてきた周囲に存在する濁なる気を呼び込み、アトラクターの乱雑度は増大していく。それに伴い神経系・免疫系、内分泌系などといった産出関係も乱れ、形体のアトラクターや精神のアトラクターの持続性は徐々に低下していく。また、その隙をついて悪が入り込んでくることもある。そうなると、精神のアトラクターの乱雑度は一段と高まり、もはや健全な精神を維持することができなくなる。このように怒りは、予想をはるかに超えた弊害をアトラクターに与えるようになるのである。アトラクターを持続させたければ、怒りを抑えることである。

濁なる気を避ける

また濁なる気が集まっている場所に行くこと、凶方へ行くこと、濁なる気を受けた人が集まっている場所へ行くことも気が抜ける原因である。不思議なことに、気が抜けた時に濁なる場所に引き寄せられることが多い。気が抜けた時は、とにかく動かないことである。気が抜けたと思ったら、気が抜ける行為を徹底的に避け、それを連続させないことである。とりあえず発言を控え、動かないことである。こうした努力を成長期から続けていれば、形体のアトラクターや精神のアトラクターの持続性は間違いなく高まる。それにより成熟期、完成・完了期を延ばすことはできる。完成・完了期になってからでも、その効果は限定的であるが、こうした努力により、アトラクターの持続性を若干高めることができる。しかし、どんなに陰陽五行の気のバランスを良くしても、アトラクターが永続することはありえない。鳴門の渦がいずれ消滅していくように、自然な環境の中で形体のアトラクターや精神のアトラクターは、静かに消滅していく。そして気は散じて、根源的存在に回帰していく。生成と消滅、これも理に沿った自然な動きである。

このように人間は、固定的・安定的存在ではない。自然・宇宙を貫く大きな流れの中に成立している動態的な微妙な存在である。最近よく、自然を大切にしましょう、自然と共生しましょうという呼びかけを耳にするが、それは何も特別なことではない。私達は自然・宇宙の一部であり、それとのかかわり抜きにその存在を考えることはできない。自然を破壊することは、自分自身を破壊することである。日本人は、幕末までこうした精神を大切にして暮らしていた。それが明治以降、西洋文明の影響を受け、日本人の自然を大切にする心が希薄になってしまったのである。私達は、人間が激しい宇宙の動きの中で、一瞬のバランスのもとに存在していることを忘れてはならない。

注

（一）キャスティ・ジョン・L著、佐々木光俊訳『複雑性とパラドックス』白揚社、平成八年、四六頁（Casti, John L. *Complexification*, Harper Collins, 1994）
（二）竹内　薫著『ヒッグス粒子と宇宙創成』日経プレミアムシリーズ、平成二四年、五四頁
（三）湯浅幸孫著『近思録　上』タチバナ教養文庫、平成八年、一四頁
（四）山田宗睦訳『日本書紀　上』ニュートンプレス、平成四年、一三頁
（五）丸山松幸訳『易経』徳間書店、平成八年、四二頁
（六）丸山松幸訳、前掲書、四一頁
（七）丸山松幸訳、前掲書、四九頁
（八）湯浅幸孫著、前掲書、一四頁
（九）山田宗睦訳、前掲書、一六–一七頁
（一〇）蜂屋邦夫訳注『老子』岩波文庫、平成二〇年、三四頁
（一一）ハラリ・ユヴァル・N著、柴田裕之訳『サピエンス全史　上』河出書房新社、平成二八年、一五頁
（一二）ハラリ・ユヴァル・N著、柴田裕之訳、前掲書、二七頁
（一三）野村泰紀著『なぜ宇宙は存在するのか』講談社ブルーバックス、令和四年、二四八頁
（一四）河本英夫著『オートポイエーシス』青土社、平成七年、一二五–一二六頁
（一五）河本英夫著、前掲書、一六六–一六八頁
（一六）河本英夫著、前掲書、一六〇頁

（一七）河本英夫著、前掲書、一六六頁
（一八）多田富雄著『免疫の意味論』青土社、平成五年、一〇四頁
（一九）河本英夫著、前掲書、一七四頁
（二〇）マトゥラーナ・ウンベルト／ヴァレラ・フランシスコ著、河本英夫訳『オートポイエーシス』国文社、平成三年、二四頁（Maturana, Humberto and Francisco J. Varela, *Autopoiesis and Cognition*, D. Reidel Publishing Company, 1980）
（二一）多田富雄著、前掲書、一八頁
（二二）田村隆明著『コア講義　生物学』裳華房、平成二〇年、九〇頁
（二三）河本英夫著、前掲書、一〇二頁
（二四）マトゥラーナ・ウンベルト／ヴァレラ・フランシスコ著、前掲書、一九頁
（二五）田村隆明著、前掲書、一〇二頁
（二六）京極夏彦訳、東　雅夫編、解説『稲生物怪録』角川ソフィア文庫、令和元年
（二七）森　三樹三郎訳『荘子Ⅱ』中央公論新社、平成一三年、一一七―一一八頁

第七章　精神のアトラクター

いよいよ私達の心の話である。心の動きは身の動き、口の動きと並ぶ、人間というアトラクターが成立し、存在するために必要な基本的機能である。心の動きがなければ人間たりえないということである。心の動き、そしてそれを支える意識が生まれることにより、私達は何かを認識し、あれやこれやと考え、何かを企てる。そして喜び悩む。これが人間の証である。ここでいう心とは「精神作用を総合的に捉えた」意味であり、(一)感覚・意識だけではなく、その根底にあるものも含むものである。

意識とは第五章で取り上げたように、意の認識が成立する領域で受・想・行・識からなる意という精神領域が法に接することにより、そして視覚、聴覚、嗅覚、味覚、触覚などといった感覚が改めて受・想・行・識という精神領域を通ることにより生まれる総合的感覚である。ここで法とはすでに述べた通り、思考の対象となるもの(二)すべてである。哲学的概念・倫理的規範・科学的知識を始めとする諸概念、そして言葉などがこれにあたるものである。そして精神とは、眼の世界、耳の世界、鼻の世界、舌の世界、身の世界、意の世界で成立する感覚・意識のすべてと、その根底にあるものである。心とほぼ同一の概念である。

ここで取り上げるのは五つの感覚と、法が精神領域を通して統合されることにより生まれる総合的な意の感覚である意識である。私達が朝目覚めると、当然のように外界を認識し活動を開始している。そして何かを思い、あれやこれやと考え生活している。こうした私達の感覚は、どのようにして生まれるのか。どうして心や意識は持続しているのか。また人間以外の生命体にも、今私達が認識しているような心や意識があるのか。人類誕生のどの段階から今のような意識を持つようになったのか。ある日突然、今私達が認識しているような意識が生まれたのか。それとも徐々に意識が明瞭になってきたのか。考えれば考えるほど不思議である。人間の存在にかかわる重要な機能的命題である心の動き、心とは何か。そしてそこにおける意識とは何か。私達の心や意識はどのようにして生まれてくるのか。私達の心や意識はどのような働きをしているのか。ここからは心と意識と深くかかわっている精神のアトラクターの話である。

一　精神のアトラクターの成立

道からあふれ出た気が激しく動き回っていく中で、気の密度が濃いところが生まれる。気の密度の濃いところはますます気を引き寄せ、気の密度が一段と濃くなっていくと、そこに根源的存在の力が強く働く場のようなものが成立し、アトラクター、すなわち気が収まる領域が形成される。そして、アトラクター内でより高いエネルギーを持った陰陽五行の気がより激しく動いていく中で、気の密度と気の回転運動の速さが一定水準を超えると、陰陽五行の気がバランス良く調和した状態が作り出される。万物の誕生である。そしてさらに、エネルギーの高い気が大量に集まると、そこに身の動き、口の動き、心の動きといった人間として成立するために必要な基本的機能が生まれる。そして気が激しく躍動していく中で、第五章で説明したように眼の認識（眼識）という機能、耳の認識（耳識）という機能、鼻の認識（鼻識）という機能、舌の認識（舌識）という機能、身の認識（身識）という機能、意の認識（意識）という機能という派生的機能が生まれる。この段階では今私達が感じている感覚も意識もないが、人間として成立する領域が大雑把に確保されるとともに、そこにおける人間として成立するための概念枠組である基本的機能、派生的機能が明らかになったということである。

そして気の流入がより一層激しくなると、「識によりて名色がある」とあるように、眼識、耳識、鼻識、舌識、身識、意識という派生的機能からなる概念枠組に沿って名色が生まれる。色は物質的要素、すなわち肉体であり、形体のアトラクターが成立する領域が確保される。そして気がより一層激しく躍動し、回転し、相互作用することにより名、すなわち意と呼ばれる受・想・行・識からなる感覚・意識にかかわる精神のアトラクターが成立する領域が確保される。ただしこの段階に進んでも、いまだ私達が認識している形あるものは、十分姿を表してはいない。またそこでは対象との接触もなく、今私達が感じている感覚も、意識もない。それが存在する場もしくは領域が成立したということである。

六処が成立することにより、感覚・意識といった精神のアトラクターの構造とメカニズムの話は一気に進んでいく。六処、すなわち眼・耳・鼻・舌・身・意とその対象となる色・声・香・味・触（感触）・法（観念）が相合することにより、それぞれの認識が成立する領域が確保される。精神のアトラクター内にそれぞれの認識を構成する世界、すなわちミニアトラクターが成立するのである。六処の成立とともに精神のアトラクターは確立し、感覚・意識が顕在化していくのである。こうした感覚・意識を生み出す精神のアトラクターは、どのような構造になっているのであろうか。

二　精神のアトラクターの構造

第五章で述べた通り、精神のアトラクターの構造論の基本は「名」と呼ばれる受・想・行・識という一連のプロセスからなる精神領域が、法（観念）とのかかわりで、それぞれ作り出す意の認識が成立する領域である意の世界である。意の認識が成立する領域、それはそれぞれ受という認識が成立する領域、想という認識が成立する領域、行という認識が成立する領域、識という認識が成立する領域といったミニアトラクターから構成されている。もちろん精神のアトラクターは、意の認識が成立する領域だけで構成されているわけではない。意の認識を支えている眼の感覚、耳の感覚、鼻の感覚、舌の感覚、身の感覚を生み出す五つの認識が成立する領域、すなわち五つの世界も含むものである。

精神のアトラクターは、図七―一のような六つの認識が成立する領域、すなわち六つの世界から構成されている。

眼という器官が対象としての色と相関係することによって生まれる眼の認識が成立する領域、すなわち眼の世界。

耳という器官が対象としての声と相関係することによって生まれる耳の認識が成立する領域、すなわち耳の世界。

鼻という器官が対象としての香と相関係することによって生まれる鼻の認識が成立する領域、すなわち鼻の世界。

舌という器官が対象としての味と相関係することによって生まれる舌の認識が成立する領域、すなわち

図 7-1　精神のアトラクターの構造

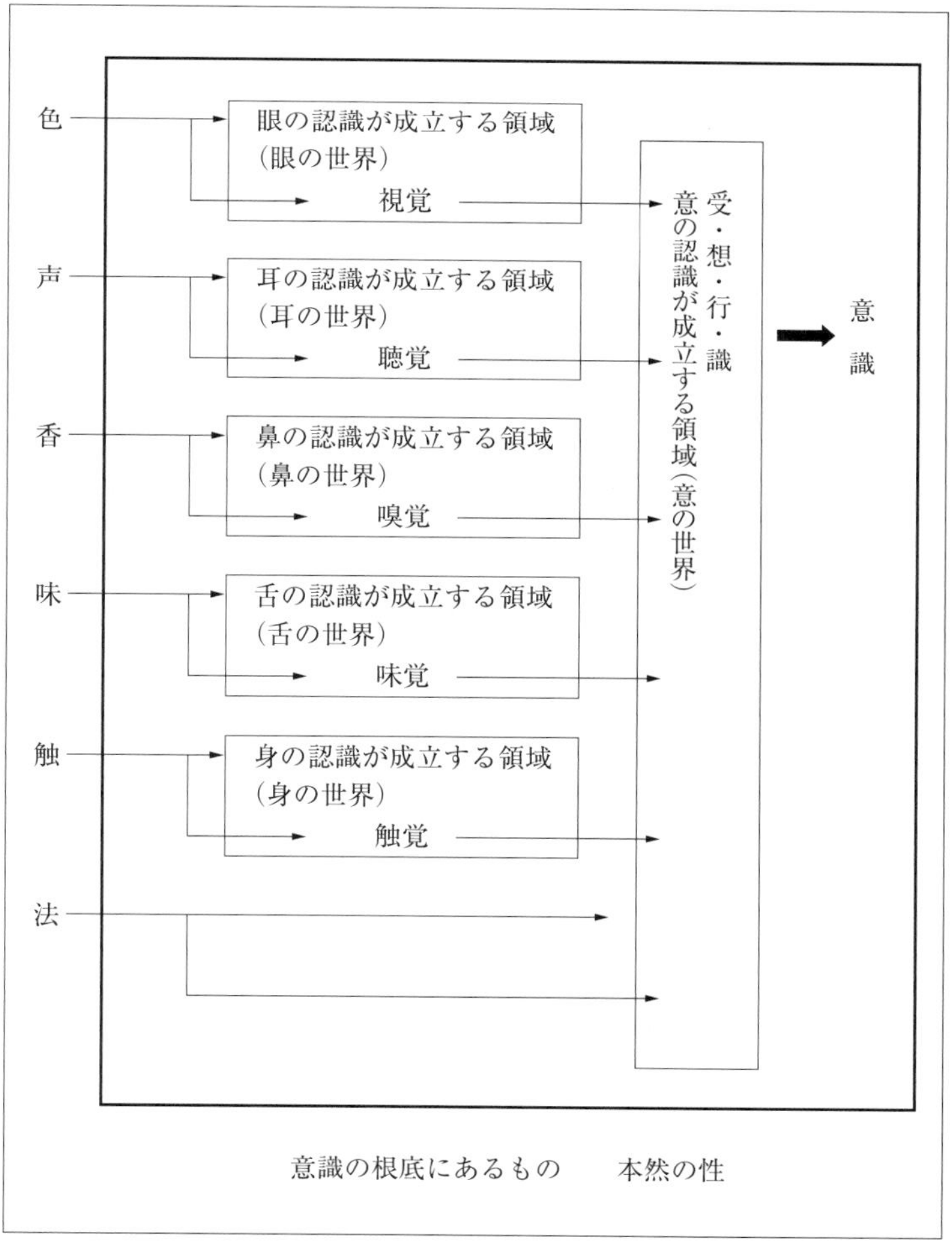

舌の世界。

身という器官が対象としての触と相関係することによって生まれる身の認識が成立する領域、すなわち身の世界。

そして受・想・行・識からなる意という精神領域が対象となる法と相関係することにより生まれる意の認識が成立する領域、すなわち意の世界である。意の世界は、眼の世界、耳の世界、鼻の世界、舌の世界、身の世界を包み込む大きな世界である。

意の世界では受・想・行・識という精神領域が法と相合することにより、意の感覚である意識が生まれるわけであるが、意識は精神領域が法と相合することだけから生まれるわけではない。眼の世界では眼の感覚である視覚が生まれ、耳の世界では耳の感覚である聴覚が生まれ、鼻の世界では鼻の感覚である嗅覚が生まれ、舌の世界では舌の感覚である味覚が生まれ、身の世界では身の感覚である触覚が生まれるが、こうした視覚、聴覚、嗅覚、味覚、触覚も、受・想・行・識という精神領域を通して意識の形成にかかわっているのである。

この六つの認識が成立する領域、六つの世界は精神のアトラクターの主要な構成要素であるが、それだけで精神のアトラクターが成立しているわけではない。精神のアトラクターには根源的存在の力が一段と強く働いており、その根底には根源的存在の心が発現した本然の性が存在しているのである。これが人間の秀でた存在である証である。感覚・意識は、この精神のアトラクターの根底にある本然の性から時に顕在的に、時に潜在的に影響を受けているのである。私達の意識が自然に好ましい方向に導かれていると思うことがあるが、それは精神のアトラクターの根底にある本然の性の働きである。

精神のアトラクターは、こうした六つの世界のミニアトラクターと、受・想・行・識という精神領域の四つのミニアトラクター、そしてその根底にある本然の性から構成されているのである。この精神のアトラクター内では、躍動している陰陽五行の気が六つの世界のミニアトラクター内と、受・想・行・識という精神領域の四つのミニアトラクター内といった領域ごとに、密度の濃い状態で見事に整理・統合されバランス良く収まり、その後の活動に備えている。

この精神のアトラクターの構造の基本設計のもとに、脳や神経系などといった私達の意識を支える様々な器官やオートポイエーシス・システムとつながっていくのである。そうした多様で多重な動きから、私達の感覚・意識は生まれてくるのである。心の動きという人間としての機能的命題が明らかになることにより意識は成立するが、こうした世界が成立することにより感覚・意識は私達が認識できるような形で現実的なものとして働き始めるのである。

三　意識成立のプロセス

視覚、聴覚、嗅覚、味覚、触覚という五つの世界における感覚と思考の対象となるものが、意の認識が成立する領域で精神領域と相合して意識が生まれるというが、それはどのようなものなのか。意識成立のプロセスはどのようになっているのであろうか。視覚、聴覚、嗅覚、味覚、触覚、そして思考の対象は精神のアトラクターにおける意識成立のプロセスを起動させる誘因となるものである。そこから精神のアトラクターの中核である受・想・行・識という精神領域、すなわち意識成立のプロセスが動き始める。

受　受動的に受け入れること

「受とは感覚である」、「感覚は受動的なものである」(三)とあるように、受とは受動的に何かを感じて受け入れることである。そして意識成立のプロセスにおける受とは、それを蓄積していくことである。私達は六つの認識が成立する領域で、対象と接することにより何かが入ってくる。受とはそれを受け入れることである。それは視覚、聴覚、嗅覚、味覚、触覚という五つの感覚が捉えたものが入ってくること。思考の対象となるものが入ってくることである。そして、それを受動的に受け入れることである。対象と接することにより入ってくる形、声、臭い、味、感触、意味のある言葉を一方的に受け入れていくことである。そこには能動的意志は働いていない。特別な場合を除き、対象と接することにより入ってくるものを拒むことはできない。この受があることが人間の意識の始まりである。受がなければ意識は成立しない。

受は一方的、受け身のあり様であるが、この入口の受は重要である。一方的に受け入れるということであるが、何が入ってくるかにより、その後の意識成立のプロセスの質が左右される。対象と接することにより入ってくるものの質、とくに対象を構成する気の質は重要である。対象から入ってくるものが好ましいもの、もしくは質の高い気によって構成されるものであれば、その後の意識成立のプロセスの質は高いものとなる。対象から入ってくるものが好ましくないもの、もしくは質の低い気によって構成されるものであれば、その後の意識成立のプロセスは質の低いものとなる。思考の対象から最初に入ってくるものが、仏教の経典、キリスト教の聖書などという倫理規範なのか、悪の指南書であるかによってその後の意識成立のプロセスは全く異なったものとなる。映画、ＴＶ、ＳＮＳから入ってくる対象に対して感覚が捉えるものが、殺人、暴力にかかわるものであれば悪の行為が蓄積される。現代の若者には、政治、経済にかかわる好ましくない現象が蓄積されている可能性がある。倫理観の低下は、日常的に受け入れている好ましくない現象・事象の蓄積によるものであると思われる。かつての人々が教会やモスクに行って祈るのは、現実世界の好ましくない現象の蓄積を洗い流すためではないか。いずれにしても、受の段階で入ってくるもの、そしてその質が、その後の意識成立のプロセスを左右するのである。

また注意しなければならないのは、いかにそれが好ましいもので、質の高い気によって構成されているものでも過剰な受け入れは禁物である。過剰な受け入れは、ただ意識成立のプロセスを混乱させるだけである。

こうした受はいつから始まるのか。それは母親の胎内から始まると思われる。胎児は母親が受け入れた感覚、思考の対象となるものを一方的に受け入れているのである。

想　表象の形成

想とは与えられた感覚によって表象を構成する過程である。(四)最初は精神領域には何も蓄積されていない。最初の段階では感覚等の蓄積はゼロなので何かが入ってきてもいわゆる像は形成されない。始めは何もないが何回か受があることにより感覚等が蓄積されてくるようになる。それをよりどころに「心の内部に像を構成するものである」(五)とあるように、入ってきた対象について何らかのイメージが形成されるようになる。対象の形や、対象の発する音や、対象から生まれる臭いや味、対象に触れることによって得られる感触に対するイメージが形成されるようになるのである。仏像に接した時、過去に仏像に接したことがなければ、仏像というイメージは形成されない。しかし過去に何度か仏像に接したことがあれば、仏像に接した時、仏像というイメージが形成される。この段階のイメージは受動的な、自然に浮かび上がってくるイメージである。

像を構成するにはアトラクターが経験を積み、感覚が蓄積されていることが必要である。アトラクターが経験を積めば積むほど、感覚の蓄積は増加し像は鮮明になっていく。その後の行・識の活動も活発になる。また、想においても蓄積されている感覚等の経験の質も重要である。対象と接することにより入ってくるものが好ましいもの、もしくは質の高い気によって構成されるものであり、蓄積されている感覚等の質が高ければ、そこで形成されたイメージも質の高いものとなる。対象と接することにより入ってくるものが好ましくないもの、もしくは質の低い気によって構成されるものであり、蓄積されている感覚等の質が低ければ、そこで形成されるイメージは貧弱なものとなる。視覚を通して、良き映像が蓄積されているのか、悪い映像が蓄積されているかの違いにより、その後の美しさの認識に違いが出てくるのである。優れたアーティストのパフォーマンスが蓄積されていなければ、音楽はただの雑音になってしまう。また蓄積された感覚等の質が低ければ、美しい対象が入ってきてもそれは素通りしてしまい何のイメージも残さない。そして悪の行為の蓄積が大きい場合、善い行いは素通りしてしまい、善い行いに接してもイメージは形成されない。そこには悪の行為にかかわるイメージだけが形成される。これも世の中の悪い行いの原因のひとつである。

人間の場合、こうした想も母親の胎内から始まる。母親を通して受があり、感覚等が蓄積されている。生まれたばかりの赤子も、意識成立のプロセスは働いているのである。

行　能動的姿勢

行とは「意志もしくは意思である。人間の精神はここから能動に転ずる」(六)とあるように、それは外界から受け入れた物事（受）を記憶や知識（想）に照らし合わせる働きである。(七)想では記憶や知識にもとづき自動的に像を構成するという受動的姿勢であったが、行ではそこから一歩進んで改めてそれを過去の知識や経験と照らし合わせていくという能動的姿勢である。

今、目の前に対象として存在しているもの、形、色、そこから発せられる音、臭い、味わい、感触、そして思考の対象となるものをみずからの蓄積された体験と照らし合わせていくことである。それは潜在的形成力(八)と呼ばれているように、何かを実現しようとする動きである。根源的存在から生まれるこの世の存在をかくあらしめる力の働きのひとつが形成力である。この形成力があることが生命体の特色であり、生命体が存続する原動力である。形成力が働いているということは私達が生きているという証である。

アトラクターの力が強ければ、この行の動きも活発であり、大量に蓄積された経験等から迅速な検索と体系的照合が行われていく。蓄積された質の高い多様な経験、そして活発な検索活動と照合活動、これが高い意識の根源である。蓄積された経験の質が極めて高ければ、「慈の本質」、「美の本質」、「善の本質」につながる可能性が生まれ、照合作業の質は一段と高まり、高い意識が生まれることになる。これに対して受・想が貧弱であり、行の働きも弱ければ高い意識は望むべくもない。

意識を高めましょうといっても、それは簡単なことではない。受・想・行のあり方の質を高めていくことである。時間のかかることである。今私達にできることは、受の段階の改善である。六つの認識が成立する領域において、良き対象と接して受け入れていくことである。繰り返し述べているように、質の高い芸術作品に触れることである。心に響く音楽を聞くことである。美しい自然に接することである。素晴らしい人に出会う機会を増やすことである。そうした努力を丁寧に積み重ねていくことにより、受の質を高めていくことである。それらの行為は道の心に近づくあり方のひとつでもある。

識　考え判断する

そして識とは対象認識を基礎として、判断を通して得られる主観の心所である。(九)それは入ってきた情報をこれまでの記憶と照らし合わせることによって、それは何であるかを認識することである。(一〇)識とは何かを認識し、あれやこれやと考えを巡らせ、物事を整理し、考え、判断することである。いわゆる「何事かを思い、あるいは企て、あるいは案ずる」(一一)ことである。それは受・想・行という一連のプロセスを経てたどり着く認識であり、考えであり、判断であり、選択である。

ここに識とは、それが花であれば、美しい赤い花であること、手触りが良いこと、良い香りがすることを認識することである。その花があまりにも美しく、自分のそばに置いておきたいと思えば、その花を摘んで部屋に飾るという判断をし、実行に移すのである。そしてそれが鳥であれば、可愛い鳥であること、青い鳥であること、鳴き声の美しい鳥であることを認識することである。そしてそこに鳥がいることにかかわる何らかの判断をし、行動に移すことである。また人間の行為であれば、自らの経験を通してそれが正しいか、正しくないか、それが好ましいか、好ましくないかを認識することである。そしてそれにもとづき何らかの判断をし、選択することである。

私自身は、意の認識が成立する領域で、すなわち意の世界で、この受・想・行・識の意識成立のプロセスが起動している時点で、現実存在としての人間の意識が成立するものと考えている。今私達が感じている意識の始まりである。そこまでは概念枠組と意の認識が成立する領域が確保されたという話であったが、対象とのかかわりが始まることにより、今私達が感じている意識が生まれるのである。

意識とは

意識とは、受・想・行・識というプロセスを経て、精神のアトラクター内の意の認識が成立する領域で生まれるこうした意の感覚である。これを現象的に表現すれば、受・想・行・識というプロセスを経て、自分自身で何かを認識し、考え、何らかの判断をし、選択していることである。何度も繰り返し述べているところであるが、蓄積されている経験の質が高ければ思考・判断の質も高まるのである。

ところで、よくいう潜在意識とは何であろうか。潜在意識とは、今までの受・想というプロセスで蓄積されたものにもとづき、その根底にあるものとのかかわりで顕在化する可能性のある認識、考え、判断、選択である。決して何のコンテクストもなしに働いているものではない。

もちろん精神のアトラクターだけでこうした意識成立のプロセスが成立しているわけではない。眼、耳、鼻、舌、身そして脳などといった器官や神経系を始めとするオートポイエーシス・システムといった形体のアトラクターが重なり合いながら深くかかわり、そのプロセスを支えているのである。朝起きて、ふと外界は美しいと思うわずかな感覚が生まれるには、人間のアトラクター内の様々な要素のダイナミックな相互作用が必要なのである。

さらに重要な点は、こうした意識成立のプロセスは、個別のアトラクター内のかかわりだけで完結しているわけではないということである。意識成立のプロセスは根源的存在から生まれる生成の力、エネルギーを始めとして宇宙、銀河、地球、自然、他の生命体などといった様々な要素によって支えられている。受・想・行・識という意識成立のプロセスは、無限とも思われるぐらい数多くの要素の相互作用である。したがって意識成立のプロセスを磨き上げるだけで意識を高めることはできない。意識を高めるには意識成立のプロセスにおいて、根源的存在の心、根源的存在から生まれるこの世の存在をかくあらしめる力である理とのかかわりを深めていく努力が必要である。また宇宙、銀河、地球、自然そして動植物の存在を認識していくことも大切である。私達は一見すると独立した存在のように見えるが、もともと道という全体の一部であり、道によって統一された存在であることを忘れてはならない。

自己と自己意識

気が激しく動く中で、気の濃淡が生まれる。この気の密度が濃くなった領域が人間のアトラクターであり、自己である。全体の気が濃くなったところが自己なので、自己が成立するといっても自己と全体を区別する境界はない。自己と全体を分けるのは気の濃淡である。しかし全体の一部かもしれないが、気が密度濃く集まり、激しく動いている独自領域が成立していることは間違いない。一時的、動態的存在ではあるが、アトラクターという独自領域としての自己は存在しているのである。

そして、自己が別のアトラクター、すなわち対象としてのかかわりを持つことにより、受・想・行・識というプロセスを経て対象を認識し、自分が存在しているという意識が生まれる。対象を認識し、理解し、判断し、何らかの選択をするという理性的な存在が成立するのである。今まで同一であった自己と対象を分け、対象とかかわることによって何かを認識し、理解し、判断し、選択することにより、自分自身が存在していると感じる自己意識が誕生するのである。

仏教の存在論では第五章で述べたように「色（肉体）は無我である。無我なるものは、わが所有にあらず、わが我にあらず、またわが本体にもあらず……受（感覚）は無我である……想（表象）は無我である……」とあり、肉体も精神作用も、今私達が考えている自己を構成するものではないとしている。私達はつねに変化している実体のない幻の存在である。したがって実体のない統一的世界に、関係性の中で生まれたつねに変化している幻の存在には、確立した存在である認識主体としての自己は成立しない。またそこには真の自己が存在していないという意味での自己意識も成立していないということである。

私達は気が密度濃く集まった領域であり、それはいずれ消滅する一時的な存在である。それは幻の存在であるともいえる。こうした存在を自己と呼ぶことができるのか。そしてそこに浮かんでくる自分が存在しているという意識を自己意識と呼ぶことができるのか。私達はいずれ消えてなくなる幻のような存在であるという実感が強く、そこに今浮かんでくる意識も仮の意識であると感じ、そこには真の自己は存在していないと思うならば、自己や自己意識は存在しないということであろう。私自身は一時的存在ではあるが、今この瞬間、独自領域としての自己を認識しており、限られた期間ではあるが自己は存在すると思っている。また、対象としてのかかわりで、今この瞬間何かを認識し、あれやこれやと考え、自分が存在していることを感じており、これも限られた期間ではあるが自己意識は存在するものと思っている。もちろん形体のアトラクターの消滅とともに自己は消滅する。精神のアトラクターの消滅とともに、今対象を認識し、自分自身が存在していると感じている今現在ある自己意識も消えていく。今ある自己や自分自身が存在していると感じている自己意識が、全く同じ形で続いていくという可能性は否定できないが、原則的には今ある自己も、自己意識もアトラクターの消滅とともに消えていくものである。

四　意識の働き

精神のアトラクターで気がより激しく動き、回転することにより精神領域の動きは活発になり意識が生まれる。気の躍動、これが意識の本質のひとつである。私達の意識の成立には考えられないくらい激しく気が躍動しているのである。

意の認識が成立する領域には気が密集し躍動している。そこには激しく動く陰陽五行の気の構成割合と配列と距離が、一定の範囲内で特別にバランスした状態が作り上げられている。そして意識成立のプロセスを通してその領域内で次から次へと意識が浮かんでくる。意識も気の躍動、陰陽五行の気の構成割合と配列と距離が変化している状態である。私達が、意識があると思ったその瞬間、気が躍動し、意識を構成している陰陽五行の気の構成割合と配列と距離が微妙に変化しているのである。意識の動きにつれて陰陽五行の気の構成割合と配列と距離がバランスした状態も変化してくる。もちろん変化しているといっても、それは一定の範囲内の動きであり、調和したリズムカルな動きである。意識が連続しているということは、陰陽五行の気の構成割合と配列と距離の変化の調和したリズミカルな状態が続いていくことである。意の認識が成立する領域では、気は激しく躍動しているが、そこにはこの世の存在をかくあらしめる力が強く働いているのである。

意識が働いた時に、意識を成立させている気の種類や構成割合や配列や距離が劇的に変わってしまったり、気が拡散してしまうことは原則的にない。自然にしていれば意識の暴走や爆発は起こらないはずである。いずれにしても気の調和したリズミカルな躍動。これが意識の本質である。私達がふと何かを思っている時でも、考えられないほど大量の気がリズミカルに躍動しているのである。

意識とは、受・想・行・識という精神領域が思考の対象と相合することにより生まれる意の感覚であるが、現象的には受・想・行・識という精神領域が視覚、聴覚、味覚、触覚とも相合することにより生まれるものも含む総合的な意の感覚である。この意識があることにより、何かを認識し、あれやこれやと考えるようになる。そして何かを企てる。何らかの判断をし、意思決定をし、事を起こすのである。また喜び、怒り、満足、そして愛するなどといった気持ちも生まれてくるのである。意識が生まれることにより、現象面での「心の動き」が始まるのである。

全身麻酔から覚めた時、何かを認識する。それが意識であると感じる人もいる。一時的に意識不明の状態になれば現象界における意識がなくなるのではないかと思う人もいる。しかし人間としてのアトラクターが存在している限り、意の認識が成立する領域が存在している限り、意識はなくならないのである。

意識があることにより、農業社会であれば朝起きてこれから畑に行き、山で下草を刈る。そして牛の世話をするなどといったことを考え、行動を起こすのである。農作物の生育が順調であればささやかな満足感に浸り、幸福な気持ちになる。そして午後になって雨が降ってくれば、家に帰って農具の手入れをするか、休息するかを考えるのである。そして夜になって雨が強くなれば、収穫に影響があるのではないかと不安な気持ちになる。

現代社会では、意識があることにより目の前の出来事に対して、様々な欲求を整理し、知識・経験などをよりどころにあれやこれやと考え、判断を下している。これが、私達が日常的に感じている意識である。こうした意識の働きはどのようなものであろうか。

情

何かを認識することから意識は始まるが、それから何が起こるのか。意識があることにより様々な情が生まれる。意識は情である。情とは「物事を感じて起こる心の動き」(一二)である。それは第八章で述べるが、気質の性が外物に触れて強く働いた時に生まれる気持ちである。それが情であり、欲求である。(一三)それはしばしばあれやこれやと考えている時に、それとは関係なく突然浮かんでくる気持ちである。喜怒哀楽がその代表的なものである。苦のひとつである愁・悲・苦・憂・悩などもそれにあたるものである。情があることが人間の特色である。何事も合理的、論理的に進んでいくわけではない。自然に浮かび上がってくる喜び、悲しみ。これも人間を人間たらしめているところである。他の生命体にも情は働いていると思うが、それが強く働いているのが人間である。情は強弱の違いがあるが、次から次へと浮かび上がってきている。私達はこうした情と折り合いをつけながら生活しているが、時に情に強く押し流された判断、行動を取ってしまうこともある。情は私達を激しくかり立てる力でもある。情が一度爆発してしまうとそれを止めることは困難である。情とはなかなか厄介な気持ちであるが、意識は情であり、意識がある限り情は浮かび上がってくるのである。何事も筋書き通りに進まない。情が強く働くことにより物事が突然うまくいくことがある。また、情が強く働くことによりすべてを壊してしまうこともある。情は様々な人生のドラマを作り出す。こうした情は人生の味わいでもある。

こうした情は、管理不能なのか。あるがままに任せておくしかないのか。情を好ましい方向に向ける方法がないわけではない。そのひとつが人間性の高い人と交わることである。人間性の高い人との交わりから生まれる喜び、楽しさは穏やかで深いものとなる。賢人の集まりであれば人々の交わりから生まれる情は、自然の法則に沿ったものとなり、好ましい方向に収束していく。怒りも、理に反する行為に向けられる。人間性の質の低い人の交わりから生まれる喜び、楽しさは浅く、一時的である。それは欲望、低次の快楽の追求に向かっていく。怒りも突発的で一方的である。時に対立、葛藤を生み、あらぬ方向に拡散してしまう恐れがある。情をコントロールすることは困難であるが、人間性の質の高い人との交わりを通して、情を好ましい方向に向けていくことは可能なことである。

愛（渇愛）

意識があることにより愛が生まれる。意識は愛（渇愛）である。第五章で述べた通り六つの世界で六つの感覚が生まれるが、この感覚のうち楽受(一四)すなわち楽しい感覚が生まれることにより愛（渇愛）が生まれる。愛（渇愛）とは「心に喜びを感じ、身を燃やして、あれやこれやに、わっとばかりに殺到すること」(一五)とあるように、情のうち、楽しさ、満足感などといった好ましい気持ちが持続するように強く望むことである。

意識は愛（渇愛）であり、第五章の「受によりて愛がある」で述べた通り、楽しみを続けたい、より楽しいものを手に入れたいという欲求・欲望である。それは「性欲のたかまり（欲愛）、生存欲のたかまり（有愛）、自己優越の欲望のたかまり（無有愛）」(一六)である。現実存在の人間の意識には、自己の維持や願望の実現にかかわる欲求・欲望、すなわち動機志向がつねに働いているのである。

意識は愛であるを現代的に表現すれば、意識は欲求・欲望である。それは「強くほしがって求めるもの」である。(一七)アブラハム・マズローの欲求段階説によれば、人間の欲求は生理的欲求・安全の欲求・所属と愛の欲求・承認の欲求・自己実現の欲求の五つに分類されている。(一八)生理的欲求は、食物、飲み物、性、睡眠、酸素への欲求である。アトラクターの生存にかかわる欲求である。お腹がすけば何かを食べたくなる。暑い日に外出し、のどが渇けば水が飲みたくなる。こうした欲求も識である。安全の欲求は、危険や脅迫や略奪から身を守る欲求である。これらは欲愛、有愛に近いものである。所属と愛の欲求は、ひとりでいたくない、集団を作りたいという欲求、お互いに友情や愛情を持ちたいという欲求である。有愛に近いものである。承認の欲求は、他人から承認され、自尊心を満たしたいという欲求である。これは無有愛に近いものである。自己実現の欲求とは、知識、芸術、道徳に関する才能、能力、可能性を開発し、それを最大限発揮したいという欲求である。これも無有愛に近いものであるが、それが無為自然、柔弱な見地に達し、自己の尊厳を高めるものであれば、現実存在の人間としては好ましい欲求であるといえる。このように意識は欲求・欲望であり、意識がある限りこうした欲求・欲望は次から次へと浮かび上がり、その充足に向けてあれやこれやと考えているのである。

欲求は、私達が生きていく限り普通に起こる意識の働きである。ほど良い欲求も人生の味わいである。現実存在の人間にとって欲求とは、人生のドラマであり、様々な場面を作り出す原動力となるものである。欲求があることによって、人生のシナリオは細かく枝分かれしていくのである。欲求は人生の多様性、複雑性、予測困難性を作り出していく要素のひとつである。そして欲求が強くなったものが欲望である。欲望は渇愛が一段と強くなった状態であり、その強さの程度によって、人生のドラマはより激しく変化していくのである。

いずれにしても、私達は意識があることにより、欲求・欲望が次から次へと浮かび上がり、その充足に向けてあれやこれやと考えているのである。

形　成　力

意識があることにより形成力が生まれる。意識は形成力である。行という精神プロセスでも形成力は働いているが、形成力は意識全般に働いているのである。形成力、それは何かに照らし合わせて、どこかへ向かっていこうという能動的動きである。私達が何かに向かっていると感じる躍動感、それが意識の働きとしての形成力である。それは何かを思い、あれやこれやと考え、何かを企てていく時、何らかの基準をもとに考えていくという志向性でもある。

現実存在としての人間に働いている形成力である志向性のひとつが、価値志向である。価値志向とは「選択を強いられた時に、一定の規範にすべてを委託し、これを遵守させる志向である」(一九)とあるように、何らかの判断をし、選択し、行動を起こす時に一定の価値、もしくは規範をよりどころにして考えるという心のあり様である。自分が認めた価値の体系に従って判断し選択するということである。形成力はこうした価値の体系に沿って考えるという志向性である。

個人的価値の体系は、成人後の社会体験と職場状況を通して形成される。社会には、古代から蓄積された宗教・思想・哲学・経験などを基礎にした基本的価値の体系が成立している。そしてそこに地域の特殊性、場の状況の違いに応じた合意事項と慣習が成立している。私達はコミュニティにおける日常的生活、趣味の会への出席、芸術活動への参加などを通して、その規範や様式の一部を社会的価値として受け入れ継承している。

また職場には、独特の文化が成立している。組織に所属した人は仕事、非公式の人の集まり、会社の行事を通して組織的価値を受け入れている。その多くが意識成立のプロセスの受の段階で、蓄積されていくものであるが、その一部はその後の行、識のプロセスを経て、個人的価値の体系に組み込まれていく。形成力とは、こうした価値の体系に沿って考えようとする志向性である。また何らかの科学的知識や経験などをよりどころにしたいという気持ちも、志向性であり形成力である。その強弱には個人差はあるが、多くの人に見られるこうした形成力、そして志向性は意識の働きである。

意　志

こうした形成力が情、愛（渇愛）を集約し、発現したものが「意志」である。

意識のハイライトは意志である。意志とは「ある行動を取ることを決め、かつそれを起こさせ持続させる心的可能性」（二〇）とあるように、特定の状況で考え、判断し、選択し、行動していくことである。それは積極的、能動的動きである。私達の行為は、図七―二のように、情、欲求・欲望、個人的価値の体系と科学的知識・経験へ向かっていく志向性である形成力が集約した意識の働きである意志のもとに、環境条件、目標、相手の期待とのかかわりで成立したものである。意志と行為、すなわち意識の中核を構成する意志が働くことにより、様々な選択、行為が行われる。これも人間の重要なあり様であ

図 7–2　意識の枠組

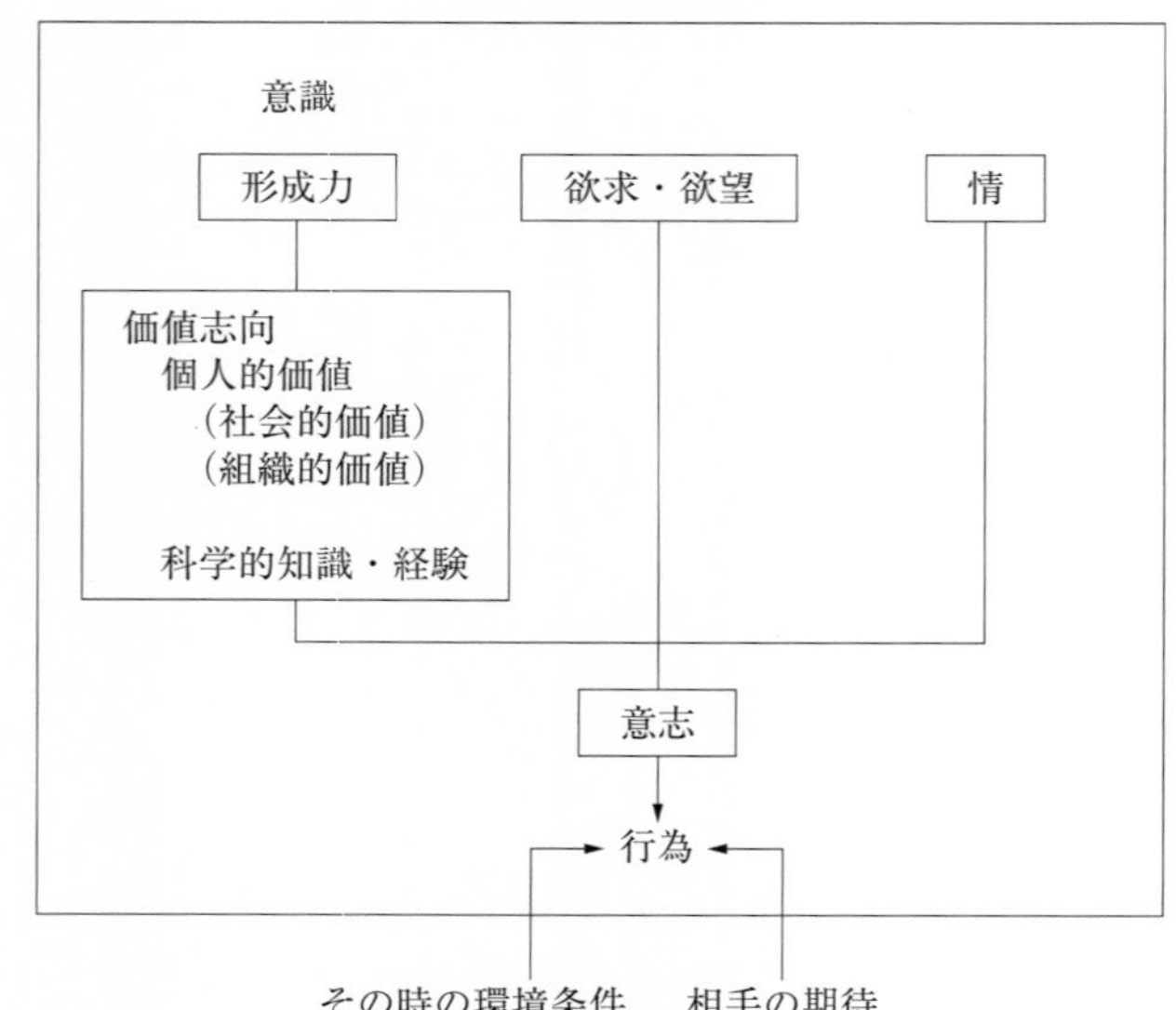

る。この意志が働くことにより、環境とのかかわりが鮮明になり、私達は生きているという実感を得ることができるのである。

精神のアトラクターに大量の気が流入し、激しく躍動している限り、そして気の構成割合と配列と距離が情、欲求・欲望、形成力という領域で交通整理され、意志という領域における気の調和したリズミカルな動きが確保されている限り、意志は積極的に働き続ける。意志もその本質は気の躍動である。第八章で述べるが、こうした意志は、意識の根底にある人間性によって影響を受けている。良き人間性にもとづく正しい意志を働かせている限り、精神のアトラクターへの新しい気の流入は続き、気のバランスも維持され、意志の働きは持続していく。形体のアトラクターにおける肉体や器官と比べて、人間としてのアトラクター消滅のギリギリまで意志は働き続ける。しかし、正しい意志を働かせることを怠り、精神のアトラクターへの新しい気の流入が減ってくると、意志の働きも衰えてくる。形成力、積極性、能動性を特色としている意志にとって、気の流入の減少の影響は大きい。意志の力が衰えていくにつれて、脳や神経系やオートポイエーシス・システムの機能も衰えていく。人間の衰えには様々な要因があるが、意志の衰えからも人間の衰えが始まるのである。

五　アトラクターの消滅と回帰

人間のアトラクターでは、大量の気が流入し、激しく躍動し、気の密度の高い水準が保たれている。また仕組みも多様で複雑になっており、恒常性を維持する力が強く働いている。人間のアトラクターは長期間にわたって、その形体を維持している。一見すると永遠の存在のように見える。しかしアトラクターは永遠の存在ではない。神の手によって作られたこの宇宙の中で最高の芸術作品である人間にも、その活動を完了する時が来る。宇宙に終わりがあるように、人間にも寿命がある。

気の密度が一段と濃くなるところに、根源的存在の力が強く働く場として成立したアトラクターでは、根源的存在から生まれるこの世の存在をかくあらしめる力である理の作用が広く及んでいる。そこには重要な理の法則のひとつである循環の法則が働いている。循環の法則、それは、事象は安定均衡に向かうのではなく、つねに変化しており「元亨利貞」のプロセスを経て、循環しているという考えである。アトラクターも、こうした元亨利貞という循環の法則、すなわち生成、成長、成熟、完了（完成）というプロセスに沿って動いていくことになる。いずれにしても気が密度濃く集まって成立した動態的存在である人間のアトラクターは、いずれ完了（完成）の時期を迎えるということである。これが、道が作り出した存在の自然な姿である。

循環の法則　アトラクターの循環の法則

アトラクターの循環の始まりは元である。「元は善の長なり、君子は仁を体してもって人に長たるに足り」とあるように、元は仁、すなわち慈しむ心である。

気が大量に流入し、躍動している状態から五行の気の構成割合と配列と距離が調和した状態が生まれ、形体のアトラクター、精神のアトラクターが生成されるが、その根底にあるのが慈しみの心である。アトラクターは慈しみの心を抱いて生成され、この世に第一歩をしるすのである。人間のアトラクターの始まりは慈しみの心である。

「亨は嘉の会(あつまり)なり」とあるように、亨は伸び広がっていくことである。アトラクターにより一層大量の気が流入し、激しく躍動することによって、アトラクターの質が向上し、成長し、進化していくことである。慈しみの気持ちを抱いて、誠実に、丁寧に、そして自然に活動することにより、アトラクターの多様性、複雑性が増大し、肉体的にも、精神的にも成長し、進化していくことである。最も躍動感を感じることができる時期である。気が激しく躍動し、意識が活発に働き成長している。これが若さであり生きている喜びである。成長している若者の躍動感の何と美しいことか。私達はスポーツの世界でそれを見出し、その感動を共有している。某スポーツ選手の人気は自然で純粋な成長期の躍動感である。成長期がいつまで続くのかは個人差はあるが、自然にしていればそれなりに成長の時期を享受することができるはずである。

ところで気が躍動しているとは具体的にどんな状態であろうか。それは一時的な興奮や心の高ぶりから生まれる動きではない。怒りや、心の動揺といった気の乱れから生まれる動きとも明らかに異なる。気の躍動している状態とは、気は激しく動き回っているが、アトラクターは混乱状態にならず、素早く再編成され、新たな秩序に向かう動きが繰り返されている状態である。それは心の奥底から自然に発生し、全体に広がっていくもの、静かで動的なリズムであるといえる。外から見れば輝きのあるリズミカルな動きである。気が躍動した状態は主として、心を無為自然、すなわち空にして集中することによって作り出されたものである。亨において心掛けるべきことは、気の躍動感を高めていくことである。

「利は義の和なり」とあるように、伸びて広がったものを理に沿ってまとめていくことである。それは成熟期である。大量のエネルギーは引き続き流入しているが、アトラクターが最も安定している時期である。周囲のアトラクターと調和し、バランスを取っている状態である。ここで行われることは、肉体と意識を理に沿って再編成していくことである。肉体を再チェックして必要な対応をすることである。情、欲求・欲望、形成力、そしてそれらが集約した意志の向かうところを理に沿ったものにすることである。成熟期の美しさ。それを私達は名優の舞台に見ることができる。私達が生きている意味において、このアトラクターの成熟期の過ごし方は重要である。この成熟期がいつまで続くかについては個人差がある。理に沿った再編成を続けている人にとっては、質の高い新たなエネルギーの流入は続き、精神のアトラクターも形体のアトラクターもその健全性を維持し、成熟期は予想を超えて長い期間続いてくことになる。

アトラクターの循環は貞で収まる。「貞は事の幹（おおもと）なり」とあるように、好ましい考えを形あるものとして完成し、正しい知・徳を内側にしっかりと包み込んでおくことである。完成し、アトラクターとしての動きを完了し、収まるべきところに収まっていくことである。この時期になると気の密度は、ピークの時と比べて相対的に薄くなっていくが、ひとつひとつの気の勢いが落ちていくわけではない。集約される気の量は減っていくが、気の働きの質は変わらない。むしろあり様によっては高まっていく。量的縮小、質的向上はこの時の特色である。現象面での肉体の動き、感覚・意識は衰えているように見えるが、肉体の動きも、感覚・意識もそれぞれ磨き上げられ、その質は向上している。この段階で必要なことは、正しい意識、正しい意志を働かせ、活動、知識、考えをまとめ上げていくことである。循環の法則の仕上げは、心の底にある慈を感じながら正しい知識、そして徳を心の中に包み込み、固く守っていくことである。

気の密度が濃くなったところに成立した動態的存在であるアトラクターは、成長期を過ぎ、成熟期を迎え、輝きを増していくが、その後、正しい知と徳を収めることにより、気の流入が減少していく中で完成の時期を迎えることになる。それが完成であり、人間のアトラクターとしての完了である。

この完了の時期をどう考えどう過ごすかは自由である。ひたすら信仰心を高め、極楽浄土への往生を願うこともひとつの選択肢である。死ねば一巻の終わり、その後は何もなくなると考え、それまで潔く生きていくこともひとつのあり様である。私自身は聖人君子には遠く及ばないが、私なりの努力を積み重ね、知識と徳を収めて固く守り、完了の時期を迎えることにする。

アトラクターの消滅

アトラクターが完成し、完了の時期を迎えるのに合わせて形体のアトラクターを支えてきた器官やオートポイエーシス・システムの働きは希薄になっていく。精神のアトラクター内に成立している領域も少しずつ活動を弱めていく。それに伴い、眼の認識が成立する領域、耳の認識が成立する領域、鼻の認識が成立する領域、舌の認識が成立する領域、身の認識が成立する領域、意の認識が成立する領域が徐々に消えていく。眼、耳、鼻、舌、身を始めとする感官や器官も徐々に姿を消していく。それに合わせて肉体も、受・想・行・識という精神領域も消えていく。形体のアトラクターや精神のアトラクターの消滅である。現実存在としての人間は、存在しなくなるのである。私達の多くは、この段階を死と呼んでいる。それに伴い、眼識、耳識、鼻識、舌識、身識、意識といった人間として成立するための機能的命題である識別する作用も消えていく。そして身の動き、口の動き、心の動きがなくなり人間としての概念枠組や領域もなくなるのである。これがアトラクター完了の作法である。

回帰の道

個別の形体・意識にこだわっている人にとってアトラクターの消滅、私達の言葉でいう死は、まさに物語の終わりである。しかしそれですべて終わってしまうのか。対象を認識し、自分自身が存在していると感じている自己意識が完全に消滅し、無限の闇の世界に放り出されてしまうのか。確かに現実存在としての自己、自分が存在していると感じる自己意識、そしてそれを支えている精神のアトラクターは消滅し、今まで存在していた私は消滅するが、それですべてが終わってしまうわけではない。

「反は道の動」（根源に立ち返るということが道のいとなみである）（二二）とあるように、道から現象界に恐ろしい勢いで大量の気があふれ出ているが、それはまた大きな流れとなって道に戻っていくということである。アトラクターの消滅後、アトラクターを形成した気は猛烈な勢いで道へ戻っていく。気が集まって全体から部分、すなわち個別のアトラクターが成立するが、部分が消滅し、陰陽五行の気が全体に拡散し、それから道へ戻っていくのである。もちろんアトラクターが消滅する前にも、アトラクターでは気の流入と流出が繰り返されており、気は入れ替わっている。回帰の動きはアトラクター成立時からすでに起こっていることである。アトラクターから流出した気は道へと回帰のプロセスをたどることになるが、アトラクターが消滅する時期には、大量の気が一気に道へ戻っていくのである。

第三章で述べたように、アトラクターから流出した気は「三」から「二」、そして「一」へというプロセスを経て、回帰の道を歩み純粋な気として道と一体化していくのである。とくに回帰の勢いは、人間の場合格別である。極めて高い密度で気が結集して成立した人間のアトラクターの気の量は、私達の予想を超えて大きなものである。人間の精密に作り上げられた肉体や意識を支えていくには、大量の気が必要なのである。身長がわずか一・八m前後、体重が七〇kg前後の私達には、根源からあふれ出た気が集まり、びっしりと詰まっているのである。その量は他の動植物の比ではない。人間に結集した気の量は、大木に結集した気の量をはるかに凌ぐものである。人間のアトラクターには、高等生物の何百倍、植物の何千倍もの気が密集しているのである。人間のアトラクターが消滅する時には、桁違いの量の気が躍動し、猛烈な勢いで道に回帰していくのである。

ところでアトラクターが消滅し、回帰していく気は一見すると、エネルギーの低い弱々しい気のように思われるが決してそうではない。回帰していく気もエネルギーに満ちており、高速で回転し猛烈な勢いで道に回帰していく。道からあふれ出て形体や精神を形成する気の動きも、道に反る気の動きもすべて躍動感にあふれている。アトラクターの消滅は気の循環の法則に沿った働きの話であり、気自体のエネルギーや回転運動の速さとはかかわりのないことである。気はどのような状態においてもエネルギーに満ちており、休みなく回転運動を続けている。気自体の働きや活動は衰えることはない。

いずれにしても、アトラクターの消滅とともに気は一度道に反り、道と一体化していく。このように人間のアトラクターを構成していた気が、人間のアトラクターの消滅とともに純粋な気となり、道と一体化していくことになるが、重要なのはそれからどうなるのかである。気と道が一体化すると気は、回転運動が起こる前の純粋な気となり、回転運動が起こっていた領域は消滅する。あるのは全体だけである。そこには色も香りも、清も濁もなく、無色、無声、無形の世界である。そこには誰も認識することはできないが、可能性のある領域のようなものが存在するだけである。それは決して実体のようなものを形作っているわけではない。道という無限の大きさの世界に、こうした誰も認識することはできない、気の回転運動が起こる可能性のある領域のようなものが隙間なく並んでいるのである。そこには可能性のある無が広がっているだけであり、静かで穏やかな何事も起こらない世界である。

ところで、私達は気が収まる領域に区別はないと思っているが、もしかしたら同じ清なる気でも、その次元の違いによって収まる領域が異なり、それぞれ交わることはないのではないか。実体のない統一的世界で気が収まる領域は、気の質に応じて様々な領域に分かれるのではないか。ありうる話である。

再びアトラクターへ

無限の大きさの道からは、つねに大量の気があふれ出ている。道の中に収まった純粋な気も、いずれ再び道からあふれ出てくる。純粋な気は、そこから回転運動が起こる可能性がある領域のようなものであり、それは何もない穏やかで、静かな世界である。この純粋な気が「一」の状態を経て、激しく回転運動をしているエネルギーに満ちた気となるのである。すなわち「一」から「二」のプロセスを経て、陽の気と陰の気が誕生する。そして「二」から「三」のプロセスを経て、陰陽五行の気を始めとする清なる気、濁なる気、質（品格）の高い気、質（品格）の低い気などが生まれてくる。「三」の段階では陰陽五行の気が生まれるが、過去の履歴や記憶がよみがえり清なる気や濁なる気などにも分類されていくのである。気はもともとひとつの性格であったが、循環し、様々な経歴を積み重ねていくにつれて様々な種類の気に多様化していく。気は素粒子のもとになる素粒子と呼ばれる極めて小さな存在であるが、そこにはあらゆる機能が揃っている。気には履歴や記憶のようなものが存在するのである。私自身を構成している気は、外部から大量に流入し外部へ大量に流出しているが、私自身の意識の質や行動の質は気に蓄積されているのである。

「三」という状態を経て生まれた、こうした様々な種類の気は再びアトラクターへと結集していく。生命は有限であるが、気は不滅である。原則的には植物であった気は植物のアトラクターへ、動物であった気は動物のアトラクターへ、人間であった気は人間のアトラクターへ結集していく。ただし、一〇〇％そうなるわけではない。動物であった気が人間のアトラクターを構成することもある。人間であった気が動物や植物のアトラクターを構成することもある。またアトラクターには履歴もない新たな気も大量に流入している。アトラクターにおける気の組み合わせは原則的に自由である。ただ人間であった気の多くは、この世の存在をかくあらしめる力の導きにより、人間として再結集する傾向が強いということである。

人間の場合、形体のアトラクターと精神のアトラクターとでは陰陽五行の気の構成割合と配列と距離が異なるが、気の質も異なったものとなる。そして精神のアトラクターを構成する気の質は人によって著しく異なる。長い循環の過程で、清なる気、善なる気などといった高い格の気と濁なる気、悪なる気などといった低い格の気が生まれ、その格に応じた気が集まって新たな精神のアトラクターが形成される。高い格の気が多く集まっていれば、そこには高い精神のアトラクターが形成される。私達がつかんだ真理、私達が積み重ねた徳性は継承されるのである。

格の高い精神のアトラクターでは、意識に影響を与える人間性も高まり、精神的快楽を追求する、役割をきちっと果たす、他者の利益を優先するなどといった感覚が自然に湧いてくる。格の高い精神のアトラクターを構成する気が清められれば清められるほど、それを構成する気は永続性を高めていく。そしてより格の高い精神のアトラクターへ向けて再結集を繰り返していく。格の高い精神のアトラクターで成立した自己と自己意識は、その格の高い精神のアトラクターの拡散とともに消滅するが、それを構成していた気は、再び新たな格の高い精神のアトラクターに結集するのである。そしてそこに自己と自己意識が成立するのである。もちろん現在の格の高い精神のアトラクターには、従前のいくつかの格の高い精神のアトラクターを構成していた気が混在している。今ある格の高い精神のアトラクターと従前のアトラクターが同じであることは原則としてない。したがって多くの場合、従前の自己と自己意識は全く同じということはない。しかし従前の自己と自己意識を成立させている気の多くは、新しい格の高い精神のアトラクターを構成している。それをどう考えるかである。従前の自己と自己意識は同じであるともいえるし、同じでないともいえるが、少なくとも自己と自己意識を形成していた格の高い気は時間を超えて存在していくのである。

ところで格の高い精神のアトラクターには、すべて従前と同じ気が集まるという考えもある。従前のアトラクターと同じ気から構成されるアトラクターの成立である。そうした可能性は否定できない。無限ともいえる数の気の中で、人間のアトラクターとして結集できるのであれば、従前のアトラクターを構成していた気がすべて結集してアトラクターを形成することはありえない話ではない。ただ魂のようなものが存在することが論証されない限り、それが従前のアトラクターと同一であると明言することはできない。魂の存在と自己。それは最も難解な古典的テーマである。私自身は魂の存在については踏み込まないことにする。

いずれにしても精神、意識、行動の充実をはかり続けている人にとって、アトラクターの消滅、私達の言葉でいう死は、新たな飛躍の第一歩である。回帰と再結集を繰り返していく中で、気の質と精神、意識はますます清められていく。精神、意識が清められ続けるとどうなるのであろうか。清められた気は、最終的に道の特定の領域に集まり、精神、意識は自己や自己意識を超越し、道の心と一体化し永遠の存在となるのである。そこには循環の法則はもはや働かない。収められた気や、精神、意識は再び現象界に現れることはない。

同様に濁なる気、悪なる気などといった格の低い気が多く集まっていれば、格の低い精神のアトラクターが形成される。格の低い精神のアトラクターからは欲求・欲望の充足を強く求める、自分の利益を優先するなどといった意識が湧き上がってくる。また情も強く働くようになる。こうした格の低い気はいつまでも格の低い精神のアトラクターに再結集していくことになるのか。必ずしもそうなるわけではない。格の低い気が格の高い気に触れることにより、その格を高めることもある。また格の低い精神のアトラクターが格の高い精神のアトラクターに導かれて清められることもある。格の低い精神のアトラクターの周辺で格の高い気が優勢であれば、格の低い気も徐々にその質を高めていくことができる。格の低い気でも清められれば中位の格の精神のアトラクターとして再結集していくことになる。

それでは清められない気はどうなるのか。その程度によるが、格の低い気のアトラクターとしてしばらく再結集していく。しかしそれがいつまでも続くわけではない。いつまでも清められない気は道に回帰できなくなる。慈しみの心に満ちた道にも限界がある。格の低い気の一部は道の周辺で凝り固まって沈殿していく。この固まった気は容易に溶解せず、新しいアトラクターの形成に参加できない。それは長い時間を経た後に、無の気に再生される。無の気、それは道の世界とはかけ離れた存在である。道が作り出す生成の物語の外へと拡散し、絶対無の世界へと沈んでいくのである。格の低い気は、濁りの程度、悪の強さによっては、永続性は保証されないということである。古くから多くの人が恐れていることである。

現象界では原則的に気の質の違いにより、気が集合する場所は異なり、それが交じり合う可能性は低いが、仮に格の高い気と格の低い気がほぼ同じ割合で精神のアトラクターが形成された場合、どうなるのか。それは葛藤多き精神、意識として具現化することになる。

このように根源的存在から生まれるこの世の存在をかくあらしめる力が強く働いている場に、道からあふれ出た気が密度濃く集まり躍動しているのが、人間のアトラクターの特色である。こうした人間のアトラクターを成立させていた気は、いずれ道に回帰していく。そして再び道からあふれ出て、原則的に再結集していく。回帰、再結集の繰り返し、これが現在の人間のアトラクターに起こっていることである。大切なことはつねに気の質を高める努力を続けていくことである。あってはならないことは気を汚すことであり、こうした循環を止めることである。

注

(一) 見坊豪紀／金田一春彦／柴田　武／山田忠雄／金田一京助編著『新明解国語辞典』三省堂、平成二四年
(二) 増谷文雄編訳『阿含経典　二』ちくま学芸文庫、平成二四年、二一六頁
(三) 増谷文雄編訳『阿含経典　一』ちくま学芸文庫、平成二四年、三八一頁
(四) 増谷文雄編訳、前掲書、三八一頁
(五) 中村　元著『中村元の仏教入門』春秋社、平成二六年、六三頁
(六) 増谷文雄編訳、前掲書、三八一頁
(七) 角田泰隆／金岡秀郎／名児耶　明著『般若心経』コロナ・ブックス、平成二五年、一二一頁
(八) 中村　元著、前掲書、六三頁
(九) 増谷文雄編訳、前掲書、三八一頁
(一〇) 角田泰隆／金岡秀郎／名児耶　明著、前掲書、一二三頁
(一一) 増谷文雄編訳、前掲書、二〇五頁
(一二) 新村　出編『広辞苑』岩波書店、平成二〇年

（一三）湯浅幸孫著『近思録　上』タチバナ教養文庫、平成八年、一五頁
（一四）増谷文雄編訳『阿含経典　二』ちくま学芸文庫、平成二四年、一一三頁
（一五）増谷文雄編訳『阿含経典　一』ちくま学芸文庫、平成二四年、四一六頁
（一六）増谷文雄編訳、前掲書、四一六頁
（一七）新村　出編、前掲書
（一八）マズロー・アブラハム・H著、小口忠彦訳『人間性の心理学』産業能率大学出版部、昭和四六年（Maslow, Abraham H., *Motivation and Personality*, Harper & Brothers, 1954）
（一九）パーソンズ・タルコット／シルス・エドワード・A著、永井道雄／作田啓一／橋本　真訳『行為の総合理論をめざして』日本評論社、昭和三五年、九六頁（Parsons, Talcott and Edward A. Shils, *Toward a General Theory of Action*, Harvard University Press, 1951）
（二〇）新村　出編、前掲書
（二一）福永光司著『老子　下』朝日文庫、昭和五三年、二八頁

第八章　人間性

意の認識が成立する領域で、受・想・行・識という精神領域が思考の対象と接することにより意の感覚、意識が生まれる。意識があることにより、心の動きが始まり、何かを認識し、あれやこれやと考え、何かを企てる。また喜び、悲しみといった気持ちも生まれてくる。精神のアトラクターが存続している間、意識は働き続ける。こうした意識の働きは、誰にでも同じように起こっているのであろうか。今私が感じている意識の働きが、他の人にも同じように起こっているのであろうか。今私が感じている美しい、楽しいという感覚をそばにいる人達も同じように感じて共有しているのであろうか。一流のスポーツ選手や一流のアーティストのパフォーマンスに場のエネルギーが高まり、一瞬ではあるが意識を共有することはあるが、いつもそうなるわけではない。私達はそれを望んでいるが、現実は特別な場合を除き、必ずしもそうはならない。仏像に慈の心を感じ、頭を下げる人もいれば、それを平気で破壊してしまう人もいる。私達が崇高で、厳かであると感じる対象に対して、それを単なる物としか感じない人もいるということである。意識の働きは誰もが同じわけではない。

意識は誰でも一様に働くわけではない。意識の働きは微妙でデリケートな心のあり様である。意識の働きはその人間性によって、そして場の状況によって異なったものとなる。人間性の質が高いか、低いか、その場にどういった種類の気が集中しているかによって意識の働きは異なったものとなる。とくに人間性は、私達が思っている以上に意識の働きに大きな影響を与えている。意識の働きは躍動している陰陽五行の気が調和した状態のリズミカルな変化である。そのメロディは人間性によって異なるということである。人間性の質が高ければ、意識は自然に好ましい方向へ向かっていき、その行為は一定の領域内に収束する。人間性の質が低ければ、意識の方向は定まらず、その行為が収まる領域も全く予想ができない。人間性の悪い指導者に翻弄される国民。そうした国家では、国家の向かう方向も、国民の福祉のあり様も予測できない。よく目にする光景である。このように人間性は意識の働きに大きな影響を与えているのである。

それでは意識の働きに強い影響を与えている人間性とは何か。人間性とは「人間の本性、人間らしさ」である。(二)人間性も私達が大切にしている言葉のひとつであり、またよく使う言葉でもある。あの人は人間性が良い人なので大丈夫です。信用できる。あの人は人間性が悪いから心配だなどと、人間性にまつわる言葉を日常的に用いている。私達は人間性の良い人にあこがれ、そこに安らぎを感じている。人間性の良さ、それは私達の心を包み込んでくれる言葉でもある。

精神のアトラクターの根底にあるのが道の心が発現した本然の性である。したがって人間性は、本来静かで穏やかで、慈悲の心に満ちたものである。無為自然・柔弱なあり方を実践し、人間性が本然の性が発現した状態であれば、その人の行為、選択はつねに善なる意志に導かれ、欲望を抑え、人との調和、自然との調和の実現に向かっていく。しかし、現実存在の人間の人間性には、本然の性だけが働きかけているわけではない。現実存在の人間の人間性には、生まれた時にどのような質の気を受けたか、その後どのような場所に行ったかによって成立する気質の性からも影響を受けている。また気質の性が何代にもわたって累積した遺伝的特質や、その後どのような人と交わったかといった個人的来歴からも影響を受けている。現実存在としての人間の人間性は、多様で複雑である。図八―一のように、私達の意識の働きである情も欲求・欲望も形成力も、そしてそれらが集約した意志、すなわち行為、選択にはこうした多様で複雑な人間性から大きな影響を受けているのである。一口に精神のアトラクター内の意識の働きといっても、このように多様で複雑な、そして微妙なかかわりから生まれてく

図 8-1　人間性を反映した意識の枠組

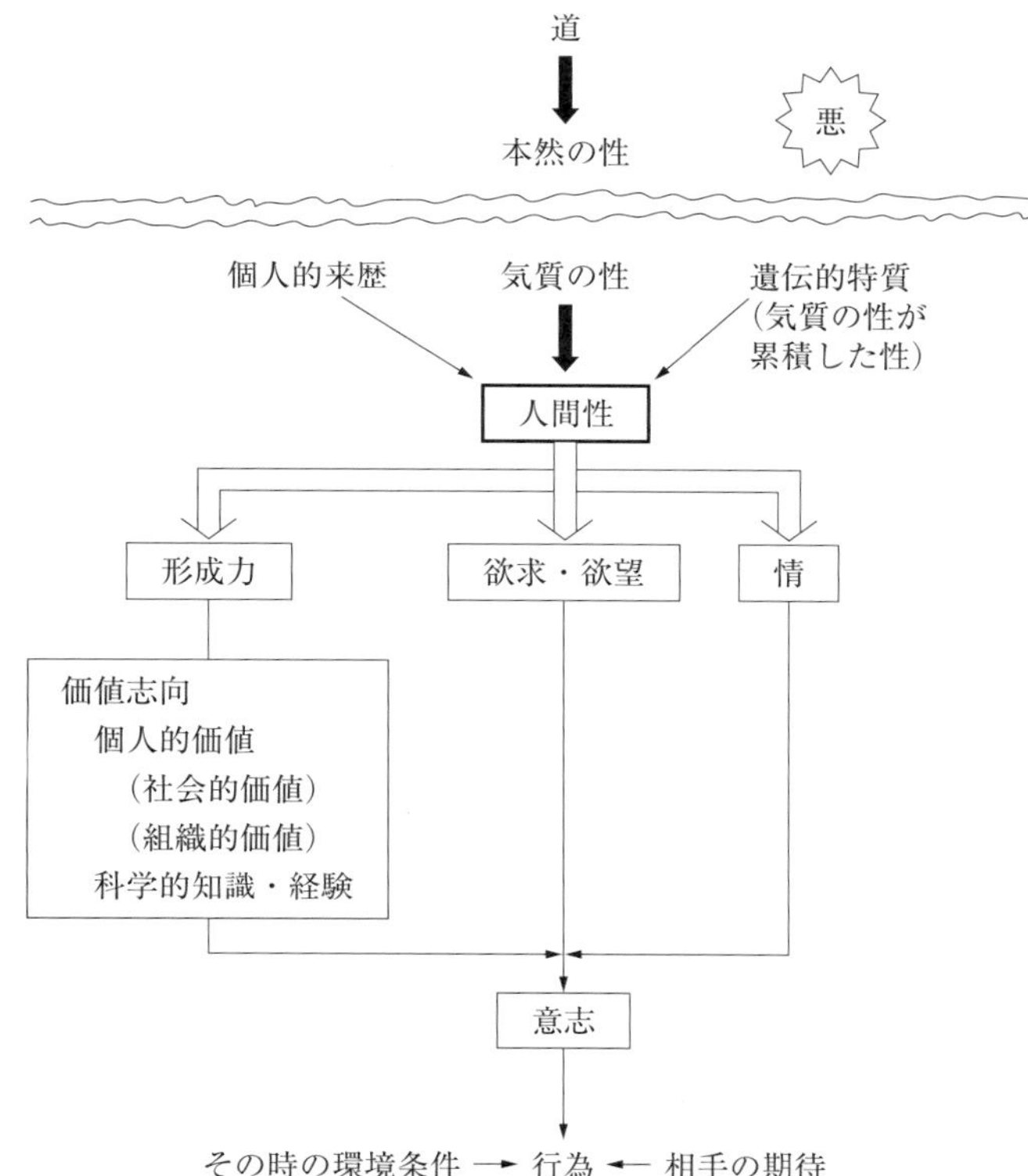

るのである。こうした多様で複雑な人間性に根底から影響を与えているのが本然の性である。

一 本然の性

精神のアトラクターには、根源的存在の力が一段と強く働いており、その根底には根源的存在である道の心としての本然の性が存在している。気が密度濃く集まっているのがアトラクターである。私達のアトラクターと全体との間には境界線はない。精神のアトラクターの奥のその奥は根源的存在につながっているのである。この本然の性が人間性を包み込み、私達の意識に影響を与えているのである。したがって人間性は本来、根源的存在である道の心に沿った自然なものである。それは慈愛に満ちた優しい心である。

中国哲学だけではなく、世界中の哲学者も人間本来の性は誠実性である、真実である、愛であるなどと説いている。西洋哲学にいう道徳の法則も、本然の性に近い概念であると推定される。したがって本然の性は慈愛に満ちた優しい心であるというだけでは、誰もがいっていることであり月並である。中国哲学が優れているのは、本然の性を抽象概念にとどめていないところである。中国哲学では根源的存在の心である本然の性を、仁義礼智信として具体的に説明している。(二)私達は仁義礼智信の理解を通して、本然の性の本質に迫ることができるのである。仁義礼智信は主として儒教等で取り上げられている徳の概念であり、老子の好むところではないが、すでに第四章で述べた通り、老子が恐れていることは儒教等が教条主義に陥り、偽政者に悪用されることであり、こうした徳性を否定するものではない。大切なことは老子の道の本質、働き、精神をつねに意識し、根源的存在の心を感じながら仁義礼智信を正しく理解することである。本然の性は、私達の最も大切な心のあり様なので少し詳しく説明することにする。

仁は本然の性の内容であり、本質である。道の心は仁によっても表現される。老子、易経、儒教を始めとする中国哲学における根本的な心のあり方は仁である。易経における元亨利貞の循環の始まりは仁である。徳性を涵養し、それがにじみ出ることから循環が始まる。仁の心を抜きにして循環の動きは始まらない。老子は仁について多くを語っていないが、良き行は仁であり、仁の心を抱いて事にあたることの大切さを説いている。

義礼智信は本然の性に沿ったあり方である。これも様々な表現で中国哲学の中で語られてきたあり方であり、心の概念である。易経における亨利貞の循環は、それぞれ礼義信にあたるものである。

仁　優しい心のあり方

仁、それは心に響く美しい言葉である。またよく使われる言葉でもある。誰もが仁者であることを望んでいる。しかし仁とは何かと改めて問うてみると、これも難解なテーマである。仁とは何であろうか。仁とは優しい心のあり方を総括した言葉である。それは老子では慈しむ心である。慈しむ心、それは恵を与えることであり、相手に対する憐れみの心であり、大切にする心である。老子のそれは愛する心である。(三)孟子であれば、仁は惻隠の心、すなわち人を憐れむ心である。(四)表現は異なるが、仁は相手に対する優しさ、思いやりがあふれた言葉である。西洋哲学的表現を用いれば、仁は経験や本能にかかわりなく成立している人間本来の心である。この仁が本然の性の中核である。中国哲学は根源的存在の心が人間に発現した仁を中心に展開しているといえる。

仁について多くを語っているのが孔子である。孔子は慈しみの心を中心に、様々な仁のあり様を説明している。仁を説明するにあたり、孔子はすぐ実践できるような行動原則をあげている。老子も随所で実践的行動原則をあげているが、その多くが難解な原則論の中に埋没してしまっている。この点、実践的行動原則に絞り込んだ孔子の説明は具体的でわかりやすい。実践的行動原則として仁の内容が具体的に明らかになることにより、私達はそれをよりどころに本然の性に沿った活動を日々実践できるようになるのである。

慈しみの心を中心にした様々な仁の本質の中で、孔子は忠と恕を最も重視している。(五)人は誕生してから様々なことを学ぶが、一生涯を貫く基本精神は、忠と恕であるということである。忠とは「他人に対してはどこまでも誠意を尽くすことだ」(六)とあるように、相手に対する誠実さである。目の前のこと、目の前の人、何事にも心を込めて丁寧に対応していくことである。目の前の小さなことも、時間をかけて丁寧に対応していくことである。嘘をつかず、約束を守り、丁寧に自分の役割を果たしていくことである。私達がつねに心掛けている勤勉・倹約も忠に沿った行動といえる。日々誠実で丁寧な行動を心掛けることであるが、大切なことは相手に対する誠実さである。(七)自分自身の身の周りのことを誠実に実践していくだけでは十分ではない。忠とは誠実で丁寧な行為を内側にとどめずに、相手とのかかわりで実践していくことである。こうした相手に対して優しい気持ちがあふれ出た誠実さは、慈しみの心のひとつである。

恕とは「おのれの欲せざるところは、人に施すなかれ」(八)とあるように、他人への思いやりである。つねに相手の立場に立ち、相手の心を理解し、相手が望んでいることを大切にすることである。(九)恕とは慈しみの心である恵を与えることである。アダム・スミスは、人間は他者を憐れみ、同情するという同胞感情を持っていることを指摘している。(一〇)相手の心を理解し、相手の立場に立つことは洋の東西を問わず、正しい行為の基本原則になっている。現代の社会科学の有力な理論のひとつである主意主義的行為理論も、こうした期待の相補性（一一）を前提に成立している。すなわちそれぞれの行為が、相手方が抱く期待に対して志向していることを前提にした行為である。

孔子が忠、恕と並んで重視しているのが恭、すなわち慎み深く謙虚なことである。（一二）誰に対しても分け隔てなく、一歩下がって丁寧に接することである。自分を主張し過ぎず、自分の考えを押しつけないことである。つねに相手の話を聞いてから反応することであり、成功しても控えめな態度を取り続けることである。勝利の瞬間、今まで自分を支えてくれた人々に対して、静かに穏やかに心から感謝の気持ちを表現することである。成功は、支えてくれた人々のおかげであることを誠実に、丁寧に伝えていくことである。事を起こすにあたっては、先頭に立たず、頭を低くして相手の声に耳を傾け、後方から支援していくことである。指導者は上に立てば立つほど、恭の精神を大切にし、頭を低くして後方支援に徹することが必要である。もちろん、これは参加者の単純な意志の集約である全体意志にすべて委ねなさいということではない。話し合いが一般意志に向かうための前提条件等を整備し、好ましい議論がなされるように支援することも大切である。支援とは、決定から実践にいたるまで、一連のプロセスが自然の法則に沿って行われるように丁寧に支えていくことである。

この他、孔子は仁の本質として寛大さと信用をあげている。（一三）寛大さとは、「心が広く他人の失敗や欠点に思いやりのある態度で接する様子」（一四）である。何事も分け隔てなく、自然に受け入れていく寛大さ、これも慈しみの心の表れであるといえる。そもそも、人間は宇宙全体の気が濃くなったところなので、人間と人間との間には本来境界線はない。それぞれが同じ宇宙の一部であるから、相手を受け入れるということは自然なことである。しばしば過ちを犯す私達が望んでいるのは、寛大な心を持った人との出会いである。私達は寛大な心を持った人に会い、心の安らぎを得たいと思っている。私達は仏に祈ることにより安らぎを覚えるが、寛大な人も私達に安らぎ、安心感をもたらしてくれるのである。人々に安らぎ、安心感をもたらす寛大さ、これも仁の本質のひとつである。現象界では、こうした人々を受け入れ、優しく包み込み、寛大な心を持った人に人望が集まる(一五)のである。

信用も仁の本質のひとつである。(一六)ここでいう信用とは、「能力を磨いて、それを正しく発揮すること」である。高い志を持って、知的能力、道徳的能力、芸術的能力を高め、それを正しく用いていくことである。政治家であれば、信用とは、つねに能力を高め、高めた能力を発揮して国家を繁栄させ、国民の満足を高めることである。信用とは、そうした努力を日々積み重ねていくことである。信用があることにより、人々から信頼されるようになるのである。(一七)

孔子は孝についても語っている。孝とは、父母に対する情愛の気持ちと尊敬の気持ちを持って人に尽くすことである。(一八)孝は仁のあり方を具体的に示している。まず父母を尊敬し、尽くすこと、兄弟を大切にすること、そして父母を尊敬する気持ちで人々に尽くすことである。仁とは非常に高邁なものであり、小人にはかかわりのないものと思われていたが、人々はこの孝の精神により、仁の道を身近なもの、自分でも実践できるものと認識できるようになったのである。

仁はこのように、様々な内容によって構成されているが、そのひとつだけ取り出してもあまり意味はない。私は何事にも寛大なので仁者ですかと聞かれても答えようがない。仁は、こうした要素が総合化され、にじみ出たものである。そこから静かで穏やかな雰囲気に包まれた優しさを感じる人もいる。慎み深さを感じる人もいる。誠実で丁寧な心を感じる人もいる。仁の表現の仕方や感じ方は多様である。こうした仁

は、温かさとなって人々の心に伝わっていく。仁を伝えるには巧みな言葉は必要ない。(一九)

いずれにしても本然の性の本質は仁である。道の心、道の精神は仁に集約されている。それは、私達の経験的認識を超えた普遍的法則である。私達の存在以前から存在している法則である。仁の概念が具体的に明らかになることにより、道の心、道の精神である本然の性の内容が、身近なものとして理解できるようになった。何が正しくて、何が正しくないのかは、まずこの仁に則っているかどうかによって判断する必要がある。仁にもとる行為、すなわち不仁は徹底的に排除される。指導者はみずからの行為が忠、恕、恭、寛大、信用、孝に沿っていたかを日々確認する必要がある。多くの人が求めているのがこうした仁の心の実践である。仁はいつの時代も最高の道徳の法則として、私達の意識の根底で燦然と輝いているのである。

義　道の心に沿ったあり方

私達が最もあこがれる言葉のひとつが義である。正義・仁義・義理などといった義のつく言葉からは、筋道を立てた人の力強さを感じる。私達は義にまつわる言葉を日常的に用いているが、義の説明も難しい。

義とは何か。孟子が「仁とは人の心であり、義とは人の路である」(二〇)と述べているように、義は私達が考え、行動する場合の心のあり方、心構えである。それでは、それはどのような心のあり方であろうか。「宜しきを義といい」(二一)とあるように、それは宜しい、すなわち道の心、道の本質と働きに沿ったあり方である道の精神に照らし合わせて考え、行動するという心のあり方である。自然の秩序、社会の秩序を維持するように、自然の環境や社会の循環を損なわないように判断、行動するという心構えである。

また、私達が何か重要な判断を迫られた時、判断のよりどころは仁を始めとする道の心、道の精神であるということである。事にあたって、経験的価値を重んじる、欲求・欲望を重んじる、絶対的真理を重んじるなどといった様々な心構えがあるが、中国哲学の心構えは、道の心、道の精神を重んじるということである。

孟子は義に沿った行為、すなわち道の心、道の精神に沿った行為の代表的例として「目上を敬うこと」、(二二)「兄に従順なこと」、(二三)「君臣の関係」(二四)などといった天が定めた上下関係を守ることをあげている。社会の中には道の心、道の精神に沿って上下関係を始めとする秩序が生まれるが、義は、日常的にそれを固く守ることである。もちろん義は上下関係を守ることだけをいっているわけではない。自然の法則や道徳の最高の法則である仁に従うことが義であることはいうまでもない。

現在、義に沿った行為としては、次のような行為をあげることができる。私を捨て、幸福の実現に向けて丁寧にみんなの意見を聞き、まとめていくことは義である。里山を大切にしてその自然の循環を守るのも義である。化石エネルギーから再生可能エネルギーへとエネルギー源をシフトし、自然の秩序を回復することも義である。これに対して著しい環境破壊を伴う工場の操業は、義に反する行為である。原子力発電や先端科学の実用化は、時に自然の法則を乱す可能性がある。そうなるとそれらは義に反する行為である。最先端の科学の応用では義は大切である。

このように義とは、事にあたって道の心、道の精神に沿って考え、行動するという心構えである。人々が義を重んじることにより、道の心、道の精神に反する行為は切り捨てられ、道の心、道の精神に沿った行為が安定的に選択される。それにより社会の秩序や自然の秩序は維持されるのである。

礼　筋道を立てる

「理あるを礼」とあるように筋道を立てることが礼である。(二五)仁を形にしてあまねく実践していくことである。仁を形にした礼が確立することにより、道の心、道の精神は社会全体に広まっていく。礼は易経でいう亨にあたり、慈の心が形をよりどころに伸び広がっていくことである。私達が最も馴染みやすい概念がこうした礼である。普通の人であれば誰でも、道の心、道の精神を形にした礼儀作法を意識して日常生活を送っている。私達は神社仏閣への参拝の手順と様式、食事のマナー、人々に会った時の作法を学び、それを守っている。また重要な儀式である冠婚葬祭については、古くから決められた手順・様式に従って執り行っている。私達は自発的に受け入れた礼儀作法を守ることにより、何らかの心の安らぎを得ている。盛大な祝典を催すことにより喜びを分かち合い、幸福感を広げている。厳かな儀式を執り行い、悲しみを共有することにより、精神的苦痛を和らげている。

礼に欠ける行為や粗野な行いは醜く、周囲を不快な思いにさせる。また、自然のリズムを破壊するとともに気のエネルギーを低下させる。礼を守るということは、私達が想像している以上に意味のあることである。このように礼儀作法を守ることは、私達の生活を厳かで、美しく、リズミカルなものとしている。そして社会の秩序を好ましい形で維持することに貢献している。音楽だけではなく日常生活においてもリズムは大切である。心地良いリズム、心地良い躍動は私達が神の世界へ一体化する近道である。

礼は形に従うことにより、多大な効果を生み出しているが、形だけにこだわれば、その効果は限定的である。また、形だけにこだわり過ぎると、弊害を生み出すこともある。形だけを重んじる礼は、私達の自由な発想を阻害し、思考を停止させ、かえって私達を道の心、道の精神から遠ざけてしまうことになる。

礼の本質は、その形を通して伝えようとしているその基本精神である。礼は道の心、道の精神に沿った考えを形にしたものである。礼を通して表現しようとしているのは宇宙の真理、自然の法則、道徳の法則、社会の秩序の原理である。礼儀作法にとどまるものではない。大切なことは、人々が礼儀作法を通して、その基本精神を感じ取っていくことである。儀式の作法を通して気持ちを穏やかにして自然と一体化し、宇宙の動きや、自然の循環を感じ取ることである。茶道は、その作法を通して私達に宇宙・自然の心と秩序を教えてくれる。華道は、その様式を通して自然の心を伝えてくれる。そうした体験を積み重ねた上で、指導者は道の心、道の精神を理解し、政治という制度・法律・式典を通して、国民が豊かになるような政策を安定的に実践していかなければならない。現代であれば、政治家は議会制民主主義を尊重し、正しい法令を立案し、官僚制度を整備し、国会内の儀式を大切にし、国民が豊かになる正しい政策を実践していくことである。これが礼にかなった行為である。指導者にとって礼にかなった行為とは、自分の欲を抑え、民生の安定のために力を尽くすことであり、(二六)道の心、道の精神に沿った考えを形にして実践していくことに他ならない。そして国民は、礼儀作法を重んじることにより、静かで穏やかな生活が送れるように努めることである。朝の慈しみの心を込めた挨拶から、日常生活をスタートさせることである。言葉を通して徳性を伝えることにより、一日の循環が始まるのである。そして私達が自由に選んだルールに則り、丁寧に物事に対処していくことである。それにより私達は、広大な自然の営みの中に溶け込んでいくことができるようになる。礼を通した自然との一体化、これが、私達が目指すところである。

智　真の知を知ること

「通ずるを智といい」とあるように、智とは学んで是非邪正に通暁することである。(二七)ただし、ここで学んで知るとは、一般的な意味での理論や技術を学んで知ることではない。もちろん、歴史・文学・心理学・経済学・経営学・数学・化学などといった分野の個別の理論を学んで知ることは大切である。個別の理論を用いることにより、私達は数多くの現場の問題を解決しているのであり、個別の理論を改善し、それを正しく用いていくことは社会進化の原動力のひとつである。ただし、個別の理論の適用には限界がある。効率、生産性の追求が人間性疎外の問題を生み出している。物質的価値重視が環境破壊を引き起こしている。こうした弊害を防ぐためには、全体的視点が必要である。また、現象を深く考察するためには、個別理論の体系化が必要である。複数の現象をつなげて考察する場合も個別理論の体系化は必要である。現在起こっている複雑な問題を解決するには、個別理論を体系化する総合理論が求められているのである。

ここでいう「通ずる」とは、こうした総合理論を学んで知ることである。まさに智とは、宇宙・自然・人間を統合した道の法則に沿った学問を学び、事象の根本に存在している真理を知ることである。「通ずる」には、道の本質、道の働きにかかわる原則論を理解することである。そして宇宙の本質、自然の法則、人間の本質などといった上位の理論を学ぶことである。それにより片寄った経験の世界や欲求・欲望の世界から自律して、つねに真理から現象を考察することができるようになるのである。現代の私達の学への姿勢としては、個別の理論だけではなく、哲学・方法論を理解することである。そしてさらに、上位の理論を学ぶことである。つねに、上位の理論が存在することを意識することである。知的活動の世界は壮大で無限の広がりを見せている。

信　固く守ること

「守るを信という」とあるように、信とは実を守ってたがわぬことである。(二八)固く守ることである。何を固く守るのか。単なる個人的信念を押し通すことではない。小さな原理・原則に縛られることでもない。人の意見を受け入れない頑迷さでもない。一貫性・持続性があっても、それが私的なものであれば、それは信ではない。ここが、よく考え違いをするところである。

私達が固く守らなければならないのは、道の本質、働きに沿った法則である。自然の循環、調和した自然の秩序、現象の対応関係を大切にすること、またそれに沿って考え、行動することがこれにあたる。私達はつねに道の心や道の精神に沿った道徳の法則やそれを実践する制度や規範を守り、道の本質、働きに沿って考え、行動の一貫性、持続性を保っていかなければならない。目先の利益に左右されずに、欲求・欲望に支配されずに道の本質、働きに沿った路を確実に歩み続けることである。信とは、こうした意味の一貫性・持続性でもある。

信とは、易経では貞にあたる。「貞は事の幹なり」(二九)とあるように、道の本質、働きに沿った法則を固く守ることは循環運動の要である。どんなに激しく動いても、どんなに活動範囲を広げても、道の本質、働きに沿った法則を忘れないことである。また、激しく動いたら次は休むことである。動と静、これも自然の法則である。休んで改めて道の本質、道の働きに沿った法則を確認することである。動き放しは駄目である。激しい動きの連続はしばしば道の心、道の精神を遠ざける。目覚ましい成功を収めた人によく見られる現象である。休んで道の本質、道の働きに沿った法則をしっかりと再確認し、必要があれば再構築し、それを固く守っているところに新たな動きが芽生えてくる。信あるところに循環運動が続いていくのである。

本然の性は道の心であり慈しむ心である。仁により、この人間の本来の性である本然の性の内容が具体的に明らかになった。それは忠であり、恕であり、恭であり、寛大であり、信用であり、考である。こうした本然の性がアトラクター成立時からつねにあるものとして、私達の意識の根底に存在しているのである。そして義、礼、智、信という本然の性に沿ったあり方を実践してくことにより、本然の性はその人の人間性に刷り込まれていくのである。そして私達の意識の働きに影響を与えているのである。

こうした仁義礼智信として発現する本然の性は、現象界の善い行い、良い評価とはかかわりのない自由で自然な心である。本然の性に従うことが現象界の善い行いになることもあるし、そうでないこともある。人々の現象界の幸福の増大に貢献することもあるし、貢献しないこともある。現象界の評価を受ける場合もあるし、受けない場合もある。本然の性のもたらす行為は、現象界の評価と無関係である。またボランティア活動やチャリティー活動などといった私達が考える善い行いをするから、その人の行為が本然の性に沿っているというわけではない。それが心の内側から自然に湧き上がったものであれば善い行いであり、外部からの評価を期待するものであれば、それは欲望であり、本然の性とは別の次元の話である。私達が幸福の一部と考えている富の増加、国民所得の増加も、それが猛烈な環境の浪費や病理現象を伴うものであれば、それは本然の性に沿った行為ではない。本然の性は、行為の結果から影響を受けない、人々の経験的世界を超えた性である。結果から物事の是非を考える目的論的発想の人には、本然の性は理解できない。

二　現実存在としての私達の人間性

精神のアトラクターの根底には、本然の性が存在している。精神のアトラクターの質が高く、誰もが本然の性が強く働いている人間性を備えていれば事は簡単である。清なる気を受け、本然の性が強く働いている人間性を備え、最高の善に包まれた人の行為は、道の心、道の精神に導かれ、義礼智信といったあり方に沿っており、情や欲望を抑え、正しい価値を選択し、人との調和、自然との調和に向かっていく。社会も静かで穏やかな自然と一体化した調和の取れた状態になるはずである。まさに道の心、道の精神が支配している世界である。(三〇)イマヌエル・カントがいう道徳の法則に従った正しい意志にもとづく行為が可能である。そこではイマヌエル・カントの道徳理論は、本然の性が強く働いている人が前提になっているといえる。

しかし現実存在の人間の人間性は、必ずしもすべて本然の性によって包み込まれているわけではない。現象界に目を向けてみると、様々な性格の人がいる。優しくて慈悲の心にあふれた人、正直な人、怒りやすい人、ずるい人、疑り深い人などといった性格の人がいる。何故そのようなことになるのであろうか。精神のアトラクターは道からあふれ出て、激しく躍動している陰陽五行の気が集約し、調和した微妙な存在である。精神のアトラクターには大量の気が日々流入しており、精神のアトラクター内の陰陽五行の気が調和した状態は、流入してくる気の質、また周辺に存在している気の質からの影響を受けて微妙に変化している。それとともに人間性も異なったものとなるのである。

気質の性

現実存在としての陰陽五行の気の構成割合と配列と距離、そしてそれぞれの気の質は、生まれた時どのような気を受けるのか、その後どのような場所に行ってどのような気を受けるのかによって微妙に異なったものとなる。

生まれた時間の違いによって降り注いでいる気の種類の質は異なる。誕生が一日違うだけで受ける気の質は異なったものとなる。降り注いでいる陰陽五行の気の種類と構成割合、そしてそれぞれの気の質やエネルギーの強さは、時の経過とともにわずかではある微妙に変化している。それらは昨日と今日とでは同じではない。

そして生まれた場所の違いによって降り注いでいる気の種類と質は異なる。同じ時間でも、東日本と西日本とでは降り注いでいる気の種類と質は異なったものとなる。降り注いでいる陰陽五行の気の種類と構成割合、そして清濁といったそれぞれの気の質やエネルギーの強さは、場所ごとに異なる。それらは日本全体で同じというわけではない。宇宙全体で場所ごとに気のバランスと濃淡が異なるように、日本全体でも地域ごとに気のバランスと濃淡は異なるのである。また現象界では清なる気と濁なる気が入り混じっている。必ずしも清なる気だけが存在しているわけではない。清なる気が多い場所もあるし、濁なる気が多い場所もある。降り注いでいる気の清濁も、場所によって異なるのである。また誕生後様々な場所を訪れるが、いつどこを訪れたかといった履歴により、受け入れた気の質は異なり、陰陽五行の気の構成割合と配列と距離は徐々に変化していく。いつどこで、どのような種類や質の気を受けるかによって、ひとりひとりの陰陽五行の気の調和した状態は、異なったものとなるのである。私達は清なる気が集中している場所を好み、しばしばそこを訪れ気の質を高めようとしているのは、こうした理由からである。

すなわち、生まれた時間や場所の違いによって、またその後どのような場所に行って、どのような質の気を受け入れたかにより、形体のアトラクターに質的違いが生じるのである。それは木気の多い人、土気の多い人などといった形で認識される。同じ人間でも体型等外見的違いが生じるのは、そして少しずつではあるがそれが変化しているのは、主としてこうした理由からである。

同じように、生まれた時間や場所の違い、またその後どこへ行って、どのような質の気を受け入れたかによって精神のアトラクターの質と調和した状態も異なったものとなる。また精神のアトラクターの場合、その後交わった人の気の質からも影響を受けている。

「性は天より出て、才は気より出づ」(三一)とあるように、道の心が発現したものが性、すなわち本然の性であり、精神のアトラクター成立時からその根底に存在している。それはつねにあるものであり、普遍的存在である。こうした性は善であり、性には不善はない。(三二)そして精神のアトラクター成立時から様々な気が流入することにより、後天的に作り出されるのが才、すなわち気質の性(三三)である。気質の性、それはそこに集まった気が、その質に応じて作り上げた性である。精神のアトラクター成立時から、そこにどのような気が集まったかにより、精神のアトラクター内に成立している気質の性は、それぞれ異なったものとなる。生まれた時間や場所の違い、その後どのような場所に行ったのか。そしてどのような人と交わったのか。それによって精神のアトラクター内に成立している気質の性は異なったものとなったのである。

「気清ければ才清く、気濁れば才すなわち濁る。才は則ち善有り、不善あるも、性は則ち不善なし」(三四)とあるように、流入してくる気の質が清らかなものであれば、気質の性も清らかで質の高いものとなり、それは善なるものとなる。これに対して流入してくる気の質が濁なるものであれば、気質の性も濁った質の低いものとなり、それは不善なものとなる。このように受け入れる気の質により気質の性は、善にも不善にもなるということである。(三五)

こうした誕生以来、精神のアトラクターが受け入れてきた気の質の集約である気質の性が、現実存在としての人間の人間性に大きな影響を与えているのである。原則は清なる気は、清なる場所・領域に、そして清なる気に引き寄せられる。とくに清なる気は、それぞれ引き寄せる力が強い。精神のアトラクターの質が高ければ、清なる気が集まるということである。そしてそこに成立する気質の性も清なるものとなる。重要なことは精神のアトラクター成立時に清なる気を受けていることである。精神のアトラクター成立時に清なる気が集まる場所にいることである。ただし、清なる場所とは地理的条件だけをいっているわけではない。生まれた時に、心の清なる人、優しい人、穏やかな人に囲まれていれば、そこは最高に聖なる場所である。聖人、賢人に囲まれていればそこも聖なる場所である。誕生後、神社等の聖なる場所に行くのも、精神のアトラクターの質を維持するためである。いずれにしても、生まれた時の場所が清なる場所であるかどうかは、精神のアトラクターの質、そして人間性に深くかかわっている気質の性に大きな影響を与えている。

大切なことは、精神のアトラクターの質、そして気質の性が清らかであるように、濁らないように心掛けることである。清なる気が降り注ぐ場所に行くことである。濁なる気が充満している場所に行くことを避けることである。清なる人と交流することである。濁なる人との付き合いを避けることである。日常的にこういった点に留意することは必要であるが、最も重要なことは、自分自身の心のあり様である。慈しみの心をつねに抱き、日々仁義礼智信を実践することである。それにより、清なる気は集まり、精神のアトラクターの質は高まり、気質の性は清められ、善なる性へと向かっていくのである。

個人的来歴

個人的来歴を抜きにして私達の人間性について考えることはできない。どのような価値観、倫理観、行動原則の人とかかわってきたのか。どのような経験をしてきたのか。こうした個人的来歴も、人間性の形成に影響を与えている。個人的来歴は母親の胎内から始まる。母親がどのような人とかかわってきたか、どんな経験をしたかも人間性に影響を与えている。そしてこの世に誕生してからは、自分自身の交友関係や経験が人間性を作り上げていく。どのような人とかかわったか。幼児の頃は両親兄弟である。身近な親族の価値観は鮮明で、その多くは人間性に刷り込まれていく。両親が信心深く、慈しみの心にあふれていれば、幼児の人間性も両親の影響を受け、穏やかで、優しい人間性になる可能性は高い。そして成長するにつれて、徐々に交際範囲は広がり、それにつれて様々な価値観、行動原則を持った人と触れ合うようになる。正義感の強い人、誠実な人、思いやりのある人、謙虚な人、自分中心の人、利益のためなら何でもする人、非倫理的な人など、その価値観、行動原則は多様である。こういった人達の価値観、行動原則は、そのかかわりの深さに応じて私達の価値観、行動原則に影響を与え、私達の人間性に染み込んでいくのである。重要なことは、その間どのような価値観、行動原則を持った人と時間をともにしたかである。現在まで深くかかわってきた人達の価値観、行動原則は、私達の人間性の形成に影響を与えているのである。

またどのような芸術活動に参加したかも大切である。その内容と質は人間性の形成に影響を与えている。最も好ましいことは、みずから創作活動に携わることである。みずから創作活動にかかわらなくても、一流のアーティストの作品やパフォーマンスを鑑賞することである。心静かに、そして集中してアーティストの世界に入り込むことである。京都が好まれているのは、そうした理由からであろう。自然の中に一体化した寺院に、自然の心を反映した様々な芸術作品がある。そこで私達は穏やかな気分で自然を感じ、宇宙を感じることができるのである。状況によっては神や仏の世界の一端に触れることができるかもしれない。こうした一流のアーティストの作品やパフォーマンスを通して、自然のリズムや宇宙のリズムを感じ取ることができるのである。大切なことは躍動感とリズムである。いつの時代も根源的存在の心や働きに近いのは芸術活動である。こうした芸術活動によって蓄積された感覚も、精神のアトラクターの質、そして人間性に影響を与えている。

どのような学問を学んだのか。学んできた学問分野と深さも人間性に影響を与えている。スキル中心に学んできたのか。リベラルアーツに支えられたスキルを修得してきたのか。スキル中心に学んで、それを表面的に用いているのでは、その人間性の質はあまり高まらない。スキル中心でも、それを仲間のため、社会のために誠実に用いていれば、その誠実な心は周囲に伝わり、人間性の質は徐々に高まる。好ましいあり方は、リベラルアーツをしっかり学び、リベラルアーツに支えられた高度なスキルを修得し、それを個人の幸せ、社会への貢献、自然との調和に用いていくことである。リベラルアーツは、自由に自分の力で創造的に考えるために必要な学問である。それは信念のもとになる学問である。思考の力、道徳の力、創造の力の源泉となる学問である。それは哲学・方法論を中心にした学問の体系である。より具体的には哲学・方法論を中核に、その周辺にある感覚を広げ、思考の力を高める学問である。高度なスキルは、こうしたリベラルアーツにつながることにより、人間の幸せ、社会全体の福祉の向上、自然を大切にする行為につながっていくのである。それはまさに義礼智信に沿った学問の実践である。このように何をどのような姿勢で学び、それを実践していくかも人間性に影響を与えているのである。

スポーツの体験も人間性に影響を与えている。団体スポーツであれば相手と仲間とのかかわりでそれぞれの役割、行動のあり方を認識している。そしてその実現に向けて技を磨いている。それを通してモチベーションを高め、チームワークを重視するという行動原則が自然に身についていく。全体と個のバランスを取るという発想を身につけた人間が育っていくのである。

個人スポーツでも厳しい戦いを通して人間性が磨かれる。最初は勝つこと、承認欲求を充足することが目的であったとしても、ギリギリの戦いの繰り返しを通して無の状態を経験し、自然の心が感じられるようになる。そして真剣な戦いを通して相手を思いやる気持ち、相手を敬う気持ち、謙虚な気持ちが生まれてくる。スポーツの最高の舞台で、勝者が敗者をいたわり、優しく包み込む。敗者は勝者の努力に最高の敬意を払い、それを心からたたえる。私達がスポーツの世界で、しばしば目にする感動的光景である。

スポーツの体験は確実に人間性に影響を与えている。スポーツを通して技を磨いている人は、情を抑え、欲求をバランスさせた意志を働かせることができるようになる。もちろん勝利と名声にこだわり、欲望を高めている人もいるが、多くの人がスポーツを通してその人間性を高めているのである。私達は現在まで様々な人と出会っている。また芸術的活動、学問の修得と実践、スポーツへの参加などといった経験を積んでいるが、こうした個人的来歴も本然の性、気質の性とともに、私達の精神のアトラクターの質、そして人間性に影響を与えているのである。

遺伝的特質

人間性は、その時、その場の気の質、そして交わってきた人の気の質が集約して形成された気質の性が、何代にもわたって累積し発現した遺伝的特質からも影響を受けている。渦のぶつかり合いから生まれる新しい渦は、今までの渦の性質を受け継ぐということである。両親のアトラクターの気の調和した状態とその性質、さらにその親の気の調和した状態と性質は引き継がれていくということである。

遺伝とは「親の形質が子孫に一定の様式を取り、伝わる現象」(三六)である。形体のアトラクターを形成する器官も、オートポイエーシス・システムもその構造と機能は、遺伝的要因から影響を受けている。私達の外見は両親と似ていることが多い。また器官の強さや働き方も両親に似ている。筋肉の強さ、神経系の働き方、そしてそれらを集約した運動能力は、原則的に遺伝的特質から影響を受けている。もちろん各種能力は本人の努力によって磨かれていくが、そこに影響力の強弱はあるが遺伝的要素が影響を与えている。しばしばアスリートの家系から優れたアスリートが生まれていることも事実である。

同じように精神のアトラクターで意識の働きにかかわっている人間性も、気質の性が累積した遺伝的特質から影響を受けている。精神のアトラクターでは、形体のアトラクターと比べて、それがそうであると遺伝的特質の働きを特定して認識することは難しい。累積した気質の性が、濁なる気を受けた質の低い性質のものであれば怒りやすい、切れやすいという人間性は、気質の性の影響を強く受けたものであると思われる。しかしその時、その場で働いている気の質が高ければ、累積した気質の性が濁なるものでも、怒りやすい、切れやすいという性格が発現しないことがある。その時、その場で働いている気の質の力の方が、気質の性を累積した遺伝的特質の力よりも強力であるということである。したがって気質の性が累積した遺伝的特質がどれだけ影響を与えているかを確認することは困難である。遺伝的特質が人間性に与えている影響は、あくまでも私達が認識できる範囲内の可能性の話である。遺伝的特質は時に潜在的に、時に顕在的に、人間性に影響を与える可能性があるということである。

私達は、日々様々な選択、行為を行っているが、それらの選択、行為のどの部分が遺伝的特質を受けたものかを特定することは難しい。遺伝的特質が人間性に与える影響は、その行為を注意深く観察すること、その行為に直接かかわること、すなわち経験と観察によって理解するしかない。現在までのところ、経験と観察により、遺伝的特質が私達の人間性に影響を与えている可能性がある事例を確認できているということである。

私達の人間性は、原則的には本然の性、気質の性、個人的来歴から影響を受けているが、そこには遺伝的特質も影響を与えており、それを無視することはできないということである。このように現実存在の人間の人間性は、本然の性のみが働いているわけではないのである。

三　人間性と意識の働き

意識があることにより心の動きが始まり、何かを認識しあれやこれやと考え、何かを企てる。また喜び、悲しみといった気持ちが生まれてくる。こうした意識の働きは、誰もが同じように起こるわけではない。特別な場合を除き、そこにいる複数の人の意識が同じであることはない。意識はひとりひとり異なったものである。意識の働きは、その時、その場に集まっている気の種類と気の質から影響を受けている。また人間の本性である人間性からも影響を受けている。現実存在の人間ではとくに人間性が意識に大きな影響を与えている。私達の精神のアトラクターの根底には道の心が発現した本然の性が存在し、それが人間性を包み込んでいる。しかし現実存在の人間の人間性にはすでに述べたように、本然の性だけが働きかけているわけではない。現実存在の人間の人間性は、生まれた時にどのような質の気を受けたか、その後どのような場所に行ったかによって成立する気質の性からも影響を受けている。人間性の形成において、気質の性の影響は大きい。また、気質の性が何代にもわたって累積した遺伝的特質や、その後どのような人と交わったかといった個人的来歴からも影響を受けている。現実存在の人間の人間性は、こうした様々な要素が総合化されて作り上げられたものである。こうした人間性が意識の働きである情に、欲求・欲望に、形成力に、そしてそれらが集約した意志に影響を与えているのである。私達の意識は人間性という枠に沿って流れているのである。

人間性と情

情とは気質の性が外物に触れて、強く働いた時に生まれる気持ちのひとつである。それはしばしばあれやこれやと考えている時に、それとは関係なく突然浮かんでくる気持ちである。喜怒哀楽がその代表的なものである。情は強弱の違いはあるが、次から次へと浮かび上がってくる。意識があることにより情が生まれる。これは自然なことである。意識があるということは情が働いているということである。生きている限り、情が湧き上がってくる。情が働かなくなることはない。大切なことは情を抑え過ぎず、また過剰にならないように中庸を守ることである。人間性の違いがはっきりと表れるのが情の質と強さ、情の発現の仕方である。

人間性の違いによって浮かび上がってくる情の質は異なる。人間性の質の高い人は何に喜びを感じるのか。知的能力、道徳的能力、芸術的能力を磨き上げ、それを発揮した時、自分が望んでいる最高のパフォーマンスが思い通りに実現できた時に心の底から喜びの気持ちが湧き上がってくる。それは一瞬かもしれないが、至福の瞬間である。身近な表現を用いれば、自己実現を果たした時に生まれる喜びである。

人間性の質の高い人は物質的要素よりも精神的要素から喜びを感じているのである。

人間性の質の高い人は、何に怒りを覚えるのか。自分に対して相手が何かをしたことにより、怒りの気持ちが起こることは少ない。怒りは自然の法則、道徳の法則に反した行為に向けられていく。不必要に山を崩し、森林を伐採していくことに対して、自由を制限し人格を抑圧する強権的政治に対して向けられていく。こうした行為を目にすると、自然に怒りが湧き上がってくるのである。

人間性の質の高い人は、何に憐れみを感じるのか。仲間の悲しい出来事、世界での不幸な出来事に直面した時に自然に悲しみの気持ち、憐れむ気持ちが湧き上がってくる。人間性の質の高い人は、湧き上がってくる憐れみの気持ちを優しく包み込み相手と悲しさを共有しているのである。

人間性の質の高い人は、何に楽しさを感じるのか。楽しさも精神的要素から生まれてくる。人間性の質の高い人の楽しさは、根源的存在のリズムと一致した音楽、演劇を鑑賞した時、根源的存在の心を表現したアートに触れた時、自然の中で根源的存在の心を感じた時、人間性の質の高い人と感覚を共有した時に湧き上がってくる気持ちである。命がけで山や海に挑戦している人が目的を達成した時も、こうした楽しさが湧き上がっているのではないかと思われる。多くの場合、こうした喜び、楽しさといった情は、一瞬の気持ちであるが、その満足感は体全体を覆い尽くし、心の奥底にはいつまでも残るものである。

人間性の質の低い人は、物質的要素に喜びを感じている。物質的要素、現代であればお金や物質や地位等である。もちろん現実存在の人間にとって、こうした要素から喜びを感じることは自然なことである。人間性の質の低い人はより多くのお金を得ること、人の何倍も、何十倍のお金を得ることから喜びを感じている。より過剰に物質を所有すること、分不相応な地位を獲得することに喜びを感じている。また地位を得て相手を支配し、服従させることに喜びを感じている。欲愛、有愛、無有愛を徹底的に追求していくことに喜びを感じているのである。人間の性の質の低い人は精神的要素よりも物質的要素から受ける喜びの方が大きいということである。一流の人がよく多額の収入を得ることもあるが、そうした人の多くは技術を高めること、人間性を磨くことに喜びを感じており、物質的要素に喜びを感じているわけではない。

人間性の質の低い人は怒りの気持ちが起こりやすい、狭い自分の意識、自分の世界に合わないことに対しては、すぐに怒りの気持ちが湧き上がってくる。車を運転していて追い越されただけで怒りの気持ちが浮かんでくる。極めて小さなことでも相手の立ち居振る舞いが気に入らなければ怒り出す。そして怒鳴り散らす。残念ながらこれも情という意識の働きであり、人間のあり様でもある。

人間性の違いによって情の強さも異なる。人間性の質の高い人の情は、強過ぎず、弱過ぎず一定の範囲内の穏やかな気持ちである。何かを成し遂げた時、喜の気持ちが湧き上がってくるが、それは元亨利貞の循環の中での出来事であり、喜びもそうした循環のリズムに沿った穏やかなものである。また怒りの気持ち、憐れむ気持ち、悲しい気持ちも湧き上がってくるが、それが一方的に増幅することはない。つねに自然のリズムに沿って一定の範囲内に収まる。人間性の質の高い人は情に対してつねに抑制的であり、情が過剰になったり、情が暴走することは少ない。

人間性の質の低い人には、情が強く働く。喜びの気持ちも、怒りの気持ちも増幅しやすい。何かのきっかけで一気に増幅し、暴走し始める。人間性の質の低い人の情が暴走し始めると、それを止めることは困難である。意識も、そして意識の働きの中核である意志も、情によって左右される。情が暴走し始めると価値志向はほぼ停止状態になり、相手の存在も、環境状況も目に入らなくなってくる。それは一瞬の状態かもしれないが、喜びの気持ち、もしくは怒りの気持ちが支配している世界が作り上げられてしまうことになる。相手が受け入れるかどうか、相手が理解するかどうかに関係なく大声をあげて、時に動き回り、喜びの気持ち、怒りの気持ちをぶつけていく。そうなると思考停止の状態になり、合理的判断はできなくなり、何が起こるかわからなくなるという大変危険な状態になってしまう。人間性の質の低い人の情の暴走が一瞬の状態にとどまれば良いが、情が暴走しそれが拡大していくと、とんでもない悲劇に陥ってしまうことがある。誰でも強い喜びの気持ち、怒りの気持ちが浮かんでくるが、大切なことはそれを短期間で収めることである。とくにうれしさに飛び跳ねて走り回ったり、大声をあげて怒りの気持ちを表現するような過剰な反応は禁物である。過剰な反応。これも自然のリズムを壊すことになる。このように意識の働きのひとつである情の質と強さは、人間性から大きな影響を受けているのである。

人間性と動機志向

意識は欲求・欲望であり、誰にも欲求・欲望は働いているが、その時充足を求めている欲求の強さや欲求充足のプロセスは、人間性の違いによって異なったものとなる。アブラハム・マズローの理論では、所属と愛の欲求が充足されれば次の承認の欲求が充足を求めて動き出し、承認の欲求が充足されれば、自己実現の欲求が充足を求め動き出すはずであるが、(三七)すべての人がこうしたプロセスをたどるわけではない。人間性の違いにより所属と愛の欲求が充足されると、ただちに自己実現の欲求が充足を求めて動き出す人もいるし、所属と愛の欲求の充足に満足して上位の欲求が働かない人もいる。つねに生理的欲求を優先する人もいる。どのタイプの欲求が究極の欲求になるかは、人により、そして人間性により異なったものとなる。

また充足を求めている欲求の強さも人間性から影響を受けている。現実存在の人間には、意識があることにより欲求が働いているが、それが強くなったものが欲望である。この欲望の内容と強さは、人間性の違いに応じて異なったものとなる。毎日、誠実に丁寧に働いて必要なお金だけを求めている人もいる。お金を稼ぐために猛烈に働いている人もいる。お金を強く求め、お金のためなら何でもする人もいる。お金のために平気で略奪をする人もいる。同じ欲望でも人間性の違いにより、その内容と強さと実現する方法は異なったものとなる。

人間性と価値志向

人間性は、意志の働きである価値志向に影響を与えている。人間は、自分が所属している社会における社会的価値と自分が所属している組織における組織的価値を通して、個人的価値の体系を形成しているが、社会的価値や組織的価値を一方的に受け入れているわけではない。それらを取捨選択し、再編成している。この場合、どの価値を選択するか、どの価値に重点を置くかは人間性によって異なる。私達は自由に、自分の人間性に沿った社会的価値や組織的価値を受け入れ、個人的価値の体系を形成している。自分の人間性に合わない価値に対しては、理解はするが自然に距離を置いている。個人的価値の体系の形成は、人間性を基準にした社会的価値と組織的価値の再編成なのである。したがって同じ状況に置かれて同じ体験をしても、人間性の違いによって形成力や意志に影響を与える個人的価値の体系は異なったものとなる。

清なる気を受けた人間性の質の高い人は、好ましい個人的価値の体系を形成している。また人間性の質の高い人は意志を働かせようとする場合、価値の体系に照らし合わせて考えようとする志向性も高い。人間性の質の高い人は、好ましい個人的価値の体系をよりどころに、嘘をついたり、人を傷つけたりすることはしない。人を欺くこともしない。つねに全体とのバランス、仲間との調和を前提に、伝統、習慣を受け入れ、好ましい個人的価値の体系に照らし合わせて意志を働かせ、丁寧に判断し行動している。

濁なる気を受けている人間性の質の低い人は、騙されたり、裏切られたりすることが多く、好ましくない個人的価値の体系を形成している。この種の人は好ましくない個人的価値の体系に沿って好ましくない意志を働かせ、しばしば好ましくない結果をもたらしている。また濁なる気を受けている人は、そもそも何らかの基準に沿って意志を働かせようとする志向性も低い。この種の人は、価値志向が弱く、人を信じず、小さな事にも反発し、疑いの心も強く、自分中心の偏見に満ちた考えや情に強く支配された意志を働かせている。

いずれにしても現実存在としての人間には、人間性から影響を受けたこうした個人的価値の体系が円環的意味連関として成立し、継続的に意志に影響を与えている。私達は潜在的にも、顕在的にも、人間性から影響を受けたこうした個人的価値の体系に沿って意志を働かせ、様々な選択をしているのである。

人間性と意志

私達の意志は、情と欲求・欲望と価値志向が集約したものである。情が極端に強くなれば欲求・欲望と価値志向は一時停止し、情が意志に強い影響力を持つことになる。判断、選択は、情に支配されたものとなり、正常な欲求も蓄積された個人的価値の体系も抑え込まれる。情が適切に働いている状況であれば、欲求・欲望の働きである動機志向や価値志向が意志に影響を与えることになる。

この場合、動機志向と価値志向はしばしば葛藤をもたらす。みずからの欲求の充足に重点を置いて意志を働かせるか。それともそれを抑えて個人的価値の体系に重点を置いて意志を働かせるのか。人間の心はつねに揺れ動いている。現実存在としての人間には、動機志向と価値志向の調整の問題が必ず発生する。この動機志向と価値志向の調整においても、影響力を発揮しているのは人間性である。

企業経営が悪化し、経営者が賃金カットを求めた場合、それに対して動機志向と価値志向を調整してどう対応するかは、従業員の人間性によって異なる。清なる気を受け良き体験が蓄積した人は、欲求・欲望を一時的に抑え、共有している価値の体系に沿って意志を働かせ、それを受け入れ、業績の回復に努める。それを受け入れずに、職場状況を通して形成された個人的価値の体系を抑え、自分の欲求・欲望の充足を優先し、職場を去る人もいる。動機志向を優先するか、価値志向を優先するかは人間性によって異なったものとなる。現実存在としての人間は、判断を迫られた時、それぞれの人間性に沿って動機志向と価値志向を調整し、意志を働かせているのである。

このように情の質と内容と強さは、人間性によって異なる。欲求・欲望の内容と強さと実現の方法は、人間性によって異なる。個人的価値の体系の内容や、価値志向の働き方も人間性によって異なる。そしてそれらが集約した人間の判断、選択である意志の働き方も、人間性から大きな影響を受けている。人間性を抜きに人間の意識の働きについて語ることはできない。意識があるということは、気が密集し躍動している意の認識が成立する領域で、陰陽五行の気が特別に反応し、陰陽五行の気の特別に調和した状態が作り上げられ、それがリズミカルに動いているということである。そのリズミカルな動きは様々な要素から作り上げられているが、その動きの方向、内容、質に最も大きな影響を与えているのが人間性なのである。

四　強い欲望と悪

人間性が意識の働きに大きな影響を与えている。人間性の違いによって意識の働き、その行為、選択は異なったものとなる。こうした現実存在の人間の意識の働きを考える場合、無視できないのが、欲求がより一段と強く働くようになった状態である強い欲望と、私達人間性に襲いかかり、それを激しく突き動かす悪の存在である。現実の社会で起こっている考えられない行為の多くは、強い欲望と悪を起因としている。残念ながら私達の現象界は、すべて善なる人により構成されているわけではない。強い欲望の塊のような人、悪に支配されている人も存在している。それは何故か。私達の意識の働きを考える場合、強い欲望と悪の本質、そしてその発生のメカニズムを理解しておくことも必要である。

強い欲望

意識の働きのひとつは愛、すなわち欲愛、有愛、無有愛であり、楽しみを続けたい、より楽しいものを手に入れたいという欲求・欲望である。現実存在の人間の意識には、自己の維持や願望の実現にかかわる欲求がつねに働いている。この欲求が強く働くようになったものが欲望である。こうした欲求・欲望は人間性から、そしてその時、その場で強く働いている気の質から影響を受けている。ほど良い欲求は人生の彩りであり、欲望もほどほどであれば本人の周辺にとどまり、その弊害も狭い範囲の話である。問題は欲望が増幅した時である。

長い期間、濁なる気が強く働いている状況に身を置き、つねに人間性の質の低い人と交わっている人は、意識の働きである欲望が一段と強くなる。人間性が濁なる気に汚染された人は、他人を押しのけて自分の利益を徹底的に追求する行為や、相手を陥れてでも目的を実現しようとする行為などといった過剰な快楽を追求するようになる。より多くの利益を、より美しいものを、人々を支配し服従させるより高い地位を求めるようになる。欲望は、一度解き放たれて走り始めると、際限なく増幅していく。一度走り始めた欲望は強い力となり、周辺を巻き込んでいく。走り始めた欲望を止めることは困難である。いつの時代も、強い欲望に支配された人々が、社会を混乱した状態に陥れている。

濁なる気が強く、欲望が強く渦巻いている場所が現代の市場である。もちろん現在でも公正な価格形成を通して、資源配分の適正化という機能を果たしている市場も存在している。しかし多くの市場は、もはやアダム・スミスが想定した共感能力がある人が集まり、フェアプレーの精神で競い合っている場ではない。そこは欲望渦巻く修羅の場である。そこから過剰な利益、桁違いの利益が生まれている。農業、製造業などが長い年月をかけて積み上げてきた付加価値の何十倍、何百倍の利益が一瞬にして生まれるのである。資本市場では、インサイダー取引、情報操作、市場操作、買い占め、過剰な空売り、飛ばし、隠蔽、粉飾、ＬＢＯ（レバリッジ・バイアウト）による資産の切り売りなど不適法、不適正な行為が大手を振って横行している。善良な市民に高価で株を買わせたり、ハイリスクな金融資産を買わせるなどは日常茶飯事である。新聞紙上で伝えられている記事は、氷山の一角に過ぎない。不適正でも不適法でなければ罰せられず、欲望の場の動きを止めることは困難である。

その他の市場でも不適正な行為が横行している。利己的なファンドの買い占めによる資源価格の高騰が、人々の生活を圧迫している。金融市場では、欧州の銀行を中心にロンドン銀行間金利を不正操作し、デリバティブなどを使って市場関係者が不当な利益を上げていた。価値も創造せず、汗もかかずに誰もが短期間に桁違いの利益を上げようとしている。儲けるためなら何でもする。そこには良心のかけらも存在しない。それが濁なる気が充満した現在の市場である。かつて欲望が渦巻く場として競馬場、競輪場、カジノ、盛り場などがあったが、資本市場における欲望の力は、それをはるかに超えるものである。欲望が増幅し悪を引き寄せている。欲望の塊となった人によって操作されている市場、これが現代の市場の実体である。アダム・スミスが想定した共感能力を持った人に支えられた市場は、限られた世界での話である。富の蓄積は片寄り、格差は著しく拡大している。

そこでは正義の番人であるはずのプロフェッショナルも、その欲望の渦に呑み込まれてしまっている。一部のプロフェッショナルが欲望実現の仕組み作りに手を貸している。仕組み債の開発、節税スキームの立案に、その知識とスキルを用いていることなども一例であろう。欲望の集積した場の力の何と強いことか。

自由主義社会を実現する手段が資本主義、民主主義である。手段である資本主義の目的は、自由主義の基本理念である万人の人格の成長を実現するために必要な財を確保することである。それが欲望の力により、自由主義の基本理念を超えて、独自の論理に従って動くようになってしまったのである。いつの時代も強い欲望に支配された人が社会を、そして自然界を混乱に陥れているということである。

欲望との関係で興味深いのが盛り場である。そこでは清なる気と濁なる気が強く降り注いでいる。喜びと苦痛、楽しさと悲しさ、優しさと憎しみ、強さと弱さが同時に存在し、激しくぶつかり合っている。盛り場の力に引き寄せられ、様々な次元の人が集まり、通り過ぎていく。清なる気に満ちた人の隣に濁なる気に汚染された人が座っている。賢人も愚人も悪人も同席している。盛り場にたくさんの人々が集まり通り過ぎていく中で、清なる気に引き上げられて上昇していく人もいるし、濁なる気に巻き込まれて転落していく人もいる。何の影響も受けずに通過していく人もいる。そこでは無数のドラマが展開している。江戸時代の画家、河鍋暁斎が、盛り場は地獄と極楽の接点であるといっているように、そこには異様で怪しげな光景が現出している。

私達はしばしば現実存在としての人間の心の中に、様々な欲望を見出すことができる。欲望を抜きにして人間の性を語ることはできない。大切なことは、その本質とメカニズムをしっかりと理解し、それを抑えることである。欲望は濁なる気を強く受けて形成された人間性と、その時、その場で働いている濁なる気の影響のもとに成立した意識の働きである。それを避けるためには、清なる気に触れることにより、人間性の質を高めること、そして濁なる気があふれている場を避けることである。そうした努力をすることにより、欲望を抑えることができる。欲望は、それが暴走が始まる前であれば、その増殖を一定範囲内に収めることができるはずである。

悪

強い欲望と同時に浮かび上がってくるのが悪である。人間性とのかかわりで触れておかなければならないのが悪の存在である。濁なる気が渦巻いているところでは悪も姿を現す。悪、それは人々を殺す、傷つける、破壊する行為に向かっていく力である。有史以来、強い悪の力に突き動かされた人々が、殺人と破壊を繰り返している。

欲望も悪も同じ濁なる気の中に見出すことができるが、欲望と悪とではその本質が異なる。欲望は濁なる気の中で、人間性の低い人の交わりを通して成立し、成長する。欲求が強く働いているのが欲望である。

欲望は、意識の働きであり、主として後天的な人間の性である。生まれながらにして欲望の強い人は少ない。ただし、気質の性が濁なる気のもとに成立したものであり、遺伝的特質も濁なる気が累積したものであれば人間性の質は低いものとなる。その場合、欲望は極めて強いものとなり、生まれながらにして欲望の強い人もいる。しかし、欲望はあくまでも意識の働きであり、その根底には本然の性が影響を与えている。欲望には大きな力が働いており、その動きは歯止めがかかっている。残虐な行為、破壊的行為にまで進むことはない。これに対して悪は、人々の心の奥底から湧き上がってくる根源的な力である。悪の力も強力である。悪を語らずに人間の行為を考えることはできない。

それでは悪とは何か。それはどこから生まれてくるのか。これも難解なテーマである。善について語る人は多い。現在まで著名な哲学者や宗教家を始めとして村の長老にいたるまで、多くの人が善とは何か、何が正しい行為なのかを論じてきた。善についてはその根本原理から身近な行動原則にいたるまで議論百出の状態である。人々は善について語る時、何ともいえない幸福感に包まれる。いずれにしても人はつねに、善について強い関心を抱いている。自分は善人なのか、悪人なのか。善人になるにはどうしたら良いのか。善に対するあこがれは誰もが心の片隅に抱いている。

私達はこのように悪から目をそらそうとしているが、悪はいたるところに存在している。小さな悪、大きな悪が身の周りではびこっている。人々が潜在的に恐れているのは、悪の持っている強大な力である。生成の力は強力であるが、悪の破壊力も強力である。悪は癌細胞のように一度増殖し始めると、それを抑えることは困難である。悪が心の中を占拠し、個人を超えて社会全体に広がっていくのである。私達が築き上げた文明・文化をいとも簡単に突き崩してしまう。人類の歴史は大量殺人、略奪、破壊の繰り返しであったともいえる。最近も一部の国により侵略、殺人、人格の抑圧が行われている。私達は日々映像を通してそれを眺めている。悪が存在すること、そしてその力の大きさを目の当たりにしている。何と悪の力の強大なことか。誰もが、自分の心の奥底にあるこうした悪が顕在化することを恐れている。

多くの哲学者・宗教家・思想家が悪の存在を認識している。人によっては、悪は心のあり方の例外であると位置づけている。しかし、彼らはそれを正面から取り上げることを避けて、限定的に取り扱っている。善について語る人は多いが、悪について語る人は少ない。一部の学者だけが悪の本質について論じているに過ぎない。何故か。皆悪の力を知っており、悪と善が入れ代わり、悪がこの世の本質になることを恐れているからである。しかし、人間とは何か、人間性とは何かを論じる場合、現実に存在する悪というテーマを避けることはできない。悪についての考察は必要である。

現在までのところ、殺人、傷害、誘拐、略奪、破壊、嘘、裏切り、詐欺などが悪と考えられている。目の前で力ずくで奪う略奪だけではなく、時には合法的に、巧妙に財産を奪っていく詐欺的行為も後を絶たない。時代劇に出てくるいかさま賭博のような例は、現代社会でも枚挙にいとまがない。殺人、傷害という悪は、人の肉体に害を加えることである。苦痛を与えるだけではなく、本人の意志とはかかわりなくアトラクターを突然消滅させてしまう。

低次の快楽の追求、過剰な欲望などを悪と考えている人もいる。悪は具体的である。こうした悪は、人間の本性であり先天的なものなのか、それとも後天的なものなのか。悪が先天的なものであれば、それは避けられない。課題はいかにそれを教導によって抑えるかである。後天的なものであれば、発生の芽を摘んでいくことである。西洋では悪は先天的なものであると考えられている。人間は生まれながらに罪を負っている。したがって西洋では教導することに力を入れている。

中国哲学では荀子が「人の性は悪、その善なるは偽なり」(三八)と述べ、悪を先天的なものとして捉えている。善なる性質は、人為の所産であると考えられている。(三九)人間は放っておくと悪の世界に向かっていくので善き行いを教え、つねに指導・監督していく必要があるということである。それ以外の哲学者・思想家は、現実存在としての人間の中に悪の存在を認めているが、それが先天的なものかどうかについては、はっきりと言及していない。

多くの人が議論を避けているが悪は存在する。道という根源的存在から生まれるこの世の存在をかくあらしめる力に対するものとして悪は存在する。道という根源的存在の成立とともに、その影として悪は成立しているのである。そこには何物をも破壊し尽くしてしまう力が充満している。根源的存在から生まれるこの世の存在をかくあらしめる力は生成する力であるが、悪は破壊する力である。生成と破壊、それはこの世を支配している二大原則である。根源的存在から生まれるこの世の存在をかくあらしめる力に沿って万物は生成するが、アトラクターはその生成のプロセスの初期の段階から、悪の破壊力にさらされているのである。悪はつねに、私達の心の隙間に入り込もうとしている。

悪人とは何か

清なる気のもとに成立したアトラクターには、悪が入り込む余地はない。生成のエネルギーを受けて成立したアトラクターの性は善である。また賢人は、わずかに入り込んだ悪を抑え込んでいる。これに対して問題になるのは濁なる気のもとに成立したアトラクターである。濁なる気のもとに成立したアトラクターには、多かれ少なかれ、アトラクター成立の当初から悪が侵入し、根づいている。生成のエネルギーだけが支配しているわけではない。濁なる気の中には悪が流れ込んでいる。中国の思想家は、それが先天的なものなのか、後天的なものなのかという議論を棚上げすれば、濁なる気の中で成立したアトラクターに悪を見出している。そして、成立当初から悪が存在しているアトラクターが濁なる気を受け続けていると、悪は増幅し、アトラクター全体を覆い尽くす。いわゆる悪人の誕生である。そうなると彼を教導するのは極めて困難になる。こうした悪人の典型が「上知と下愚とは移らず」といわれている下愚である。(四〇)「どんな愚者でも善人に感化されて向上することができる。ただ、自暴の人は善人を拒んで信じず。自棄の人は善人と絶って学ぼうとしない。この二種の人は、たとえ聖人とともに居ても感化されて善に入ることはできない」(四一)とあるように、現実社会で目にすることができる悪人の多くは、こうした善人に感化されない悪人、下愚である。現実の社会にはこうした教導できない多数の悪人、極悪人がうごめいているのである。

この世で厄介なことは、悪人が隔離されていないという点である。悪人が隔離されているか、悪人の地位が低ければ悪の力を抑え込むことができる。しかし現実は必ずしもそうではない。私達は悪人と生活の場を共有している。私達と悪人の間には明確な境界線はない。詐欺、約束違反、窃盗、殺人、傷害、裏切りなどは日常茶飯事である。また上から下まで幅広い階層にわたって悪人は存在し、悪行を積み重ねている。悪人の能力が低く、社会の底辺に集中していれば対処の方法もある。しかし現実は必ずしもそうではない。悪人だからといって必ずしも能力が低いわけではない。「しかし、天下の自暴自棄の人は、必ずしも昏愚(おろかもの)ではない。往々思いのままに悪事を行い、才力は常人に勝るものがいる」(四二)とあるように、高い能力を持ち、支配階級に入り込んでいる悪人もたくさんいる。支配階級に入り込んだ悪人は、言葉巧みに大衆を操り、悪を堂々と実践している。善良な人々を知らないうちに戦争、殺人に誘導している。支配階級に存在している悪をいかに抑え込むか。これが現代の課題である。そうしないと戦争、殺人、略奪が繰り返されてしまうことになる。

悪の存在は様々な弊害を生むが、人類の歴史を見ると、今のところ人類は何とか悪の擡頭、行き過ぎを抑えてきた。つねに終末論が叫ばれるが、人類はまだ滅びていない。個々の文明・文化は、滅亡、創造を繰り返しているが、人類全体の文明・文化は継承されている。人類は欲望や悪に対立することで強くなり、進歩してきたともいえる。現時点では、生成のエネルギー、すなわち悪を抑えようとする力が、悪の力よりも勝っているともいえる。生成のエネルギーが勝っている限り悪は、攪乱、ゆらぎとして作用し、時に変革を引き起こす要因のひとつとなるのである。今も様々な悪が擡頭しているが、私達は悪がこの世を完全に支配してしまわないように戦っていくしかないのである。

負の根源

悪とは何か、その本質は何か、どうして悪は存在するのかは、現在私が完全に答えを出すことができていない未解決のテーマである。悪については、まだまだ考察が不十分であるが、私が感じるところでは、道は表の世界の話である。これを正のエネルギーが凝縮された実体のない統一的世界、正の根源と呼ぶことにする。そこには生成の力が働いている。これに対して負のエネルギーのようなものが存在し、負のエネルギーが凝縮された実体のない統一的世界が実在しているかもしれない。そしてそこには破壊の力が働いている。それがこの世の破壊、破滅という現象を支配しているのではないか。正の根源に対する負の根源の存在、負のエネルギーの存在である。そして物語は正の根源と負の根源の間の非対称性から生まれてくる。

善人が仁の心を抱いて、義礼智信を実践し、善き行いをすることは道の法則に則った自然な行いである。これに対して悪人が大量殺人や人権の抑圧などといった非人道的行動をすることも、負の根源から見れば負の法則に則った行いである。いずれも原則通りの行いである。地球という舞台ではこうした正の根源が作り出した実在と、負の根源が作り出した実在が混在しているのである。それが多様で複雑な物語を作り出し、私達を悩ませているのである。もし仮に地球上を正のエネルギーが完全に支配し、善のみが行われたとすると、地球は道と一体化し、そこには今の私達の感覚では何も存在しなくなるのではないか。悪が存在し、殺し合い、騙し合いが続く限り、善と悪は対立し、地球上に私達は存在し、時に悩み、苦しみを感じ、時に楽しみ、喜びを感じる人生を送っているのではないか。もしかしたら私達が地獄と呼んでいるのは、負の根源の世界を想像したものではないか。そうすると悪人にとって地獄に行くことは、回帰であり、本来のあり方である。極悪人にとって地獄で味わう苦痛は、最高の喜びであり、栄誉なのではないか。善人は極楽浄土へ往生する。悪人は地獄に落ちる。こうした考えは正の根源と負の根源の存在を意識したものではないかと思われる。こうした理論の組み立てであれば、善人がたまたま悪行を犯しても、悔い改め、それ以上の善を行えば極楽浄土へ行けるという考えは理解できる。いずれにしても負のエネルギーが凝縮された実体のない統一的世界である負の根源の存在、そこから生まれる破壊の力、悪人の存在が地球上の物語を複雑にしているのである。悪は間違いなく存在する。私達はそこから目をそらすことはできない。

正の根源、負の根源の存在、それからどうなるのか。もしかしたら正のエネルギーが凝縮された実体のない統一的世界と、負のエネルギーが凝縮された実体のない統一的世界の根底に、その実在を支える共通の場のようなものが存在するのではないか。まさに道の親のような存在である。それでは正の根源と負の根源を支えている共通の場とは何か。それはいつ誕生したのか。始まりと終わりのない世界についての知的活動は限りなく続いていく。物語は神の領域を超えて奥へ、さらにその奥へと進んでいくのである。神が作り出した、取るに足らない存在である私達が、どこまで考えることが許されるかである。私自身は神が許す範囲内で考察を続けていくことにする。

注

（一）見坊豪紀／金田一春彦／柴田　武／山田忠雄／金田一京助編著『新明解国語辞典』三省堂、昭和四七年
（二）湯浅幸孫著『近思録　上』タチバナ教養文庫、平成八年、一七―一八頁
（三）福永光司著『老子　下』朝日文庫、昭和五三年、一五四頁
（四）今里　禎訳『孟子』徳間書店、平成八年、二四二頁
（五）久米旺生編訳『論語』ＰＨＰ研究所、平成二一年、一三四頁
（六）久米旺生編訳、前掲書、一四二頁
（七）久米旺生編訳、前掲書、一五六頁
（八）久米旺生編訳、前掲書、一三三頁
（九）久米旺生編訳、前掲書、一三四頁
（一〇）スミス・アダム著、水田　洋訳『道徳感情論』岩波文庫、平成一五年、二三頁（Smith, Adam, *The Theory of Moral Sentiments*, By Adam Smith, Professor of Moral Philosophy in the University of Glasgow, London: Printed

for A. Millar in the Strand, and A. Kincaid and J. Bell in Edinburgh, MDCCLIX, 1759)

（一一）パーソンズ・タルコット／シルス・エドワード・A著、永井道雄／作田啓一／橋本　真訳『行為の総合理論をめざして』日本評論社、昭和三五年、二四頁（Parsons, Talcott and Edward A. Shils, *Toward a General Theory of Action*, Harvard University Press, 1951）

（一二）久米旺生編訳、前掲書、一四二頁

（一三）久米旺生編訳、前掲書、一四三頁

（一四）見坊豪紀／金田一春彦／柴田　武／山田忠雄／金田一京助編著、前掲書

（一五）久米旺生編訳、前掲書、一四三頁

（一六）久米旺生編訳、前掲書、一四三頁

（一七）久米旺生編訳、前掲書、一四三頁

（一八）加地伸行訳注『孝経』講談社学術文庫、平成一九年

（一九）藤堂明保訳『論語』学習研究社、昭和五六年、二三六頁

（二〇）今里　禎訳、前掲書、二五二頁

（二一）湯浅幸孫著、前掲書、一七頁

（二二）今里　禎訳、前掲書、二六九頁

（二三）今里　禎訳、前掲書、一八五頁

（二四）今里　禎訳、前掲書、二八五頁

（二五）湯浅幸孫著、前掲書、一八頁

（二六）久米旺生編訳、前掲書、一三〇頁

（二七）湯浅幸孫著、前掲書、一八頁

（二八）湯浅幸孫著、前掲書、一八頁

(二九) 丸山松幸訳『易経』徳間書店、平成八年、四六頁
(三〇) カント・イマヌエル著、篠田英雄訳『道徳形而上学原論』岩波文庫、昭和三五年、一八二頁(Kant, Immanuel, *Grundlegung zur Metaphysik der Sitten*, 1785)
(三一) 湯浅幸孫著、前掲書、七七頁
(三二) 湯浅幸孫著、前掲書、三八頁
(三三) 湯浅幸孫著、前掲書、五一頁
(三四) 湯浅幸孫著、前掲書、七七頁
(三五) 湯浅幸孫著、前掲書、四九–五二頁
(三六) 見坊豪紀/金田一春彦/柴田 武/山田忠雄/金田一京助編著、前掲書
(三七) マズロー・アブラハム・H著、小口忠彦訳『人間性の心理学』産業能率大学出版部、昭和四六年、五六–七二頁(Maslow, Abraham H., *Motivation and Personality*, Harper & Brothers, 1954)
(三八) 杉本達夫訳『荀子』徳間書店、平成八年、二七頁
(三九) 杉本達夫訳、前掲書、一七頁
(四〇) 金谷治訳注『論語』岩波文庫、昭和三八年、三四三頁
(四一) 湯浅幸孫著、前掲書、三八頁
(四二) 湯浅幸孫著、前掲書、三八–三九頁

むすび

本書は、人間とは何か、何のために私達は存在するのか、私達はどのようにして成立したのか、私達はどこから来てどこへ行くのかについての物語である。物語を進めるにあたり、既存の哲学・宗教、そして科学的研究で明らかになった部分はそれをよりどころにさせていただいた。全体のイメージ、概念枠組、基本設計図、シナリオ、そして既存の理論が取り扱っていない領域については、私が感じたところをイマジネーションの広がりに沿って思う存分述べさせていただいた。

物語は、道という根源的存在から始まる。道からあふれ出た大量の気が宇宙全体を満たし、激しく動き回っている。そうした動きの中から、気の密度がとくに濃いところが生まれアトラクターが成立する。そこには根源的存在から生まれるこの世の存在をかくあらしめる力のひとつである生成の力が強く働くようになる。そして、さらに大量の気が集まり、気の密度と回転運動が一定水準を超えると、カオス的状況から秩序が生まれるように突然気が調和した状態が生まれる。物質・生物の誕生である。私達人間の肉体や精神も、激しく動いている様々な種類の気が、生成の力により調和することにより成立している。

激しく動いている気が集まり調和することにより、物質・生物は誕生するが、それらは永遠の存在ではない。それらは循環の法則に則り、いずれ完成・完了の時期を迎える。完了したアトラクターの気は、道に勢い良く回帰していく。そして回帰した気は再び現象界にあふれ出てくる。道から生まれる気は、宇宙誕生以来、一三八億年間、生成と回帰を繰り返しているのである。

こうした壮大な生成と回帰の物語も、人類ということであれば二五〇万年前からの話である。ホモ・サピエンスということであれば、一五万年前からの話である。それより前には、人類は存在していない。一〇億年前であれば人類のかけらも見出すことはできない。宇宙の歴史から見れば、人間の生成・回帰の物語はごく最近のことである。しかし宇宙の歴史から見れば最近の話であるが、道は大変美しい人間というアトラクターを成立させた。人間は美しい肉体や優しい心を持った存在である。地球上の植物も生物も美しいが、人間はその中で際立って美しい存在である。私達は道の心である「慈の本質」、「美の本質」、「善の本質」に最も近い存在である。人間は、一三八億年の宇宙の歴史の中で、道が作り出した最高の芸術作品である。道は長い試行錯誤の結果、ついに地球上に人間という最高の芸術作品を完成させたのである。

それでは何故私達は美しい肉体や優しい心を持っているのであろうか。何のために私達は存在するのかにかかわる部分である。私の理解するところでは、それは実体のない統一的世界であり、私達の目からは何も存在しない世界である道が、私達の肉体や精神を通して、自己を表現しようとしているのではないか。実体のない統一的世界を私達は認識することはできない。また実体のない統一的世界である道も、その心を確認することはできない。何も存在しないところには感覚も存在しない。道には「慈の本質」も、「美の本質」も、「善の本質」も存在するが、道自体それを認識することはできないのではないか。そういった意味で数ある宇宙の中で、そしてこの地球上に道の心に近い存在として私達を創造したのではないか。道は私達の行いを通して道自身の心、そして道自体の理想的姿を確認しようとしたのであろう。道の心を実現するために私達は存在する。何故私達が存在するかにかかわる核心的部分である。こうした視点で自分自身が存在する意味を、そして役割とあるべき行為を考えていくことができるはずである。これも何のために私達が存在するかについてのひとつの考え方である。

本書では、私達はどのようにして成立したのか、私達はどこから来てどこへ行くのかについては、先人達の考えをよりどころに自分自身のイマジネーションを働かせ論述してきた。しかし、何のために人間は存在するのかについては十分説明し切ったとは思っていない。何のために私達が存在するかは大変難解なテーマである。道の心を実現することもひとつの答えであると思われるが、答えはひとつではない。現象界で現実存在としての人間の活動を体験し、観察することにより何のために人間は存在するのかを理解することができるかもしれない。人間界や自然界におけるギリギリの体験から、それをつかみ取ることができるかもしれない。静かな空間の中で、自分自身の存在意義を感じ取っていくことができるかもしれない。いずれにしても、今この瞬間に、この宇宙の歴史の頂点にいる私達の存在意義を考えることは重要である。

私自身、完全に理解したわけではないが、本書が皆様方にとって、何のために私達は存在するのか、そして私達はどこから来て、どこへ行くのかについて考えるきっかけにしていただければ幸いである。私の願うところは誰もが自分自身の存在意義を見出し、道の心に沿って歩んでいくこと、そして慈しみの心、温かい心に包まれた、自然、文化、人間を大切にする時代を実現することである。人類が未来も繁栄することを願って本書の執筆を終えることにする。

本書は著者ひとりの力で出来上がったものではない。多くの人々のご指導とご協力によって完成したものである。恩師青沼吉松慶應義塾大学教授からは、研究者としての心構えを教えていただいた。先生の教えにより、つねにロジックとデータにもとづいて考えるという発想を身につけることができた。小川浩一、中村賢、山宮康正先生からは、大学院時代から現在にいたるまで教育・研究上の様々なご支援、ご協力をいただいた。私の現在までの教育、研究活動は、親友でもある先生方の支援抜きには考えることはできない。心より感謝の意を表したい。

日本公認会計士協会元会長中瀬宏通先生からは、職業会計人として大切な心構えを教えていただいた。とくにプロフェッショナルとしての品格を保持することは、今でも心掛けている大切な教えである。また、小林豊、渡辺敏光先生を始めとする中央新光監査法人、明和監査法人、日本公認会計士協会経営委員会の諸先生方からも、監査実務、経営コンサルティングなどの分野で多くの指導を受けた。

金山仁志郎様を始めとする青山学院大学の役員・教員・職員の皆様方からは教育のみならず経営上の様々な示唆をいただいた。林ヶ谷昭太郎、ジョン・クラーク、マイク・リー教授を始めとするカリフォルニア州立大学サクラメント校の先生方からは、米国社会の構造と機能について具体的、かつ実践的な助言をいただいた。長野大学、愛知学泉大学、北里学園の役員、教員、職員の皆様方からは、研究上の様々な支援をいただいた。大石展緒教授からはカオスの数学的側面から助言をいただいた。東京医科大学の役員・教員・職員の皆様方からは、医科大学の運営、大学病院の経営についてご協力をいただき、様々な助言をいただいた。

石倉悠吉、伊藤彰敏、谷善樹様を始めとする慶應義塾大学の先輩、同輩の皆様からは、経営実務上の有力な示唆をいただいた。神谷誠一、高井和明、小坂俊之、香取純一、中菊雄、浦田秀明様を始めとする東京青年会議所の先輩・友人からは、日常生活で心温まるご理解とご支援をいただいた。精工技研上野昌利社長、プレック研究所杉尾伸太郎名誉会長、寺田倉庫寺田保信前会長を始めとする関与先の企業の役員、管理職の皆様方には実務上有用な示唆をいただいた。

とくに高田和男、石浩平、沢田藤司之様を始めとする先輩、友人の皆様方からは、人生の節目で様々な示唆をいただいた。

また私が最高にリスペクトしている相模カンツリー倶楽部からは、つねに清なる気をいただいてきた。唐沢公認会計士事務所は令和五年四月に開業五〇周年を迎えたが、その間職員の皆様方が、著者がつねに仕事と教育に専念できるように支えてくれた。私の読みづらい手書きの原稿を三〇年間清書し、ワープロ入力した中村安子さんにはとくに感謝の意を表したい。教育に高い理解のあった父唐沢信一からは数年間ではあるが、貴重な経営者の体験をさせていただいた。この体験が研究者の立場と実務家の立場をバランスさせる発想の源泉となっている。兄唐沢和義杏林大学教授からは、つねに数多くの研究上の助言をいただいた。また、家族の協力も見逃すことはできない。とくに仕事と研究が両立できたのは、妻眞美の忍耐強い協力があったからである。

最後に、本書の出版にあたって、八千代出版株式会社の森口恵美子様と井上貴文様の熱心なご協力を得たことについて厚く感謝の意を表する。

ハ　行

マ　行

ヤ　行

ラ　行

ワ　行

タ 行

ナ 行

サ　行

索　　引

著者略歴

唐沢　昌敬（からさわ　まさたか）

【学歴】

昭和43年3月　慶應義塾大学経済学部卒業
昭和49年3月　慶應義塾大学大学院社会学研究科博士課程単位取得満期退学
平成14年2月　社会学博士（慶應義塾大学）第3548号

【職歴】

昭和48年4月　唐沢公認会計士事務所開設（現在に至る）
平成 2 年9月　中央新光監査法人代表社員（平成11年9月まで）
平成 9 年1月　カリフォルニア州立大学サクラメント校客員研究員（平成10年1月まで）
平成12年7月　学校法人北里学園常任理事（平成15年6月まで）
平成17年4月　青山学院大学大学院会計プロフェッション研究科教授（平成26年3月まで）
平成25年7月　学校法人東京医科大学常務理事（平成30年12月まで）

【著書】

単著

『新しい企業経営の論理』昭和58年8月　東洋経済新報社（日本公認会計士協会学術賞受賞）
『脱産業社会の企業経営』平成2年6月　中央経済社
『変革の時代の組織』平成6年8月　慶應通信（日本公認会計士協会中山賞受賞）
『カオスの時代のマネジメント』平成11年8月　同文舘
『創発型組織モデルの構築』平成14年5月　慶應義塾大学出版会
『経営学』平成17年4月　同文舘
『複雑性の科学の原理』平成21年6月　慶應義塾大学出版会
『中国哲学と現代科学』平成25年5月　慶應義塾大学出版会（青山学院大学学術賞受賞）

共著

『日本的経営と産業社会』昭和57年4月　新評論
『現代産業社会の組織革新』昭和61年5月　同文舘
『経営管理会計の実務』平成2年2月　中央経済社
『環境変化に対応する経営戦略』平成2年8月　清文社
『現代経営の探究』平成7年10月　ダイヤモンド社
『21世紀の日本社会』平成18年1月　八千代出版
『現代の経営課題』平成22年4月　八千代出版

何故私達は存在するのか
—気・理・道の作り出す物語—

二〇二三年八月一日　第一版一刷発行

著　者—唐沢昌敬
発行者—森口恵美子
発行所—八千代出版株式会社
〒一〇一-〇〇六一　東京都千代田区神田三崎町二-二-一三
TEL　〇三-三二六二-〇四二〇
FAX　〇三-三二三七-〇七二三
振　替　〇〇一九〇-四-一六八〇六〇
印刷所—美研プリンティング
製本所—グリーン

＊定価はカバーに表示してあります。
＊落丁・乱丁本はお取替えいたします。

ISBN978-4-8429-1853-2